中国建筑业统计年鉴

CHINA STATISTICAL YEARBOOK ON CONSTRUCTION

国家统计局固定资产投资统计司 编

Compiled by the Department of Investment and Construction Statistics, National Bureau of Statistics

2019

图书在版编目（CIP）数据

中国建筑业统计年鉴 . 2019 / 国家统计局固定资产投资统计司编 . -- 北京 : 中国统计出版社 , 2020.3
ISBN 978-7-5037-9102-4

Ⅰ . ①中 … Ⅱ . ①国 … Ⅲ . ①建筑业－统计资料－中国－ 2019 －年鉴 Ⅳ . ① F426.9-66

中国版本图书馆 CIP 数据核字 (2019) 第 283556 号

中国建筑业统计年鉴—2019

作　　者 / 国家统计局固定资产投资统计司
责任编辑 / 郭　栋　且淑芬
封面设计 / 李雪燕
版式设计 / 张　冰
出版发行 / 中国统计出版社
通信地址 / 北京市丰台区西三环南路甲 6 号 邮政编码 /100073
电　　话 / 邮购（010）63376909 书店（010）68783171
网　　址 / http://www.zgtjcbs.com/
印　　刷 / 河北鑫兆源印刷有限公司
经　　销 / 新华书店
开　　本 /890mm×1240mm 1/16
字　　数 /628 千字
印　　张 /19
版　　别 /2020 年 3 月第 1 版
版　　次 /2020 年 3 月第 1 次印刷
定　　价 /160.00 元

如有印装差错，由本社发行部调换。

《中国建筑业统计年鉴—2019》

说　明

《中国建筑业统计年鉴—2019》是一部全面反映中国建筑业发展情况的权威资料。本书收集了全国和各省、自治区、直辖市2018年度有关建筑业发展方面的统计数据。

《中国建筑业统计年鉴—2019》资料直接由2018年全国建筑业统计报表基层数据库加工形成。为保证本年鉴数据与历史数据的可比性，2018年建筑业年鉴的范围是具有资质等级的所有独立核算的建筑业企业。具体包括：总承包建筑业企业、专业承包建筑业企业和劳务分包建筑业企业。

本年鉴资料分为五个部分：一、综合；二、按经济类型分组的建筑业企业；三、中央和地方建筑业企业；四、按资质等级分组的建筑业企业；五、各行业建筑业企业。每部分资料的编排，根据制度和实际工作要求，既有按经济类型的分组，又有按行业的分组。在各分组中又分别设置了反映建筑业总产值、各种用途的房屋建筑竣工面积、技术装备、实收资本、资产和负债、利润和税金等方面情况的表式。

使用本年鉴资料时请注意以下几点：

1. 本年鉴资料的统计数据除第四部分以外，均不包括劳务分包建筑业企业数据。

2. 本年鉴资料各项相加不等于总计均由于四舍五入的缘故。

3. 本年鉴资料由国家统计局固定资产投资统计司编印并负责解释。

4. 本年鉴资料各表中的“空格”表示该项统计指标数据不是本表最小单位数、数据不详或无该项数据。

咨询电话：010-68782615,010-68782475,010-68783393

邮箱：tzjzc@gj.stats.cn

由于编辑时间比较仓促，本书难免存在一些不妥之处，欢迎广大读者批评指正。

目　录

一、综　合

二、按经济类型分组的建筑业企业

三、中央和地方建筑业企业

四、按资质等级分组的建筑业企业

五、各行业建筑业企业

一、综　合

1-1　历年建筑业企业概况

年　份	总　计	国有企业	集体企业	港澳台商投资企业	外商投资企业	其　他
企业单位数(个)						
2000	47518	9030	24756	635	319	12778
2001	45893	8264	19096	622	274	17637
2002	47820	7536	13177	632	279	26196
2003	48688	6638	10425	535	287	30803
2004	59018	6513	8959	511	386	42649
2005	58750	6007	8090	516	388	43749
2006	60166	5555	7051	479	370	46711
2007	62074	5319	6614	482	365	49294
2008	71095	5315	5843	474	363	59100
2009	70817	5009	5352	444	351	59661
2010	71863	4810	5026	416	331	61280
2011	72280	4642	4847	393	303	62095
2012	75280	4602	4640	385	295	65358
2013	78919	3847	3728	390	272	70682
2014	81141	3753	3589	369	261	73169
2015	80911	3603	3318	343	249	73398
2016	83017	3593	3154	326	222	75722
2017	88074	3453	2873	334	218	81196
2018	96544	3358	2546	266	203	90171
从业人员(万人)						
2000	1994.3	635.6	887.5	8.2	4.4	458.6
2001	2110.7	590.7	739.9	7.7	4.3	768.1
2002	2245.2	543.8	579.2	7.4	4.5	1110.4
2003	2414.3	524.3	505.6	7.0	6.0	1371.3
2004	2500.3	467.4	386.4	6.8	8.1	1631.6
2005	2699.9	480.0	361.6	8.6	10.8	1838.9
2006	2878.2	467.6	332.0	8.9	8.1	2061.6
2007	3133.7	470.1	317.0	9.8	11.4	2325.4
2008	3315.0	472.1	266.8	10.5	9.2	2556.4
2009	3672.6	518.9	246.8	10.9	10.2	2885.7
2010	4160.4	576.9	246.5	12.2	9.8	3315.1
2011	3852.5	444.9	220.4	11.3	9.9	3166.0
2012	4267.2	457.8	216.2	13.0	10.3	3570.0
2013	4528.4	387.7	187.1	16.5	10.1	3927.0
2014	4537.0	371.2	175.0	15.4	8.6	3966.7
2015	5093.7	417.6	169.0	17.9	9.2	4480.0
2016	5184.5	438.1	168.2	16.1	8.7	4553.4
2017	5529.6	428.4	158.7	19.0	7.7	4915.8
2018	5305.2	438.5	123.2	17.6	7.6	4718.4
建筑业总产值(亿元)						
2000	12497.60	5053.79	4035.84	99.18	67.49	3241.30
2001	15361.56	5362.81	3775.89	102.55	73.06	6047.25
2002	18527.18	5582.86	3338.50	113.87	91.38	9400.57
2003	23083.87	6060.23	3270.73	123.71	129.39	13499.81
2004	29021.45	7325.61	2756.12	137.03	202.46	18600.23
2005	34552.10	8432.03	2815.20	172.54	249.03	22883.30
2006	41557.16	9218.56	2904.48	240.52	274.87	28918.73
2007	51043.71	10630.90	3153.65	281.95	396.32	36580.90
2008	62036.81	12231.66	3216.43	321.07	387.14	45880.52
2009	76807.74	15190.05	3281.75	334.59	415.17	57586.19
2010	96031.13	18148.59	3655.27	443.96	439.68	73343.64
2011	116463.32	20436.81	4306.49	612.68	658.17	90449.18
2012	137217.86	22930.19	4919.00	649.74	476.99	108241.94
2013	160366.06	20739.02	4524.68	621.96	607.72	133872.68
2014	176713.42	22069.45	4681.80	661.67	643.20	148657.29
2015	180757.47	21767.07	4364.40	693.34	606.24	153326.42
2016	193566.78	23849.02	4388.75	683.99	525.21	164119.81
2017	213943.56	26414.38	4317.92	799.36	547.30	181864.60
2018	225816.86	28273.22	3615.37	743.74	639.04	192545.49

注：1.本表1985年至1992年数据为全民和集体所有制建筑业企业数据，1993年至1995年数据为各种经济成分的建制镇以上建筑业企业数据，1996年至2001年数据为资质等级(旧资质)四级及四级以上建筑业企业数据，2002年及以后数据为所有具有资质等级的施工总承包、专业承包建筑业企业(不含劳务分包建筑业企业)数据。不同口径数据不可比，以下各表同。

2.从业人员数1993年至1997年为年平均人数，1998年以后为期末从业人员数。

1-2 各地区历年建筑业总产值

单位：万元

地　区	2012	2013	2014	2015	2016	2017	2018
全国总计	**1372178580**	**1603660633**	**1767134162**	**1807574736**	**1935667774**	**2139435590**	**2258168595**
北　京	65882953	74643608	82097957	84367296	88411905	97367136	109416788
天　津	32585701	36944362	41234862	44889031	48918102	42623475	37815074
河　北	48650907	52449010	56257460	52525685	55176920	56559607	57223851
山　西	26681679	30343656	31034918	29312627	33184739	35665732	40970544
内蒙古	14409969	15711619	14029344	11234710	12208089	11221932	10689875
辽　宁	75473898	86291908	78511248	54137623	39267133	36883257	36355968
吉　林	19904251	22114408	25209990	22163142	22835626	22183702	20254820
黑龙江	23739606	24719359	21507487	16803928	17166070	15600670	12170669
上　海	48434396	52059216	54999411	56524682	60461948	64264178	71127184
江　苏	184235512	219936099	245929317	247858134	257917605	279567105	309546945
浙　江	173327449	202000242	226681864	239805916	249893700	272358259	206709525
安　徽	42304412	49655149	54829260	56959353	60472899	68296702	79184845
福　建	44245439	54617501	66892117	76058135	85314477	99936479	114110210
江　西	27895708	34699763	41226336	46024920	51790284	61668126	68732092
山　东	72813321	84676747	93134585	93817165	100874251	114777540	119397848
河　南	60090765	70032014	79118891	80476477	88079865	100865825	112023953
湖　北	70434219	84652690	100595890	105928564	118623973	133907311	151757525
湖　南	44079197	52838426	60209689	66308249	73042164	84230021	96083829
广　东	65144293	78639046	83565022	88656844	96523073	113720455	138626552
广　西	18670580	22898810	26089057	29534213	34491858	42100723	44012477
海　南	2831087	2863073	2763289	2786308	3077648	3227630	3576140
重　庆	39756696	47312167	55522069	62569430	70358133	76056646	73445783
四　川	62403298	72099080	80666569	87682363	99596805	114003379	136680267
贵　州	10392175	13791526	16402443	19477443	23629517	29329581	33521903
云　南	23836606	29066031	30546749	32689286	38672163	47263584	53340624
西　藏	864044	769961	712462	1069180	1112848	1479179	1799320
陕　西	35293886	40003635	45577098	47526147	53292345	62274691	70090938
甘　肃	13646284	17208628	18145239	18490185	19472432	18254227	18079549
青　海	3257576	4137110	4329067	4095059	4106249	4069313	4413167
宁　夏	4669527	5689201	6251634	5245276	5112543	5492109	5669912
新　疆	16223145	20796588	23062840	22557365	22582411	24187018	21340421

1-3　各地区历年建筑业企业利税总额

单位：万元

地　区	2012	2013	2014	2015	2016	2017	2018
全国总计	**91650257**	**113011138**	**119542527**	**121246415**	**129634961**	**138590949**	**154776743**
北　京	4519673	5844844	6875732	7349600	8917102	9432255	6871704
天　津	1946890	2590580	2777399	2799689	1893774	1425399	1501602
河　北	2924228	3242959	3350020	3168841	3154539	3117008	2964910
山　西	1508774	1820183	1920827	1791482	1875183	1912882	1994810
内蒙古	1391319	1692996	1249338	876431	1041437	947423	943683
辽　宁	5041639	5990333	4861814	3555861	2457749	2066967	2390085
吉　林	1414761	1648728	1986631	1699015	1706209	1605989	1836173
黑龙江	1338823	1320366	1139018	1009930	1033061	864225	773625
上　海	3188506	3609429	3830527	3850587	3979520	3766924	4011440
江　苏	12832832	15627231	17197193	17412582	18152927	19879894	22842235
浙　江	9491741	10991236	11978895	11860231	12251854	12862771	10261230
安　徽	2747434	3395413	3591232	3605796	3920993	4097385	5034891
福　建	3073914	3781422	4666004	5239494	5617680	6880843	8195276
江　西	1887482	2483173	2966238	3243655	3694775	3849524	4560910
山　东	5489015	6954610	7140505	6965335	7255596	8018715	7713996
河　南	4377000	5643611	5898465	6076899	8323331	8769455	10411834
湖　北	5325901	7094715	7321789	8581829	8723892	9125371	13276337
湖　南	3072326	3926595	4290182	4546480	5029670	5479262	7076268
广　东	5153304	6489116	6595583	6825711	7225411	8364654	9835724
广　西	922608	1164273	1330585	1480038	1674973	1795576	2215979
海　南	191257	224759	204953	209769	251251	254367	360368
重　庆	2931725	3912970	4483103	5046994	5556924	5938185	5717873
四　川	4180712	4908532	4758121	4773725	5308407	5973766	9529940
贵　州	524406	808721	897638	1048181	1240056	1873186	2250700
云　南	1586479	2122145	2157574	2192726	2675437	3223259	4318247
西　藏	71782	74995	73675	117347	151126	257758	313456
陕　西	2106642	2774949	2841450	2857946	3219250	3421425	4414215
甘　肃	959885	1167134	1249420	1223100	1282825	1290936	1230746
青　海	232512	274375	267847	266768	302159	249170	292192
宁　夏	291077	314680	417739	370798	415244	399642	350498
新　疆	925611	1116070	1223033	1199575	1302610	1446735	1285799

1-4 各地区历年建筑业企业利润总额

单位：万元

地 区	2012	2013	2014	2015	2016	2017	2018
全国总计	**47761416**	**60792546**	**64071299**	**64512325**	**69860467**	**74917778**	**79748233**
北 京	2434013	3497480	4359641	4793765	6753169	7413574	4887684
天 津	959364	1431440	1585585	1594082	975834	716017	861269
河 北	1471745	1655376	1631303	1556748	1546509	1625368	1393414
山 西	693319	897318	939166	938078	972077	1011316	961049
内蒙古	862190	1094841	732513	466159	606330	522326	429093
辽 宁	2560777	3146240	2546761	1687885	1211374	1076331	1089840
吉 林	744665	910687	1103577	969580	911451	897599	883404
黑龙江	617830	669765	508877	465291	512383	375135	233972
上 海	1626865	1932910	2000895	1944607	2177425	2130971	2266242
江 苏	7273779	8993262	9804439	9853946	9926289	10602583	11617738
浙 江	4596818	5304842	5762559	5508776	5737787	6277004	4943850
安 徽	1508867	1877388	1933931	1868732	2036222	2120874	2548747
福 建	1512126	1853834	2341151	2631144	2794527	3381660	3864745
江 西	948041	1282397	1564530	1628910	1868010	1979296	2279996
山 东	3186855	4167033	4248640	4071327	4152766	4654021	4030204
河 南	2329006	3120944	3210117	3374644	4385270	4739890	5360191
湖 北	2785518	3796429	3910209	4726061	4757195	5151008	7339060
湖 南	1496487	1905149	2081834	2163387	2303014	2467631	3175943
广 东	2834588	3636718	3725486	3848750	4182841	4610876	5409873
广 西	342674	444218	506360	543178	677543	757487	891299
海 南	104329	128077	114985	114026	121232	124545	149536
重 庆	1627276	2297778	2741950	3069254	3265730	3401191	2954295
四 川	2101350	2504299	2311696	2214991	2664357	2790624	4841238
贵 州	164725	324210	352333	456094	601084	1010509	1218511
云 南	849340	1198003	1209599	1235338	1470239	1631372	2374615
西 藏	39714	48405	45911	78414	115781	201138	216490
陕 西	1002895	1397940	1293256	1286412	1634188	1709967	2207152
甘 肃	484956	588756	637693	621023	643716	609139	551497
青 海	112724	146330	139149	141696	155138	108203	109487
宁 夏	131135	121468	211386	178708	199499	203533	152959
新 疆	357447	419012	515769	481322	501491	616592	504840

1-5 按经济类型划分的建筑业企业主要经济指标

指 标		合计	内资企业	#国有	#集体
企业个数	(个)	96544	96075	3358	2546
从业人员	(万人)	5305	5280	439	123
自有固定资产原价	(亿元)	21628	21491	3371	368
年末自有施工机械设备总台数	(万台)	1092	1090	85	37
年末自有施工机械设备净值	(亿元)	6246	6232	539	105
年末自有施工机械设备总功率	(万千瓦)	25758	25693	2968	551
建筑业总产值	(亿元)	225817	224434	28273	3615
房屋施工面积	(万平方米)	1371995	1363842	146726	26053
房屋竣工面积	(万平方米)	411498	410002	25789	12384
利润总额	(亿元)	7975	7889	813	133
税金总额	(亿元)	7503	7468	701	220
按建筑业总产值计算劳动生产率	(元/人)	379724	379409	550030	282643
技术装备率	(元/人)	11774	11802	12288	8556
动力装备率	(千瓦/人)	4.9	4.9	6.8	4.5
房屋竣工率	(%)	30.0	30.1	17.6	47.5
产值利润率	(%)	3.5	3.5	2.9	3.7
产值利税率	(%)	6.9	6.8	5.4	9.8

1-5续表

指 标		港澳台商投资企业	#港澳台商独资企业	外商投资企 业	#外 商独资企业
企业个数	(个)	266	85	203	65
从业人员	(万人)	18	3	8	3
自有固定资产原价	(亿元)	76	19	61	20
年末自有施工机械设备总台数	(万台)	2		1	
年末自有施工机械设备净值	(亿元)	6	1	9	5
年末自有施工机械设备总功率	(万千瓦)	43	4	22	1
建筑业总产值	(亿元)	744	166	639	346
房屋施工面积	(万平方米)	5227	983	2925	1281
房屋竣工面积	(万平方米)	1085	80	411	130
利润总额	(亿元)	38	13	48	33
税金总额	(亿元)	16	4	19	9
按建筑业总产值计算劳动生产率	(元/人)	389437	504970	514743	612496
技术装备率	(元/人)	3445	2463	11491	18968
动力装备率	(千瓦/人)	2.4	1.5	2.8	0.4
房屋竣工率	(%)	20.8	8.1	14.0	10.1
产值利润率	(%)	5.0	8.0	7.6	9.5
产值利税率	(%)	7.2	10.3	10.5	12.1

1-6 建筑业企业主要经济指标完成情况

指 标	计量单位	2018年	2017年	2018年比2017年增减(%)
建筑业企业个数	个	96544	88074	9.6
#大型企业	个	2638	2408	9.6
中型企业	个	27322	25328	7.9
小微型企业	个	66584	60338	10.4
从事建筑业活动的平均人数	万人	5947	6148	-3.3
签订合同额	亿元	487844	439461	11.0
#本年新签合同额	亿元	267928	254620	5.2
建筑业总产值	亿元	225817	213944	5.5
建筑工程产值	亿元	198989	189165	5.2
安装工程产值	亿元	19267	17882	7.7
其他产值	亿元	7561	6897	9.6
竣工产值	亿元	120555	116744	3.3
房屋施工面积	万平方米	1371995	1318374	4.1
房屋竣工面积	万平方米	411498	419072	-1.8
年末自有施工机械设备净值	亿元	6246	5482	13.9
年末自有施工机械设备总功率	万千瓦	25758	25501	1.0
实收资本	亿元	39085	36442	7.3
资产合计	亿元	234002	204664	14.3
#流动资产	亿元	182666	161978	12.8
#固定资产	亿元	21628	14278	51.5
负债合计	亿元	159218	136901	16.3
营业收入	亿元	211992	194165	9.2
#大型企业	亿元	112309	100594	11.6
中型企业	亿元	78638	73950	6.3
小微型企业	亿元	21044	19621	7.3
利润总额	亿元	7975	7492	6.4
#大型企业	亿元	3697	3559	3.9
中型企业	亿元	3368	3119	8.0
小微型企业	亿元	910	814	11.8
税金总额	亿元	7503	6367	17.8
按建筑业总产值计算的劳动生产率	元/人	379724	347963	
技术装备率	元/人	11774	9914	
动力装备率	千瓦/人	4.9	4.6	
人均利税	元/人	26027	22541	
房屋竣工率	%	30.0	31.8	
资产负债率	%	68.0	66.9	
产值利润率	%	3.5	3.5	
产值利税率	%	6.9	6.5	

1-7 各地区建筑业企业签订合同情况

单位：万元

地 区	签订合同额	上年结转合同额	本年新签合同额
全国总计	**4878440121**	**2199156043**	**2679284078**
北 京	354851227	200774616	154076611
天 津	117143173	63070865	54072308
河 北	125785226	59121558	66663668
山 西	90992249	40177352	50814897
内蒙古	25173230	12147548	13025682
辽 宁	75280377	36457904	38822473
吉 林	36915160	16113354	20801806
黑龙江	24044136	9720433	14323703
上 海	228153213	111711709	116441504
江 苏	502458608	204811155	297647453
浙 江	416312250	166548925	249763325
安 徽	150099716	62758856	87340861
福 建	219397254	85262738	134134516
江 西	125436326	53686456	71749870
山 东	231030280	90839087	140191193
河 南	221606379	91279878	130326501
湖 北	337257093	154480867	182776225
湖 南	216069321	104286174	111783147
广 东	389945435	193650208	196295228
广 西	87205453	37946289	49259164
海 南	8935613	4791273	4144340
重 庆	136817009	61291750	75525259
四 川	288333213	130477108	157856105
贵 州	87334246	41995961	45338285
云 南	112856497	43757523	69098974
西 藏	3712280	1100251	2612028
陕 西	154199683	70919099	83280584
甘 肃	35212642	14632872	20579770
青 海	10962371	5899215	5063156
宁 夏	9024868	3628973	5395895
新 疆	55895596	25816049	30079547

1-8 各地区建筑业企业承包工程完成情况

单位：万元

地区	直接从建设单位承揽工程完成的产值	自行完成施工产值	分包出去工程的产值	从建设单位以外承揽工程完成的产值
全国总计	**2221617355**	**2150276015**	**71341340**	**107892581**
北京	111645490	91621798	20023692	17794989
天津	39042862	35583756	3459106	2231318
河北	56397558	55545908	851650	1677943
山西	40441885	40193437	248447	777107
内蒙古	10602518	10556292	46226	133583
辽宁	35030039	34632186	397853	1723782
吉林	19877179	19726567	150611	528253
黑龙江	12328213	12092546	235667	78123
上海	73714781	63729966	9984815	7397219
江苏	288923221	287596855	1326366	21950090
浙江	203040433	199356706	3683726	7352819
安徽	78198897	77391092	807805	1793752
福建	111624664	111221662	403002	2888548
江西	66519301	65481938	1037363	3250155
山东	118848002	117754548	1093454	1643301
河南	109190271	108134791	1055480	3889162
湖北	150769731	148957690	1812041	2799835
湖南	94391141	93490331	900810	2593498
广东	144012505	130775357	13237147	7851194
广西	44372884	42722237	1650647	1290239
海南	3542847	3535040	7807	41100
重庆	72442040	70735514	1706526	2710269
四川	131660020	129323608	2336412	7356659
贵州	33307724	32994004	313721	527900
云南	52430195	51804973	625222	1535651
西藏	1822343	1755718	66625	43602
陕西	68363683	65273593	3090090	4817345
甘肃	18261528	17923734	337794	155815
青海	3954871	3873053	81818	540114
宁夏	5700112	5536270	163842	133642
新疆	21160418	20954844	205574	385577

1-9 各地区建筑业总产值和竣工产值

单位：万元

地 区	建筑业总产值	#装饰装修产值	#在外省完成的产值
全国总计	**2258168595**	**125042477**	**762580654**
北 京	109416788	11158254	78334024
天 津	37815074	865666	21404927
河 北	57223851	2261956	18446047
山 西	40970544	1128722	14471514
内蒙古	10689875	250833	1395950
辽 宁	36355968	2111602	10107861
吉 林	20254820	747326	3243202
黑龙江	12170669	361504	2588683
上 海	71127184	7124371	40235083
江 苏	309546945	17376348	143212046
浙 江	206709525	15684382	81082832
安 徽	79184845	2936407	19888585
福 建	114110210	4230888	49281488
江 西	68732092	3424087	24227372
山 东	119397848	7092162	22872367
河 南	112023953	4176135	25354540
湖 北	151757525	5568242	56103266
湖 南	96083829	4321917	29893207
广 东	138626552	17584563	29455112
广 西	44012477	1434019	7133278
海 南	3576140	319363	122548
重 庆	73445783	2972634	15095562
四 川	136680267	5230498	27632516
贵 州	33521903	814669	7369215
云 南	53340624	1552455	3875625
西 藏	1799320	63085	41896
陕 西	70090938	3159306	21446541
甘 肃	18079549	473054	3009382
青 海	4413167	37329	1640941
宁 夏	5669912	149213	512179
新 疆	21340421	431490	3102867

1-9续表 单位：万元

地区	按构成分组			竣工产值
	建筑工程产值	安装工程产值	其他产值	
全国总计	**1989889498**	**192672123**	**75606975**	**1205554295**
北京	104005592	4510166	901030	45471601
天津	33036865	3756912	1021296	17465639
河北	47071751	7450758	2701342	26934281
山西	35645063	4265985	1059496	15073803
内蒙古	9175850	611484	902541	5567638
辽宁	29604406	5457278	1294284	17572352
吉林	16599103	2490425	1165293	12698478
黑龙江	9359255	2185250	626164	7059877
上海	59874125	9595699	1657361	35994211
江苏	288940776	18122881	2483288	228563391
浙江	183258116	17824122	5627288	124363657
安徽	67515046	6195196	5474603	35708944
福建	106037328	7042073	1030809	75245782
江西	58827234	5299774	4605085	38105172
山东	102257178	14475791	2664879	55073914
河南	95441579	10825061	5757313	53798738
湖北	135008002	12326257	4423266	90989950
湖南	82339667	7635869	6108293	51701471
广东	119279233	14883849	4463469	61732794
广西	38337183	3584290	2091004	22781602
海南	3022629	366288	187223	2197571
重庆	66082908	4688580	2674295	34777665
四川	117035539	12224160	7420568	61588756
贵州	28698086	3013484	1810333	13020915
云南	48403813	3272064	1664748	22451757
西藏	1655626	94304	49390	1002628
陕西	61448468	6043154	2599315	24291623
甘肃	15256632	1931502	891415	8489369
青海	3725995	525353	161819	1462735
宁夏	5130145	441730	98037	3293791
新疆	17816305	1532386	1991730	11074190

1-10　各地区建筑业企业房屋建筑面积

地　区	房　屋 施工面积 (万平方米)	#本年新开工	房　屋 竣工面积 (万平方米)	房屋竣工率 (%)
全国总计	**1371995**	**539761**	**411498**	**30.0**
北　京	71936	22287	9900	13.8
天　津	13133	4139	2387	18.2
河　北	35504	13776	9230	26.0
山　西	16640	5660	3755	22.6
内蒙古	5398	2580	1823	33.8
辽　宁	13794	5336	4876	35.3
吉　林	8311	4342	3142	37.8
黑龙江	3782	1791	1470	38.9
上　海	47436	15548	7886	16.6
江　苏	249420	94270	75895	30.4
浙　江	175716	68445	54210	30.9
安　徽	47177	17967	16199	34.3
福　建	72704	24959	17644	24.3
江　西	33362	16973	15635	46.9
山　东	77477	33531	21800	28.1
河　南	63959	28263	20577	32.2
湖　北	88243	39733	32838	37.2
湖　南	59352	24485	20153	34.0
广　东	74183	26317	18629	25.1
广　西	26135	8877	8480	32.4
海　南	2224	676	620	27.9
重　庆	34185	14362	12863	37.6
四　川	64111	30134	24822	38.7
贵　州	16496	5779	4912	29.8
云　南	18962	9581	7346	38.7
西　藏	568	216	224	39.4
陕　西	29836	10933	7136	23.9
甘　肃	10100	4097	2713	26.9
青　海	915	357	373	40.8
宁　夏	2445	1145	860	35.2
新　疆	8492	3205	3101	36.5

1-11 各地区按主要用途分的建筑业企业房屋竣工面积

单位：万平方米

地　区	总计	住宅房屋	商业及服务用房屋			
				商厦房屋（批发和零售用房）	宾馆用房屋（住宿用房）	餐饮用房屋（餐饮用房）
全国总计	**411498.0**	**276789.9**	**28406.8**	**12347.7**	**2711.4**	**917.8**
北　京	9899.5	6081.8	1605.0	1197.8	39.2	7.1
天　津	2386.8	1480.3	194.5	130.4	3.2	0.1
河　北	9229.8	6717.0	481.7	196.4	21.4	6.0
山　西	3754.9	2614.5	223.8	79.9	1.7	8.4
内蒙古	1823.1	1449.6	31.8	4.5	1.8	
辽　宁	4876.0	3554.2	247.2	85.3	46.8	1.8
吉　林	3141.5	2048.7	163.1	72.8	10.6	14.0
黑龙江	1470.1	1037.2	67.1	17.0	0.7	1.7
上　海	7886.3	4274.5	945.2	530.0	94.9	0.7
江　苏	75895.2	55028.3	2884.0	1202.6	438.1	166.7
浙　江	54209.9	30983.5	4182.5	1814.3	490.7	224.3
安　徽	16198.9	10953.4	929.7	420.7	26.7	106.3
福　建	17644.2	11509.6	1214.5	524.1	56.1	9.1
江　西	15635.2	10145.0	1260.0	452.2	100.8	29.0
山　东	21799.9	15008.8	1346.6	713.2	53.6	17.5
河　南	20577.3	14566.3	1179.6	371.7	163.4	79.6
湖　北	32837.5	22817.8	3039.3	1657.0	365.0	35.1
湖　南	20152.7	13608.5	1478.5	554.2	158.7	22.6
广　东	18628.9	12864.0	1172.0	416.8	168.5	9.7
广　西	8480.1	5244.8	549.3	172.7	48.6	9.7
海　南	619.9	387.7	70.3	36.7	2.5	0.1
重　庆	12862.8	9008.1	910.4	368.7	28.0	31.4
四　川	24822.2	18365.3	2048.0	650.3	164.2	74.5
贵　州	4912.3	3204.5	459.9	125.8	89.1	10.6
云　南	7345.6	4641.5	637.1	196.3	51.4	31.3
西　藏	223.5	116.5	22.0	2.7	3.3	0.4
陕　西	7136.4	4898.2	452.7	174.8	35.8	8.0
甘　肃	2713.2	1862.5	250.7	48.1	29.6	3.1
青　海	373.1	207.9	31.7	0.1	6.6	0.8
宁　夏	859.8	477.5	94.9	48.1	1.6	0.9
新　疆	3101.4	1632.5	233.6	82.5	8.7	7.0

1-11 续表1　　　　　　　　　　　　　　　　　　　　　　　　　　单位：万平方米

地　区	商务会展用房屋	其他商业及服务用房屋(居民服务业用房)	办公用房屋	科研、教育和医疗用房屋	科学研究用房屋	教育用房屋
全国总计	**1822.8**	**10607.1**	**20954.7**	**18413.5**	**1411.7**	**12879.3**
北　京	115.5	245.3	724.0	329.7	67.8	170.6
天　津	0.1	60.8	50.6	159.1	7.0	119.4
河　北	14.5	243.4	303.3	512.7	64.0	349.7
山　西	16.1	117.5	165.7	176.3	6.4	112.7
内蒙古		25.5	49.7	80.0	2.8	59.4
辽　宁	3.3	110.1	138.9	177.2	7.5	131.4
吉　林	5.2	60.5	180.3	98.1	0.8	80.9
黑龙江	1.0	46.8	91.0	48.1	2.8	23.3
上　海	161.3	158.3	621.0	399.1	14.2	282.7
江　苏	584.4	492.2	3010.1	2164.1	233.5	1367.2
浙　江	303.3	1350.0	3121.8	1943.9	203.8	1246.0
安　徽	17.0	358.9	741.9	709.0	32.9	551.2
福　建	38.3	586.8	1029.1	617.1	75.4	427.1
江　西	67.3	610.6	918.5	776.4	49.5	542.9
山　东	47.4	515.0	1205.9	1297.2	45.8	970.1
河　南	55.5	509.3	1278.6	1166.2	60.5	902.4
湖　北	45.3	936.9	1533.6	1261.8	166.7	618.7
湖　南	45.7	697.1	1202.5	1307.8	73.6	1018.6
广　东	73.3	503.7	918.8	625.9	28.5	494.1
广　西	22.1	296.1	630.7	877.3	52.2	652.2
海　南	1.0	29.9	33.1	64.1	0.7	45.9
重　庆	9.5	472.9	601.0	424.8	25.1	308.3
四　川	115.3	1043.8	755.6	862.0	35.9	632.7
贵　州	53.5	180.9	238.6	490.1	20.5	358.9
云　南	11.2	347.0	475.7	756.9	32.7	623.2
西　藏	0.6	15.0	25.0	12.1	0.7	7.9
陕　西	2.9	231.3	418.9	481.0	79.1	311.7
甘　肃	5.8	164.2	110.4	217.6	6.8	153.3
青　海	1.4	22.8	42.7	25.6	0.1	19.7
宁　夏	1.2	43.1	23.1	84.1	3.9	63.7
新　疆	3.9	131.5	314.5	268.0	10.4	233.7

1-11 续表2 单位：万平方米

地　区	医疗用房屋(卫生医疗用房)	文化、体育和娱乐用房屋	厂房及建筑物	#厂房	仓　库	其他未列明的房屋建筑物
全国总计	**4122.6**	**4042.2**	**50417.9**	**31850.5**	**3016.1**	**9456.7**
北　京	91.2	143.3	606.9	519.3	130.2	278.7
天　津	32.8	31.7	308.9	224.3	16.5	145.1
河　北	99.1	75.0	815.3	564.0	39.9	284.9
山　西	57.2	30.5	374.6	203.9	9.8	159.6
内蒙古	17.8	16.0	94.9	65.3	3.6	97.5
辽　宁	38.4	8.9	572.5	318.8	35.8	141.3
吉　林	16.4	32.9	437.4	247.9	42.2	138.8
黑龙江	22.1	4.9	132.9	67.2	52.5	36.4
上　海	102.2	116.4	1334.6	724.0	82.3	113.3
江　苏	563.4	738.1	10428.1	7585.8	674.0	968.5
浙　江	494.1	609.7	11823.6	8160.8	501.3	1043.5
安　徽	124.9	87.6	2279.4	1362.2	91.2	406.7
福　建	114.6	147.4	2966.3	1343.4	110.2	50.0
江　西	183.9	224.2	1817.5	1022.1	149.8	343.8
山　东	281.2	201.6	2342.3	1481.6	134.1	263.3
河　南	203.4	193.8	1622.2	765.0	223.2	347.4
湖　北	476.4	304.3	3184.0	1768.4	202.3	494.3
湖　南	215.7	227.0	1658.9	968.6	111.2	558.3
广　东	103.3	125.3	2196.8	1174.6	97.4	628.8
广　西	173.0	207.8	612.2	302.1	48.8	309.2
海　南	17.5	10.5	5.9	3.4	5.1	43.2
重　庆	91.4	62.9	1285.1	640.9	51.6	518.8
四　川	193.5	131.3	1727.2	1139.8	88.9	843.9
贵　州	110.7	24.5	261.7	170.7	10.1	222.8
云　南	101.0	122.2	402.5	229.9	18.0	291.7
西　藏	3.5	4.2	16.1	2.8	1.1	26.4
陕　西	90.3	89.4	531.3	392.4	45.1	219.9
甘　肃	57.5	28.8	133.0	89.3	19.7	90.5
青　海	5.8	6.4	25.6	20.9	0.5	32.6
宁　夏	16.5	2.3	87.7	58.0	2.9	87.3
新　疆	23.9	33.4	332.5	233.2	16.7	270.2

1-12 各地区按主要用途分的建筑业企业房屋竣工价值

单位：万元

地区	总计	住宅房屋	商业及服务用房屋	商厦房屋(批发和零售用房)	宾馆用房屋(住宿用房)	餐饮用房屋(餐饮用房)
全国总计	**708359943**	**466342099**	**54901791**	**24075506**	**5491109**	**1565352**
北京	24659974	13376491	4353550	3053055	93923	18283
天津	5407059	3045792	446647	320832	6582	96
河北	14330817	10000839	761849	355150	32789	16375
山西	6781690	4543777	442650	145681	4442	15660
内蒙古	3094196	2438176	49233	8264	2707	65
辽宁	7386842	5396186	377699	130313	39981	2960
吉林	5372360	3369777	286046	149667	20137	15995
黑龙江	2241708	1520649	108793	30136	1559	2919
上海	18041167	8581223	2422351	1165773	412915	1462
江苏	147377109	106859201	5801110	2244395	919346	359562
浙江	92341843	54863097	8260807	3810379	885919	376571
安徽	21672901	14832864	1488251	647395	41868	205705
福建	31671477	21499550	2329851	986819	145097	15561
江西	22946202	14121155	1798632	675933	144666	53122
山东	34452090	23279910	2360636	1093437	132851	24034
河南	27722731	19368394	1748085	559548	196415	91417
湖北	52444102	34286740	6189017	3430827	499726	40433
湖南	31748307	20444416	2428094	870270	233552	39529
广东	31850290	21758732	2353814	858700	315972	11477
广西	14276781	8628449	876227	343594	78907	18562
海南	1249931	726364	180565	78938	4672	172
重庆	20718018	14443783	1536505	604454	38169	28727
四川	40506083	29369251	4006606	1173625	863147	131572
贵州	8404414	4887999	853764	256563	148728	22324
云南	13586839	8753708	1058162	359547	75130	33447
西藏	479046	267626	44804	15436	9469	567
陕西	12939721	8327011	817490	378299	58600	14232
甘肃	5516637	3441885	849030	88015	55033	8779
青海	694314	330893	70649	178	10597	2040
宁夏	1384866	726234	174146	77867	3869	2362
新疆	7060432	2851930	426730	162418	14343	11344

1-12 续表1

单位：万元

地区	商务会展用房屋	其他商业及服务用房屋(居民服务业用房)	办公用房屋	科研、教育和医疗用房屋	科学研究用房屋	教育用房屋
全国总计	**4020269**	**19749556**	**41959797**	**37300337**	**3074475**	**25362846**
北京	442174	746115	2471462	1108515	218525	548778
天津	61	119076	188417	514865	21885	321712
河北	31144	326391	486744	1027404	123957	717143
山西	32871	243996	394318	415121	16302	258163
内蒙古	50	38147	99454	192901	5057	134628
辽宁	5702	198743	234499	313524	10133	204037
吉林	7351	92897	425566	218783	1313	169727
黑龙江	1858	72322	169700	101654	4467	52460
上海	356600	485602	1796194	1244662	47158	864429
江苏	1223669	1054138	6661990	5259121	589139	3321245
浙江	713030	2474908	5624403	4212762	467495	2663659
安徽	15031	578253	932295	1022972	60039	701780
福建	148197	1034176	1772674	1190807	155510	811545
江西	87562	837350	1899693	1422879	74213	1002084
山东	150578	959737	1916085	2448591	104237	1770591
河南	102636	798069	1689150	1572705	91431	1159686
湖北	76057	2141975	3235832	2246753	402922	1043834
湖南	71265	1213478	2124898	2389039	105068	1863581
广东	129890	1037775	1797293	1330708	73184	981073
广西	35504	399659	1011207	1590680	84493	1185927
海南	2729	94055	61994	152671	1125	90693
重庆	11206	853949	993249	744581	46108	569428
四川	211129	1627133	1324776	1780155	84876	1301473
贵州	103246	322902	596219	956414	56416	664892
云南	19968	570070	819256	1467421	47201	1212046
西藏	1348	17984	64271	21379	2099	15803
陕西	2964	363395	828205	1037503	145444	694181
甘肃	18409	678795	206820	465411	10432	341969
青海	3074	54759	98476	59588	105	47499
宁夏	2724	87325	49276	192786	8368	142335
新疆	12242	226384	1985379	597982	15775	506449

1-12 续表2

单位：万元

地　区	医疗用房屋(卫生医疗用房)	文化、体育和娱乐用房屋	厂房及建筑物	#厂房	仓　库	其他未列明的房屋建筑物
全国总计	**8863016**	**9448206**	**74514552**	**47114053**	**4867781**	**19025380**
北　京	341212	612502	1543051	1318733	275384	919020
天　津	171268	115845	510765	348523	41922	542806
河　北	186304	103227	1227415	871454	60374	662964
山　西	140657	89009	537898	304157	18303	340615
内蒙古	53217	27642	131333	94412	5456	150000
辽　宁	99355	14580	769317	400460	44988	236048
吉　林	47744	50741	710612	407349	55657	255177
黑龙江	44727	14788	191314	95715	57478	77333
上　海	333075	630374	2719574	1545145	193602	453186
江　苏	1348737	1687236	17704708	12571720	1223021	2180722
浙　江	1081608	1530182	14942796	10429181	758552	2149245
安　徽	261153	146100	2665908	1526655	113087	471424
福　建	223751	324259	4294064	1741414	182388	77885
江　西	346583	345533	2621708	1424811	280021	456582
山　东	573763	701698	3085429	1990815	193547	466194
河　南	321589	273087	2211588	1044482	272240	587482
湖　北	799997	527763	4692550	2677393	234170	1031277
湖　南	420391	535650	2492058	1614897	198952	1135201
广　东	276452	274746	3160112	1625265	163558	1011326
广　西	320259	318144	987291	466054	77953	786831
海　南	60854	22494	12971	8069	8943	83930
重　庆	129045	100774	1924065	979307	72351	902710
四　川	393807	234299	2355033	1449438	134970	1300994
贵　州	235107	46966	402013	274230	17883	643156
云　南	208174	266996	591009	326963	39451	590836
西　藏	3477	7505	15148	5875	3350	54963
陕　西	197879	296000	974912	816427	83843	574757
甘　肃	113010	59188	257304	189964	12975	224023
青　海	11984	17112	53008	42822	990	63599
宁　夏	42084	5194	134105	92895	4231	98894
新　疆	75758	68574	595497	429429	38141	496199

1-13 各地区建筑业企业施工机械设备情况

地区	年末自有施工机械设备总台数(台)	年末自有施工机械设备总功率(千瓦)	年末自有施工机械设备净值(万元)	技术装备率(元/人)	动力装备率(千瓦/人)
全国总计	**10923709**	**257576541**	**62464586**	**11774**	**4.9**
北京	83295	4429976	1145390	21293	8.2
天津	80469	3627054	1783524	28160	5.7
河北	487061	11790469	7596815	74237	11.5
山西	210382	7333466	1479180	18810	9.3
内蒙古	71057	1934078	480353	18530	7.5
辽宁	159917	5401599	981033	12921	7.1
吉林	64513	2540605	557493	15022	6.8
黑龙江	106978	2523932	678892	24693	9.2
上海	59352	2177639	1011593	11857	2.6
江苏	1355826	39034543	8004105	10062	4.9
浙江	1974765	18816749	4230025	6355	2.8
安徽	359511	10007295	1582093	7598	4.8
福建	338453	12845207	2473123	5888	3.1
江西	250540	6634905	1399533	9311	4.4
山东	700274	17515029	3549370	11326	5.6
河南	676240	17071075	3517733	12795	6.2
湖北	775683	15755360	3239232	14745	7.2
湖南	791785	10395300	3024343	12052	4.1
广东	602693	20575183	3516249	12074	7.1
广西	132661	3250072	592688	4845	2.7
海南	10856	289948	40277	5919	4.3
重庆	180892	4308473	1055573	5366	2.2
四川	561560	11797731	2481447	6595	3.1
贵州	79568	4044891	695475	8755	5.1
云南	172438	8443841	4422957	34533	6.6
西藏	4019	161301	47492	10701	3.6
陕西	327967	7120706	1549051	10719	4.9
甘肃	186032	3479422	641610	12825	7.0
青海	29532	966718	196573	21309	10.5
宁夏	22015	445714	99464	9807	4.4
新疆	67375	2858260	391903	10457	7.6

1-14　各地区建筑业企业建筑材料消耗情况

地　区	钢材(吨)	木材(立方米)	水泥(吨)	玻璃		铝材(吨)
				重量箱	平方米	
全国总计	**894404024**	**487091179**	**2423043075**	**217659792**	**1193131344**	**63815270**
北　京	26976203	4603550	41766919	3073639	11423873	138597
天　津	7435564	2502794	37763311	344744	1305319	184970
河　北	18981427	9484720	53151285	2675797	20427289	812325
山　西	12199231	2909540	37805993	945567	7065910	289170
内蒙古	18365218	6963174	9872868	265002	3384973	449152
辽　宁	8566806	5553188	28436284	1660879	12008717	321283
吉　林	5167448	4716517	20623690	745508	6728875	479613
黑龙江	5657336	4863227	11169605	522022	3667782	61053
上　海	16948285	4278269	18954361	2039834	10357089	902310
江　苏	100465171	37872251	257666274	26811036	176834408	4107839
浙　江	106009188	53543500	324430046	32995290	157312876	7448797
安　徽	29643738	11939806	103380302	5354220	40468306	1646983
福　建	61184945	41224499	264805399	64741023	214912103	8391296
江　西	31548884	22140342	93553859	3736335	33241394	2623083
山　东	40466540	22316320	91183126	8769152	57422613	1724234
河　南	53091762	32310275	162434486	6905970	48844574	4951441
湖　北	72007561	38955564	172082123	12683465	75822138	5042534
湖　南	48441967	34681285	104165682	10528413	69130798	4501421
广　东	34112421	14972987	91408772	9845227	46938421	2545429
广　西	15313652	14433668	36949015	1943750	24419744	1941765
海　南	1241616	931419	3899037	237678	1755649	264898
重　庆	23631715	14013779	62290834	4006669	27177612	1861835
四　川	71055263	51648708	192585788	8203723	68296771	6224139
贵　州	15735827	7066603	40987387	1570370	17760381	2092602
云　南	18496722	24164057	46896965	1639844	11857944	776412
西　藏	524475	370395	1516296	32492	260530	65140
陕　西	36885355	12676564	71702836	3519887	28382015	3383108
甘　肃	7047258	2031859	17998624	753921	6598315	181896
青　海	1174198	300086	4385366	162379	1330607	55595
宁　夏	1213349	880915	6287053	288821	1342477	217252
新　疆	4814899	2741318	12889489	657135	6651841	129098

1-15 各地区建筑业企业主要生产效益指标

地　　区	建筑业企业个数(个)	从事建筑业活动的平均人数(人)	按建筑业总产值计算的劳动生产率(元/人)	人均竣工产值(元/人)	人均施工面积(平方米/人)	人均竣工面积(平方米/人)
全国总计	**96544**	**59468691**	**379724**	**202721**	**230.7**	**69.2**
北　京	2646	1984682	551306	229113	362.5	49.9
天　津	1825	965765	391556	180848	136.0	24.7
河　北	2546	1111955	514624	242225	319.3	83.0
山　西	2692	1090433	375727	138237	152.6	34.4
内蒙古	1024	326621	327287	170462	165.3	55.8
辽　宁	5366	1010758	359690	173853	136.5	48.2
吉　林	2335	477520	424167	265926	174.0	65.8
黑龙江	1713	409952	296880	172212	92.3	35.9
上　海	2519	1228638	578911	292960	386.1	64.2
江　苏	9310	8851671	349705	258215	281.8	85.7
浙　江	6779	6700195	308513	185612	262.3	80.9
安　徽	3850	2095309	377915	170423	225.2	77.3
福　建	4882	4166651	273866	180591	174.5	42.3
江　西	2656	1807967	380162	210763	184.5	86.5
山　东	6858	3293146	362565	167238	235.3	66.2
河　南	6265	2850664	392975	188724	224.4	72.2
湖　北	4240	2240686	677282	406081	393.8	146.6
湖　南	2591	2621695	366495	197206	226.4	76.9
广　东	5820	3033252	457023	203520	244.6	61.4
广　西	1405	1217100	361618	187179	214.7	69.7
海　南	200	73381	487339	299474	303.0	84.5
重　庆	2801	2085552	352165	166755	163.9	61.7
四　川	5439	4274123	319786	144097	150.0	58.1
贵　州	1212	902676	371361	144248	182.7	54.4
云　南	2863	1517754	351445	147928	124.9	48.4
西　藏	290	48201	373295	208010	117.7	46.4
陕　西	2690	1608204	435834	151048	185.5	44.4
甘　肃	1453	540035	334785	157200	187.0	50.2
青　海	389	100371	439685	145733	91.2	37.2
宁　夏	695	204627	277085	160966	119.5	42.0
新　疆	1190	629107	339218	176030	135.0	49.3

1-16　各地区建筑业企业资产构成

单位：万元

地　区	资产合计	流动资产合计	#存货
全国总计	**2340024586**	**1826661724**	**339387358**
北　京	272206442	174849391	19217276
天　津	71246456	54504199	7462328
河　北	65402902	54509509	13236506
山　西	59473477	47384451	5753148
内蒙古	22191790	17521206	1961907
辽　宁	60051779	50460586	6991830
吉　林	26715701	21209552	2816256
黑龙江	20615459	17089349	2585645
上　海	109091893	90201524	18030990
江　苏	207319041	173185868	41198185
浙　江	137191479	112972704	29826859
安　徽	70763065	54728645	9064774
福　建	64237194	53213774	10333055
江　西	59185090	49204952	7667206
山　东	139066061	116026810	23819645
河　南	97999514	73241305	12477669
湖　北	130326577	99819527	25399529
湖　南	62934066	45668975	8536694
广　东	187532344	145563902	24713857
广　西	29037069	23229764	3592340
海　南	3386567	2863225	154477
重　庆	60763821	49510405	11097227
四　川	122746880	95808611	20512589
贵　州	52697818	42754179	8080669
云　南	60863005	43453967	6728598
西　藏	3566113	2645177	262229
陕　西	71503804	57056521	8671778
甘　肃	24987136	19503942	4109243
青　海	6913915	5221071	998715
宁　夏	8063145	7034403	972224
新　疆	31944984	26224234	3113912

1-17 各地区建筑业企业固定资产情况

单位：万元

地 区	固定资产原价	固定资产折旧	#本年折旧	在建工程
全国总计	**216275992**	**97419923**	**15631806**	**25702323**
北 京	9054989	4782317	752904	616362
天 津	6822866	3625425	407305	567718
河 北	7961879	3993902	648916	552187
山 西	6711034	3417648	561487	513147
内蒙古	2502407	1151931	190906	382981
辽 宁	7357045	3932984	443100	410136
吉 林	2947983	1264641	171087	1469421
黑龙江	2840082	1362020	147665	128412
上 海	7973289	4242449	442673	366829
江 苏	23714741	9888900	1434681	1448506
浙 江	14591234	6628883	941736	1113552
安 徽	7155129	3018852	510646	1027867
福 建	6992620	2832035	521198	351695
江 西	4684890	1757272	357085	650170
山 东	15003967	6796524	1011707	890332
河 南	13589481	5396463	1181558	1527763
湖 北	15737928	7119050	1591969	3862181
湖 南	6913524	2869806	491387	1279230
广 东	11812978	5540155	658487	1283918
广 西	2414582	1056189	186897	353808
海 南	154762	72178	16748	45849
重 庆	4801870	2131036	356618	761479
四 川	10097325	4347317	744556	2424286
贵 州	2092764	733073	129706	956385
云 南	5578636	2416961	444914	597386
西 藏	322896	117802	13653	31125
陕 西	8422866	3613443	837131	1077558
甘 肃	3003438	957854	138028	339681
青 海	1052154	509598	63144	77317
宁 夏	850082	381428	43069	82835
新 疆	3116550	1461788	190846	512206

1-18 各地区建筑业企业负债及所有者权益

单位：万元

地区	负债合计	#流动负债	#应付账款	所有者权益	#实收资本
全国总计	**1592180956**	**1417577496**	**551477477**	**747618672**	**390831729**
北京	187944477	168589235	61394976	84261966	32789084
天津	53946572	50527789	22584031	17299890	12108155
河北	47249254	43563047	18091531	18153649	10817289
山西	45422702	42024660	19616758	14050775	9575115
内蒙古	15204376	14260227	4466877	6987415	4092809
辽宁	42116351	38100371	13552360	17932521	11539116
吉林	16956053	15171529	5962847	9759649	5278454
黑龙江	14397763	13159786	4859109	6217700	4988869
上海	84609129	78683343	33841391	24483273	13415074
江苏	118739537	109461319	42738409	88579503	35518037
浙江	84776552	80205322	28632730	52414927	26788534
安徽	47716400	41840776	15531250	23046664	11776441
福建	37072271	33086312	11448831	27164923	16801595
江西	40370977	23686039	8657502	18845094	11967556
山东	101024187	93532885	36574930	38041874	22193596
河南	57815497	51933746	19700708	40184069	20663278
湖北	90236671	78147385	35133578	39821776	17906686
湖南	39350165	32846580	13459064	23583901	13150668
广东	132826679	116003175	39948807	54705886	27396462
广西	19412762	16566078	5300647	9625684	6025779
海南	2112603	1855986	795381	1273964	785907
重庆	42989098	37538865	15126127	17774723	9532439
四川	84661554	73286059	28012336	38079190	23885811
贵州	38717507	32040321	12193202	13980312	5577295
云南	40682034	35158983	13388360	20179869	10955072
西藏	2010478	1503184	534000	1568171	720022
陕西	51748395	47829537	21510339	19756086	12864359
甘肃	17673153	15813735	6497885	7313984	4241466
青海	4679704	4265778	1784606	2234211	1373718
宁夏	5617770	5281755	2057549	2456442	1706462
新疆	24100285	21613691	8081356	7840585	4396582

1-19 各地区建筑业企业实收资本

单位：万元

地区	合计	国家资本	集体资本	法人资本	个人资本	港澳台资本	外商资本
全国总计	**390849188**	**83912334**	**11960632**	**128889844**	**163917207**	**1035843**	**1133328**
北京	32789084	11644600	349161	14836633	5753017	108399	97274
天津	12108155	3402834	276435	4964991	3445919	6624	11352
河北	10817289	2859896	346751	2937561	4669116	3565	400
山西	9575115	2983224	240970	3095735	3254686	101	401
内蒙古	4092809	643043	113411	1009676	2326267		413
辽宁	11539116	1716420	441382	4008880	5122914	228229	21291
吉林	5278454	381938	201427	2035285	2650873	8931	0
黑龙江	4988869	1259442	262921	1481349	1982620	998	1540
上海	13415074	2374597	377908	7004541	3399461	151810	106757
江苏	35518037	2805393	741907	10741793	20898676	117626	212643
浙江	26788534	1170446	559876	8468102	16526728	59742	3640
安徽	11776441	1858377	448101	3990929	5468684	8269	2081
福建	16801595	1194928	277903	4185012	11096994	36639	10119
江西	11967556	1763056	425234	2754876	6991234	12341	20816
山东	22193596	4579923	1315703	7576767	8700297	3886	17019
河南	20680737	3409322	729346	6297016	10206383	31822	6848
湖北	17906686	5741097	500648	3630868	7982503	4910	46661
湖南	13150668	3284596	472625	4983933	4403354	6142	19
广东	27396462	6678583	964986	9978270	9197846	51786	524993
广西	6025779	2193281	300684	1450542	2081251	10	10
海南	785907	193976	17566	244868	329497		
重庆	9532439	2268421	163735	2515754	4397076	185854	1599
四川	23885811	6240263	851198	7442444	9347998	1410	2497
贵州	5577295	2722015	210356	1410505	1233261	556	603
云南	10955072	4714094	299720	2510479	3402256	3923	24600
西藏	720022	180893	12295	237426	289008	300	100
陕西	12864359	2842514	579186	5044786	4392172	1610	4091
甘肃	4241466	810206	205642	1843284	1382047	100	188
青海	1373718	509955	58363	389960	415365		75
宁夏	1706462	160779	64859	490518	975006		15300
新疆	4396582	1324224	150336	1327061	1594701	260	

1-20　各地区建筑业企业收入情况

单位：万元

地　区	主营业务收　入	#主营业务成　本	#主营业务税金及附加	其他业务收　入	#其他业务利　润
全国总计	**2093388310**	**1902472326**	**21261596**	**26528731**	**1850399**
北　京	133346395	123915121	345057	1204583	172880
天　津	40201678	37135154	122383	599267	58092
河　北	50896092	46993978	372750	672098	64377
山　西	40660453	37462739	197611	687223	49464
内蒙古	12202879	10864231	110539	211788	11410
辽　宁	34751901	31030181	306954	1510502	41044
吉　林	19617815	17581905	252065	364622	14561
黑龙江	13175209	12030267	134428	86103	5168
上　海	90230114	83594611	255167	615245	111818
江　苏	256163448	231065512	3357526	1623539	201250
浙　江	168950614	157349189	1097143	1847729	194510
安　徽	68276932	61998897	628450	744700	42931
福　建	96255746	87331102	1573642	1075096	48548
江　西	56808434	51597678	987637	890407	20011
山　东	116133559	105710704	931170	1648055	89618
河　南	101240249	89177924	1836847	1701796	78437
湖　北	142498707	126525418	1777558	1074920	77758
湖　南	86358016	78179567	1487171	596061	68695
广　东	147205055	133583794	988308	2157239	204017
广　西	36749716	34123310	425985	468035	24152
海　南	4052901	3753411	36004	81624	1624
重　庆	62562759	56001131	820390	976796	67172
四　川	112662141	100855128	1363768	2637343	68551
贵　州	32141438	29452951	213295	669985	16776
云　南	46189216	41196929	559190	562859	30272
西　藏	2734440	2448170	22169	36235	882
陕　西	69670914	63779457	638776	736750	34530
甘　肃	17946062	16466504	172383	537256	17856
青　海	5183197	4758869	31883	134484	2028
宁　夏	5837737	5377209	32163	83490	12211
新　疆	22684497	21131288	183185	292902	19758

1-21 各地区建筑业企业费用情况

单位：万元

地　区	管理费用	销售费用	财务费用	#利息收入	#利息支出
全国总计	**69834834**	**7330246**	**15193766**	**4069364**	**13940483**
北　京	5494412	447109	1356241	1251913	2232231
天　津	1986652	112153	398540	208864	468482
河　北	1682625	103558	324921	44654	294739
山　西	1764889	75318	269435	144359	341608
内蒙古	537478	34581	187411	6699	124016
辽　宁	1884031	96889	381270	41034	320728
吉　林	675273	38340	158674	8480	114863
黑龙江	536411	40071	71938	17657	44403
上　海	3885439	239959	416789	222843	420652
江　苏	7573206	1085696	1650445	193684	1193746
浙　江	4380759	383475	988738	114443	824342
安　徽	2221728	332752	589462	69290	445153
福　建	2729809	285502	401902	45490	333147
江　西	1384124	224726	280722	24941	211003
山　东	3698216	297679	882934	113456	675174
河　南	3342612	446929	707960	169667	550804
湖　北	4765648	694509	953069	186470	832812
湖　南	2852028	343252	473021	162783	429591
广　东	5372456	515160	1309824	159388	1066063
广　西	1075373	54045	292358	20519	270086
海　南	92526	3251	10198	713	11232
重　庆	1935717	272884	558018	78195	562875
四　川	3816563	653493	1035479	305789	778623
贵　州	728037	42205	290486	54068	262830
云　南	1474901	208151	439042	124064	309054
西　藏	97937	5577	9038	7825	9543
陕　西	2083220	192954	334203	150181	375897
甘　肃	555028	64823	162129	72712	189604
青　海	282687	5764	21668	2548	26539
宁　夏	213949	7630	48350	3429	18644
新　疆	711100	21810	189504	63207	202005

1-22 各地区建筑业企业利润及税金情况

单位：万元

地区	利润总额	#应交所得税	税金总额	主营业务税金及附加	应交增值税
全国总计	**79748233**	**17002464**	**75028510**	**21261596**	**53766914**
北京	4887684	595677	1984020	345057	1638963
天津	861269	156855	640333	122383	517950
河北	1393414	403435	1571496	372750	1198746
山西	961049	172959	1033761	197611	836151
内蒙古	429093	127624	514591	110539	404051
辽宁	1089840	338224	1300244	306954	993291
吉林	883404	297113	952769	252065	700704
黑龙江	233972	112513	539653	134428	405225
上海	2266242	385527	1745198	255167	1490031
江苏	11617738	2571893	11224497	3357526	7866971
浙江	4943850	1254960	5317380	1097143	4220237
安徽	2548747	500191	2486144	628450	1857694
福建	3864745	1099664	4330531	1573642	2756889
江西	2279996	493623	2280914	987637	1293277
山东	4030204	837014	3683792	931170	2752622
河南	5360191	980534	5051643	1836847	3214796
湖北	7339060	1544908	5937277	1777558	4159719
湖南	3175943	539907	3900325	1487171	2413154
广东	5409873	1223927	4425852	988308	3437544
广西	891299	309852	1324681	425985	898695
海南	149536	80512	210831	36004	174827
重庆	2954295	559728	2763577	820390	1943187
四川	4841238	946881	4688702	1363768	3324935
贵州	1218511	231665	1032190	213295	818895
云南	2374615	447437	1943632	559190	1384442
西藏	216490	21710	96966	22169	74797
陕西	2207152	367141	2207062	638776	1568286
甘肃	551497	124869	679249	172383	506866
青海	109487	24100	182705	31883	150822
宁夏	152959	56995	197539	32163	165376
新疆	504840	195026	780959	183185	597773

1-23 各地区建筑业企业应收工程款及企业亏损情况

地 区	应收工程款(万元)	企业个数(个)	#亏损企业个数	亏损企业的比重(%)
全国总计	**539354353**	**96544**	**14362**	**14.9**
北 京	36995343	2646	758	28.6
天 津	16051667	1825	411	22.5
河 北	17252776	2546	437	17.2
山 西	17237621	2692	604	22.4
内蒙古	6722359	1024	227	22.2
辽 宁	16448240	5366	1409	26.3
吉 林	9477270	2335	372	15.9
黑龙江	6326739	1713	436	25.5
上 海	22921979	2519	467	18.5
江 苏	61372665	9310	544	5.8
浙 江	30079012	6779	1093	16.1
安 徽	17994272	3850	345	9.0
福 建	13871902	4882	431	8.8
江 西	10147820	2656	247	9.3
山 东	37580381	6858	1100	16.0
河 南	21835418	6265	692	11.0
湖 北	28509731	4240	302	7.1
湖 南	13737421	2591	212	8.2
广 东	37523787	5820	972	16.7
广 西	5892339	1405	255	18.1
海 南	896218	200	35	17.5
重 庆	15803367	2801	373	13.3
四 川	25321648	5439	610	11.2
贵 州	12043942	1212	235	19.4
云 南	14866062	2863	440	15.4
西 藏	865252	290	20	6.9
陕 西	18546647	2690	404	15.0
甘 肃	7172458	1453	255	17.5
青 海	1339854	389	109	28.0
宁 夏	3158691	695	211	30.4
新 疆	11361475	1190	356	29.9

1-24 各地区建筑业企业主要经济效益指标

地 区	产值利润率 (%)	产值利税率 (%)	资本利润率 (%)	资本利税率 (%)	人均利润 (元/人)	人均利税 (元/人)	资产负债率 (%)
全国总计	**3.5**	**6.9**	**20.4**	**39.6**	**13410**	**26027**	**68.0**
北 京	4.5	6.3	14.9	21.0	24627	34624	69.0
天 津	2.3	4.0	7.1	12.4	8918	15548	75.7
河 北	2.4	5.2	12.9	27.4	12531	26664	72.2
山 西	2.3	4.9	10.0	20.8	8814	18294	76.4
内蒙古	4.0	8.8	10.5	23.1	13137	28892	68.5
辽 宁	3.0	6.6	9.4	20.7	10782	23647	70.1
吉 林	4.4	9.1	16.7	34.8	18500	38452	63.5
黑龙江	1.9	6.4	4.7	15.5	5707	18871	69.8
上 海	3.2	5.6	16.9	29.9	18445	32650	77.6
江 苏	3.8	7.4	32.7	64.3	13125	25806	57.3
浙 江	2.4	5.0	18.5	38.3	7379	15315	61.8
安 徽	3.2	6.4	21.6	42.8	12164	24029	67.4
福 建	3.4	7.2	23.0	48.8	9275	19669	57.7
江 西	3.3	6.6	19.1	38.1	12611	25227	68.2
山 东	3.4	6.5	18.2	34.8	12238	23424	72.6
河 南	4.8	9.3	25.9	50.4	18803	36524	59.0
湖 北	4.8	8.7	41.0	74.1	32754	59251	69.2
湖 南	3.3	7.4	24.2	53.8	12114	26991	62.5
广 东	3.9	7.1	19.7	35.9	17835	32426	70.8
广 西	2.0	5.0	14.8	36.8	7323	18207	66.9
海 南	4.2	10.1	19.0	45.9	20378	49109	62.4
重 庆	4.0	7.8	31.0	60.0	14166	27417	70.7
四 川	3.5	7.0	20.3	39.9	11327	22297	69.0
贵 州	3.6	6.7	21.8	40.4	13499	24934	73.5
云 南	4.5	8.1	21.7	39.4	15646	28452	66.8
西 藏	12.0	17.4	30.1	43.5	44914	65031	56.4
陕 西	3.1	6.3	17.2	34.3	13724	27448	72.4
甘 肃	3.1	6.8	13.0	29.0	10212	22790	70.7
青 海	2.5	6.6	8.0	21.3	10908	29111	67.7
宁 夏	2.7	6.2	9.0	20.5	7475	17129	69.7
新 疆	2.4	6.0	11.5	29.2	8025	20439	75.4

二、按经济类型分组的建筑业企业

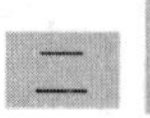

2-1 各地区国有建筑业企业签订合同情况

单位：万元

地 区	签订合同额	上年结转合同额	本年新签合同额
全国总计	**842759294**	**441421607**	**401337687**
北 京	87556092	47330112	40225980
天 津	18348985	9549274	8799711
河 北	22476121	11411793	11064329
山 西	9251530	3397253	5854277
内蒙古	7757412	3559552	4197860
辽 宁	9779506	4861480	4918025
吉 林	3880842	2391136	1489706
黑龙江	6618069	3093214	3524855
上 海	74597126	36843668	37753458
江 苏	29091109	14731605	14359504
浙 江	7942090	3661493	4280597
安 徽	31618079	14185222	17432857
福 建	21189232	11481801	9707430
江 西	10822728	5928582	4894145
山 东	33775449	15340756	18434693
河 南	24985820	12937723	12048097
湖 北	108626889	57153948	51472941
湖 南	40271754	18093516	22178238
广 东	92574891	57782717	34792173
广 西	33240485	15962704	17277781
海 南	1028071	742639	285432
重 庆	22888781	14685569	8203212
四 川	49718280	27634080	22084200
贵 州	21691476	13387985	8303492
云 南	15190142	7343493	7846649
西 藏	682641	113401	569241
陕 西	28616153	12550588	16065565
甘 肃	10152995	4299341	5853654
青 海	6290533	3672176	2618357
宁 夏	2544771	996667	1548104
新 疆	9551245	6298120	3253126

2-2 各地区国有建筑业企业承包工程完成情况

单位：万元

地　区	直接从建设单位承揽工程完成的产值			从建设单位以外承揽工程完成的产值
		自行完成施工产值	分包出去工程的产值	
全国总计	**281288753**	**269100662**	**12188091**	**13631540**
北　京	24742625	21533972	3208654	4205513
天　津	7559148	7401352	157796	271347
河　北	8590201	8578054	12147	284128
山　西	5201622	5096458	105165	31661
内蒙古	1374820	1374820		42423
辽　宁	4324401	4155722	168679	32442
吉　林	1460282	1350637	109645	313029
黑龙江	2688277	2490880	197397	4243
上　海	20355794	19732788	623007	443911
江　苏	11284545	11040288	244257	542974
浙　江	2969568	2710536	259031	81961
安　徽	12751822	12644082	107739	131885
福　建	6233988	6151763	82225	102961
江　西	4236222	4219923	16299	23447
山　东	14800944	14748738	52206	279641
河　南	9043562	8995152	48410	770371
湖　北	30217434	30099003	118431	279794
湖　南	15891846	15785089	106757	519553
广　东	24887659	20110525	4777134	1603226
广　西	12900642	11693930	1206712	569680
海　南	456856	454199	2657	185
重　庆	5852922	5733465	119457	353847
四　川	15188263	15026483	161780	1342690
贵　州	8930971	8874456	56515	68930
云　南	6295970	6294609	1361	278970
西　藏	211541	187877	23664	11630
陕　西	12274446	12211174	63272	476028
甘　肃	4868437	4770170	98267	5796
青　海	1528409	1521720	6689	506057
宁　夏	1554618	1553049	1569	589
新　疆	2610921	2559750	51171	52627

2-3 各地区国有企业建筑业总产值和竣工产值

单位：万元

地　区	建筑业总产值	#装饰装修产值	#在外省完成的产值	按构成分组 建筑工程产值	安装工程产值	其他产值	竣工产值
全国总计	**282732202**	**6159021**	**125082248**	**251716472**	**24470573**	**6545157**	**109912813**
北　京	25739485	1899022	18846577	24885111	768460	85914	11587443
天　津	7672700	7569	6074159	7135641	440507	96552	3285119
河　北	8862182	243635	3975239	7504972	1082780	274430	2332419
山　西	5128119	63549	956008	4698544	293044	136531	2336378
内蒙古	1417242	50206	779519	1271483	132176	13583	647080
辽　宁	4188164	19764	1177355	3489860	540172	158132	1485328
吉　林	1663666	10553	772944	1408517	219293	35856	598616
黑龙江	2495123	6615	975152	1293487	1132058	69579	1239657
上　海	20176699	635369	16141423	17568080	2362141	246479	8580851
江　苏	11583261	51681	5876815	10901868	481060	200334	4249146
浙　江	2792497	40202	888699	2373028	399019	20450	1271794
安　徽	12775968	32374	6521304	11686688	871026	218254	4499423
福　建	6254725	99382	677405	5848141	402496	4088	3101580
江　西	4243370	169507	1890461	3765189	315558	162623	2561268
山　东	15028379	224371	4143482	12834983	1833429	359967	5520901
河　南	9765523	184248	3083327	8188640	1490815	86069	3678475
湖　北	30378796	176406	19002244	27082513	2477187	819096	15200819
湖　南	16304642	319370	6197854	14041712	1499507	763424	6703464
广　东	21713751	671683	7066630	19849472	1159380	704900	7929701
广　西	12263610	176664	3438085	10143909	1525169	594533	5670897
海　南	454384	31293	3457	421804	26313	6267	332242
重　庆	6087311	75974	3103917	5628036	302245	157031	1353707
四　川	16369173	219847	3629259	14644999	1302651	421523	4126294
贵　州	8943386	4426	1210378	7944336	812860	186190	1555127
云　南	6573579	50144	726357	5990656	494349	88574	1153493
西　藏	199507	31		189321	9051	1135	162652
陕　西	12687202	549634	4692713	11501591	812195	373416	5599453
甘　肃	4775966	126716	1248624	3853423	761201	161342	1444322
青　海	2027777	3000	1579274	1732951	234255	60571	269919
宁　夏	1553638	3656	334832	1363703	169481	20454	683368
新　疆	2612377	12131	68758	2473816	120696	17865	751878

2-4 各地区国有建筑业企业房屋建筑面积

地　　区	房屋施工面积(万平方米)	#本年新开工	房屋竣工面积(万平方米)	房屋竣工率(%)
全国总计	**146726**	**44466**	**25789**	**17.6**
北　　京	21763	7099	3059	14.1
天　　津	1421	470	112	7.9
河　　北	4067	1316	604	14.9
山　　西	2301	707	632	27.5
内 蒙 古	1104	484	241	21.9
辽　　宁	1004	430	256	25.5
吉　　林	262	45	133	50.7
黑 龙 江	774	280	119	15.3
上　　海	14544	3970	1816	12.5
江　　苏	5712	2119	940	16.5
浙　　江	335	132	94	28.0
安　　徽	7678	1479	1178	15.3
福　　建	2370	697	737	31.1
江　　西	1615	600	701	43.4
山　　东	6326	2218	1210	19.1
河　　南	1979	624	514	26.0
湖　　北	17429	4685	2962	17.0
湖　　南	9447	3092	1840	19.5
广　　东	16856	4281	2396	14.2
广　　西	7054	2062	1385	19.6
海　　南	145	42	73	49.9
重　　庆	1523	515	285	18.7
四　　川	7732	2976	1762	22.8
贵　　州	1701	523	386	22.7
云　　南	1650	341	283	17.1
西　　藏	150	14	52	34.6
陕　　西	5337	1436	1153	21.6
甘　　肃	2855	1216	398	14.0
青　　海	76	31	12	15.1
宁　　夏	644	254	237	36.8
新　　疆	871	329	223	25.6

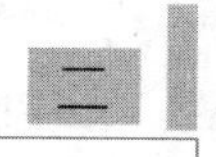

2-5 各地区按主要用途分的国有建筑业企业房屋竣工面积

单位：万平方米

地区	总计	住宅房屋	商业及服务用房屋	办公用房屋	科研、教育和医疗用房屋
全国总计	**25789.1**	**16547.5**	**2477.2**	**1701.6**	**1459.8**
北京	3058.5	1601.6	431.1	356.3	118.3
天津	111.6	67.1		1.0	10.7
河北	604.3	341.0	28.2	32.0	88.6
山西	632.0	474.7	21.1	7.9	41.5
内蒙古	241.3	173.7		1.3	10.8
辽宁	256.1	201.0		9.2	12.3
吉林	132.6	119.8	3.2	2.3	
黑龙江	118.7	80.9	12.7	3.7	6.6
上海	1815.8	767.6	502.2	224.3	164.3
江苏	940.4	768.1	101.1	5.7	14.1
浙江	93.6	22.4	3.6	7.3	24.5
安徽	1177.8	1020.2	98.5	1.3	12.7
福建	737.2	541.5	23.6	36.6	43.1
江西	700.6	460.8	52.7	17.8	21.0
山东	1209.6	729.1	87.2	273.4	34.3
河南	513.9	341.7	20.0	3.4	19.9
湖北	2962.0	1406.0	485.8	346.4	149.8
湖南	1839.7	1326.2	111.1	31.5	202.9
广东	2396.2	1763.0	104.7	155.1	80.9
广西	1384.9	1091.7	37.1	19.4	83.6
海南	72.5	48.6	11.5	5.3	4.4
重庆	285.2	230.3	6.2	2.2	2.6
四川	1762.4	1238.1	102.9	19.8	45.6
贵州	385.6	246.2	5.5	39.7	50.1
云南	282.5	166.7	62.1	0.1	38.7
西藏	51.9	34.7	0.2	9.3	
陕西	1152.6	770.3	82.1	41.1	102.7
甘肃	398.4	283.8	36.4	5.2	25.7
青海	11.6	7.1	1.3	1.8	0.3
宁夏	236.8	107.8	23.9	8.2	35.3
新疆	222.8	115.7	21.2	33.1	14.5

2-5 续表

单位：万平方米

地　区	文化、体育和娱乐用房屋	厂房及建筑物	仓　库	其他未列明的房屋建筑物
全国总计	**248.1**	**2585.3**	**194.0**	**575.7**
北　京	56.7	291.3	104.9	98.4
天　津		0.5	0.1	32.2
河　北	4.7	96.5	0.1	13.2
山　西	0.9	64.8	0.5	20.7
内蒙古	2.7	36.3		16.5
辽　宁		32.7	0.9	
吉　林		6.3		1.0
黑龙江	1.6	5.1		8.0
上　海	13.6	136.8	1.8	5.3
江　苏	6.3	39.6	5.4	
浙　江		9.6		26.3
安　徽	6.1	36.8	2.0	0.2
福　建	8.3	80.9		3.2
江　西	1.4	137.8	0.5	8.6
山　东	3.1	66.9	6.0	9.5
河　南	0.8	126.5		1.6
湖　北	46.5	492.1	23.7	11.8
湖　南	24.8	117.9	7.5	17.9
广　东	5.6	215.1	23.4	48.4
广　西	17.1	96.0	4.3	35.8
海　南	1.3	0.9		0.6
重　庆		8.8		35.1
四　川	6.2	232.4	7.0	110.4
贵　州	0.6	29.7		13.6
云　南	3.0	11.8		0.2
西　藏		1.6		6.0
陕　西	31.6	100.1	3.0	21.7
甘　肃	1.2	42.6	2.2	1.3
青　海				1.0
宁　夏		39.1	0.6	21.9
新　疆	4.0	28.7		5.5

2-6 各地区按主要用途分的国有建筑业企业房屋竣工价值

单位：万元

地区	总计	住宅房屋	商业及服务用房屋	办公用房屋	科研、教育和医疗用房屋
全国总计	**52655181**	**30397821**	**6359458**	**4307366**	**3957080**
北京	8029248	3528369	1288524	1227767	400845
天津	338099	192457		4833	19655
河北	1264905	540123	50921	42689	226321
山西	1199313	899089	66210	16139	95168
内蒙古	503628	405267		2048	21865
辽宁	440922	355323		18687	23940
吉林	222188	197279	3802	1783	
黑龙江	206851	129674	24381	6166	13981
上海	4494587	1384863	1434390	787731	483881
江苏	1507687	1124257	165338	4407	15112
浙江	190853	46809	9179	24977	67833
安徽	1750658	1361023	198792	3223	25434
福建	1660805	1122092	113618	44377	138191
江西	985063	610908	65661	20279	30049
山东	1531074	944591	180114	218427	59802
河南	886953	603178	31585	5899	21191
湖北	7471326	3279417	1487375	956100	501312
湖南	3580852	2331095	294221	109536	486541
广东	4885154	3615569	247486	341368	224915
广西	2650901	1881124	84063	37767	188496
海南	163543	107375	25733	14239	10228
重庆	466803	377185	12881	6337	8715
四川	2667548	2050785	177798	45068	157321
贵州	783859	398853	10522	193519	93119
云南	508504	310305	86870	150	83624
西藏	150797	104514	864	28397	
陕西	2576315	1609299	171153	84735	358423
甘肃	753625	555551	47017	11953	78240
青海	27193	17698	3629	1348	458
宁夏	393053	138136	29379	17658	95975
新疆	362877	175612	47951	29760	26447

2-6 续表 单位：万元

地区	文化、体育和娱乐用房屋	厂房及建筑物	仓库	其他未列明的房屋建筑物
全国总计	**894235**	**4727561**	**370795**	**1640866**
北京	238084	763075	203730	378853
天津		2098	266	118790
河北	14016	264249	134	126452
山西	1995	83421	661	36630
内蒙古	4264	47179	35	22971
辽宁		42406	500	67
吉林		17682		1644
黑龙江	4074	8781	50	19744
上海	132259	249535	3865	18063
江苏	6893	127900	3907	59873
浙江		11700		30356
安徽	21807	77507	1000	61871
福建	25201	204384		12942
江西	533	247535	863	9234
山东	13028	95894	9036	10182
河南	2255	217385		5460
湖北	130231	997494	52425	66971
湖南	101674	211548	16428	29809
广东	31518	241047	40221	143030
广西	47024	205801	11722	194904
海南	3239	2134		595
重庆		14932		46753
四川	3433	119143	11221	102780
贵州	5513	49907		32428
云南	4274	21114		2168
西藏		1410		15612
陕西	87573	207412	9780	47939
甘肃	3157	47263	3448	6996
青海	5	10	5	4041
宁夏		87765	1499	22641
新疆	12185	59852		11071

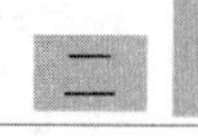

2-7 各地区国有建筑业企业主要生产效益指标

地　区	建筑业企业个数（个）	从事建筑业活动的平均人数（人）	按建筑业总产值计算的劳动生产率（元/人）	人均竣工产值（元/人）	人均施工面积（平方米/人）	人均竣工面积（平方米/人）
全国总计	**3358**	**5140307**	**550030**	**213825**	**285.4**	**50.2**
北　京	111	379621	678031	305237	573.3	80.6
天　津	63	109778	698929	299251	129.5	10.2
河　北	108	72064	1229765	323659	564.3	83.9
山　西	126	110696	463261	211063	207.9	57.1
内蒙古	22	29920	473677	216270	369.0	80.6
辽　宁	165	177832	235512	83524	56.4	14.4
吉　林	65	23510	707642	254622	111.3	56.4
黑龙江	115	89520	278722	138478	86.4	13.3
上　海	74	234431	860667	366029	620.4	77.5
江　苏	186	241288	480060	176103	236.7	39.0
浙　江	82	60545	461227	210058	55.3	15.5
安　徽	83	211300	604636	212940	363.4	55.7
福　建	71	199203	313987	155699	119.0	37.0
江　西	97	83921	505639	305200	192.5	83.5
山　东	319	243083	618241	227120	260.2	49.8
河　南	133	173164	563947	212427	114.3	29.7
湖　北	194	176923	1717063	859177	985.1	167.4
湖　南	163	354476	459965	189109	266.5	51.9
广　东	234	464633	467331	170666	362.8	51.6
广　西	91	282087	434746	201034	250.1	49.1
海　南	13	9650	470864	344292	150.6	75.1
重　庆	90	99181	613758	136489	153.6	28.8
四　川	183	431125	379685	95710	179.3	40.9
贵　州	104	227678	392809	68304	74.7	16.9
云　南	96	160781	408853	71743	102.6	17.6
西　藏	18	9732	205001	167131	154.3	53.3
陕　西	135	234202	541720	239086	227.9	49.2
甘　肃	72	96835	493207	149153	294.9	41.1
青　海	32	27939	725787	96610	27.3	4.2
宁　夏	52	50825	305684	134455	126.8	46.6
新　疆	61	74364	351296	101108	117.2	30.0

2-8 各地区国有建筑业企业资产构成

单位：万元

地 区	资产合计	流动资产合计	#存货
全国总计	**392244738**	**294228699**	**56551596**
北 京	47228991	36704239	4088977
天 津	12244969	8830117	1161057
河 北	8329316	6623197	1305134
山 西	12669110	8510761	1033680
内蒙古	2889700	2370766	315067
辽 宁	6887834	5564512	733958
吉 林	2962055	1473931	199828
黑龙江	4761875	4235959	670793
上 海	30085323	23515576	5148463
江 苏	15853509	13216025	3038157
浙 江	3971386	3344073	624889
安 徽	13122770	10376985	2077092
福 建	6299519	4764548	738670
江 西	3816949	2865140	682076
山 东	20768507	17029240	3337694
河 南	13360448	9922144	1628113
湖 北	46779786	32080137	9749268
湖 南	12441903	8406112	2144562
广 东	27499157	19990218	3355852
广 西	11235556	7844925	1347438
海 南	460084	404979	31055
重 庆	8940767	6848370	1194652
四 川	21043230	14281219	4454996
贵 州	21507726	15319875	2496380
云 南	7562591	6335662	1058866
西 藏	635315	500427	103608
陕 西	12819136	10257701	1525869
甘 肃	7145365	5402849	1079109
青 海	3119837	2156277	485567
宁 夏	1578162	1436518	172392
新 疆	4223864	3616217	568334

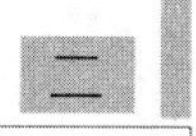

2-9 各地区国有建筑业企业固定资产情况

单位：万元

地区	固定资产原价	固定资产折旧	#本年折旧	在建工程
全国总计	**33706300**	**15778026**	**2273709**	**6957293**
北京	1941669	948858	148104	189685
天津	1343113	781236	107694	66101
河北	969626	566056	157434	18160
山西	874670	244076	18748	43099
内蒙古	376998	183842	15844	59110
辽宁	974889	526394	41118	57622
吉林	482762	152155	18772	926004
黑龙江	681808	405170	29047	28656
上海	2548414	1390471	132356	155357
江苏	1787972	904016	100425	133979
浙江	338179	128069	11035	65033
安徽	1418305	785595	114294	88072
福建	636837	210648	34717	52984
江西	399935	137175	22905	61884
山东	2113183	953283	124247	176422
河南	1698424	677232	135387	404946
湖北	4635084	1950779	347087	2279290
湖南	1237319	465237	69021	158291
广东	1894951	996700	117262	242784
广西	759492	367367	65489	45548
海南	14378	10429	6947	16278
重庆	733767	339964	63194	229604
四川	1367894	643837	92251	794164
贵州	936901	288440	48580	412406
云南	433392	187555	26754	49327
西藏	14059	5384	983	3
陕西	1486528	898211	164982	79398
甘肃	586811	142443	21947	55912
青海	540493	272286	9841	7243
宁夏	169497	88627	7855	12598
新疆	308949	126494	19389	47336

2-10 各地区国有建筑业企业负债及所有者权益

单位：万元

地区	负债合计	#流动负债	#应付账款	所有者权益	#实收资本
全国总计	**305349132**	**266213646**	**107381175**	**86926587**	**44131495**
北京	36887243	32784277	12999027	10341748	5387840
天津	9721215	9259788	4073304	2523754	1477398
河北	6891584	6318173	1950560	1437731	1262375
山西	10486277	8259952	2617162	2182833	1393957
内蒙古	2137908	1986385	647482	751792	397287
辽宁	5748329	5307301	1770215	1139504	1077611
吉林	1743043	1512899	560003	1219012	230845
黑龙江	4063042	3745493	1452554	698833	884974
上海	24272395	23107262	11434062	5812929	2643881
江苏	12266374	10986270	4183522	3587135	1573770
浙江	3005276	2662802	888455	966109	480629
安徽	10592290	9622897	4036466	2530480	1164512
福建	5019937	3939961	1181744	1279582	698053
江西	3047465	2503705	894660	800466	550084
山东	16245180	14956369	6382231	4523326	2916585
河南	10495015	9040381	2960890	2865433	1604521
湖北	36483468	29218095	12547053	10296318	2803344
湖南	8636521	6773419	2737728	3805383	2601069
广东	21159465	20029747	9109731	6339693	3539981
广西	8758341	7528457	2393021	2477214	1857464
海南	350254	269350	129038	109829	82593
重庆	7275583	6568139	2648541	1665183	992445
四川	15545876	12285296	5392123	5497354	2877067
贵州	15779653	11228387	3246331	5728073	1611012
云南	5692316	5378525	2476948	1870275	707620
西藏	413120	308321	133071	222195	58405
陕西	9874109	9189482	4036224	2945028	1699521
甘肃	5741200	4858735	1877574	1404165	667609
青海	2296712	2104688	977998	823125	300971
宁夏	1274161	1258152	485374	304002	184371
新疆	3445780	3220938	1158085	778083	403704

2-11 各地区国有建筑业企业实收资本

单位：万元

地区	合计	国家资本	集体资本	法人资本	个人资本	港澳台资本	外商资本
全国总计	**44142921**	**32872510**	**280595**	**10909272**	**73503**	**33**	**7009**
北京	5387840	3365406		2022434			
天津	1477398	1193125	661	283612			
河北	1262375	1011411	4708	246235	20		
山西	1393957	1204358	11024	165175	13400		
内蒙古	397287	370556		26253	478		
辽宁	1077611	841137	3443	228672	4358		
吉林	230845	181128	1667	48045	5		
黑龙江	884974	666480	2354	212938	3202		
上海	2643881	658521		1985360			
江苏	1573770	1198906	4944	362782	7138		
浙江	480629	346571	37	134021			
安徽	1164512	876977		287114	421		
福建	698053	466719	5000	225142	1193		
江西	550084	450025	53	97000	3005		
山东	2916585	2442739	901	464025	1920		7000
河南	1615947	1198575	41359	375990	23		
湖北	2803344	2438953	7208	356574	609		
湖南	2601069	1950262	22808	626468	1531		
广东	3539981	3035118	156647	346335	1881		
广西	1857464	1631449	2211	223804			
海南	82593	56993		25600			
重庆	992445	835608	-20	153115	3742		
四川	2877067	1863321	2322	1005183	6241		
贵州	1611012	1463565		147147	300		
云南	707620	645449	1125	53423	7624		
西藏	58405	52568		5837			
陕西	1699521	1133082	7001	552834	6563	33	9
甘肃	667609	496276	2100	169234			
青海	300971	298189	1003	1779			
宁夏	184371	155419	2041	25541	1370		
新疆	403704	343625		51600	8478		

2-12 各地区国有建筑业企业收入情况

单位：万元

地区	主营业务收入	#主营业务成本	#主营业务税金及附加	其他业务收入	#其他业务利润
全国总计	**283385975**	**261722363**	**1494141**	**3151354**	**333827**
北京	26456013	24735282	62165	185416	33032
天津	7889049	7210542	25793	44190	1944
河北	7395007	6966681	35850	73038	2446
山西	5230595	4774508	28712	110246	12102
内蒙古	1406702	1297736	2298	3661	1248
辽宁	4457197	4063036	30435	74024	16812
吉林	1427149	1311358	9900	21010	1811
黑龙江	2991337	2854837	15258	15267	-2406
上海	25789503	24173004	52361	115612	29684
江苏	11116711	10184425	89515	156457	10516
浙江	2741436	2529423	11042	14434	6110
安徽	11731045	10847944	46556	178054	12185
福建	4839673	4530077	36932	77453	9223
江西	3754813	3477148	49972	74711	2959
山东	15834003	14665753	64619	312124	25272
河南	9955487	8862465	116045	213160	13800
湖北	32608399	29421597	209189	169532	47870
湖南	15208370	13923888	155191	225929	18704
广东	25166407	23764705	126104	224490	49828
广西	11347441	10657970	44334	60063	3829
海南	439943	413964	3845	793	17
重庆	4929588	4462209	29279	18529	-5554
四川	13433410	12261094	74503	296546	12282
贵州	8007718	7268136	38166	118034	10785
云南	5762157	5280024	19047	25175	3952
西藏	341087	308030	1203	1175	
陕西	12189220	11306864	67374	133946	6987
甘肃	4423664	4216978	16867	155109	3594
青海	2478232	2232095	13958	23188	42
宁夏	1494343	1403355	6690	10514	2044
新疆	2540276	2317236	10939	19475	2711

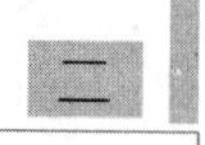

2-13 各地区国有建筑业企业费用情况

单位：万元

地　区	管理费用	销售费用	财务费用		
				#利息收入	#利息支出
全国总计	**10221867**	**445898**	**2401146**	**937776**	**2762842**
北　京	1048054	10293	83642	262383	327887
天　津	419727	11216	18834	10541	45542
河　北	295977	4319	40225	4290	43154
山　西	281040	6076	101621	45799	135279
内蒙古	69809	297	41061	2411	38493
辽　宁	256497	2216	28682	4408	30018
吉　林	56270	470	12047	2721	13653
黑龙江	110788	1643	10237	967	7001
上　海	896525	37008	231284	69549	195488
江　苏	383156	29772	67970	28714	73843
浙　江	114830	2683	10459	4694	19410
安　徽	397826	10403	132273	4935	105942
福　建	132904	2809	39369	4139	53558
江　西	112447	5283	18102	6947	17165
山　东	562449	21502	115818	23416	112784
河　南	398533	19522	94236	48218	92936
湖　北	1357426	170893	340796	94557	341854
湖　南	592114	19031	99356	71302	143957
广　东	725060	18426	139562	32004	141317
广　西	323112	7735	167123	13532	164104
海　南	8316	158	302	332	517
重　庆	132663	6687	79711	10749	65154
四　川	422293	40125	148388	62096	127501
贵　州	168076	3440	169956	8395	134370
云　南	166271	5564	51437	28762	65175
西　藏	8291	12	2053	-12	1597
陕　西	373585	5120	92208	20761	126700
甘　肃	103831	1497	26550	59933	85427
青　海	170346	354	4492	1851	18817
宁　夏	48726	487	5473	1112	4557
新　疆	84925	859	27881	8272	29643

2-14 各地区国有建筑业企业利润及税金情况

单位：万元

地　区	利润总额	#应交所得税	税金总额	主营业务税金及附加	应交增值税
全国总计	**8134639**	**1455919**	**7007726**	**1494141**	**5513584**
北　京	892219	162413	277817	62165	215652
天　津	219218	35104	91626	25793	65834
河　北	44068	17134	162758	35850	126908
山　西	78157	13505	160871	28712	132160
内蒙古	-3747	2716	47204	2298	44906
辽　宁	60951	22677	158701	30435	128266
吉　林	17004	6056	51033	9900	41133
黑龙江	-92761	10735	72697	15258	57439
上　海	603402	68762	302875	52361	250513
江　苏	317592	76861	375851	89515	286337
浙　江	101073	24691	80825	11042	69783
安　徽	246331	43990	289522	46556	242965
福　建	132326	29394	150234	36932	113302
江　西	62049	17995	141210	49972	91238
山　东	459956	95316	345604	64619	280985
河　南	396289	55500	352501	116045	236456
湖　北	1386172	262905	995661	209189	786473
湖　南	481295	65324	506676	155191	351485
广　东	558130	88441	586355	126104	460252
广　西	223446	36016	266873	44334	222538
海　南	12631	8353	14359	3845	10514
重　庆	182754	21041	163219	29279	133940
四　川	527719	82117	442465	74503	367962
贵　州	380259	52915	228317	38166	190151
云　南	253010	43808	164838	19047	145791
西　藏	23064	2389	17396	1203	16193
陕　西	306721	50888	262029	67374	194655
甘　肃	48054	11361	115929	16867	99062
青　海	66640	13319	70516	13958	56558
宁　夏	30543	6542	46147	6690	39457
新　疆	120076	27651	65615	10939	54676

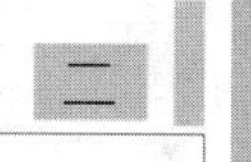

2-15 各地区国有建筑业企业应收工程款及企业亏损情况

地　区	应收工程款(万元)	企业个数(个)	#亏损企业个数	亏损企业的比重(%)
全国总计	**72549100**	**3358**	**514**	**15.3**
北　京	6423148	111	20	18.0
天　津	1814981	63	9	14.3
河　北	2487602	108	30	27.8
山　西	2467383	126	29	23.0
内蒙古	684146	22	6	27.3
辽　宁	1609560	165	43	26.1
吉　林	470719	65	18	27.7
黑龙江	1983063	115	34	29.6
上　海	4951300	74	6	8.1
江　苏	3567719	186	15	8.1
浙　江	584826	82	10	12.2
安　徽	3256771	83	7	8.4
福　建	962748	71	5	7.0
江　西	769262	97	11	11.3
山　东	4695495	319	61	19.1
河　南	2574743	133	19	14.3
湖　北	6537985	194	10	5.2
湖　南	2115453	163	17	10.4
广　东	4916940	234	29	12.4
广　西	1942489	91	14	15.4
海　南	83491	13	4	30.8
重　庆	1613562	90	11	12.2
四　川	3052183	183	19	10.4
贵　州	2962256	104	23	22.1
云　南	2587386	96	19	19.8
西　藏	154661	18		
陕　西	3013834	135	15	11.1
甘　肃	1909355	72	7	9.7
青　海	451987	32	4	12.5
宁　夏	554664	52	7	13.5
新　疆	1349389	61	12	19.7

2-16 各地区国有建筑业企业主要经济效益指标

地区	产值利润率(%)	产值利税率(%)	资本利润率(%)	资本利税率(%)	人均利润(元/人)	人均利税(元/人)	资产负债率(%)
全国总计	**2.9**	**5.4**	**18.4**	**34.3**	**15825**	**29458**	**77.9**
北京	3.5	4.6	16.6	21.7	23503	30821	78.1
天津	2.9	4.1	14.8	21.0	19969	28316	79.4
河北	0.5	2.3	3.5	16.4	6115	28700	82.7
山西	1.5	4.7	5.6	17.2	7061	21593	82.8
内蒙古	-0.3	3.1	-0.9	10.9	-1252	14524	74.0
辽宁	1.5	5.2	5.7	20.4	3427	12352	83.5
吉林	1.0	4.1	7.4	29.5	7233	28940	58.9
黑龙江	-3.7	-0.8	-10.5	-2.3	-10362	-2241	85.3
上海	3.0	4.5	22.8	34.3	25739	38659	80.7
江苏	2.7	6.0	20.2	44.1	13162	28739	77.4
浙江	3.6	6.5	21.0	37.9	16694	30043	75.7
安徽	1.9	4.2	21.2	46.0	11658	25360	80.7
福建	2.1	4.5	19.0	40.5	6643	14185	79.7
江西	1.5	4.8	11.3	37.0	7394	24220	79.8
山东	3.1	5.4	15.8	27.6	18922	33139	78.2
河南	4.1	7.7	24.7	46.7	22885	43242	78.6
湖北	4.6	7.8	49.5	85.0	78349	134625	78.0
湖南	3.0	6.1	18.5	38.0	13578	27871	69.4
广东	2.6	5.3	15.8	32.3	12012	24632	77.0
广西	1.8	4.0	12.0	26.4	7921	17382	78.0
海南	2.8	5.9	15.3	32.7	13089	27969	76.1
重庆	3.0	5.7	18.4	34.9	18426	34883	81.4
四川	3.2	5.9	18.3	33.7	12241	22504	73.9
贵州	4.3	6.8	23.6	37.8	16702	26730	73.4
云南	3.9	6.4	35.8	59.1	15736	25989	75.3
西藏	11.6	20.3	39.5	69.3	23699	41574	65.0
陕西	2.4	4.5	18.1	33.5	13096	24285	77.0
甘肃	1.0	3.4	7.2	24.6	4962	16934	80.4
青海	3.3	6.8	22.1	45.6	23852	49091	73.6
宁夏	2.0	4.9	16.6	41.6	6009	15089	80.7
新疆	4.6	7.1	29.7	46.0	16147	24970	81.6

2-17 各地区集体建筑业企业签订合同情况

单位：万元

地区	签订合同额	上年结转合同额	本年新签合同额
全国总计	**54111308**	**18881959**	**35229349**
北京	1324556	647213	677343
天津	787612	413915	373697
河北	1302951	480772	822179
山西	511440	207613	303827
内蒙古	55776	774	55002
辽宁	1065514	237067	828448
吉林	202607	7789	194819
黑龙江	694354	197027	497328
上海	329678	92344	237334
江苏	1397116	632693	764423
浙江	2697149	1208942	1488207
安徽	794446	133744	660702
福建	2585996	1354586	1231410
江西	3914811	1240103	2674708
山东	4127729	1422033	2705696
河南	2660679	933075	1727604
湖北	1414326	122438	1291888
湖南	3227184	871883	2355300
广东	9366297	4157578	5208719
广西	2983962	844557	2139404
海南	334932	91437	243496
重庆	1182460	159615	1022844
四川	4261402	1446947	2814456
贵州	1283462	512420	771041
云南	1480532	277457	1203075
西藏	28229	9734	18495
陕西	2660201	687134	1973067
甘肃	1038375	388933	649442
青海	222996	54217	168779
宁夏	111884	25121	86763
新疆	62653	22801	39852

2-18 各地区集体建筑业企业承包工程完成情况

单位：万元

地区	直接从建设单位承揽工程完成的产值	自行完成施工产值	分包出去工程的产值	从建设单位以外承揽工程完成的产值
全国总计	**35887307**	**35609684**	**277623**	**543990**
北京	769280	725929	43350	45803
天津	455485	455485		2443
河北	802380	797887	4493	18581
山西	362123	362123		8633
内蒙古	55776	55776		
辽宁	829775	828575	1200	15953
吉林	172983	172491	492	3950
黑龙江	594194	593194	1000	1007
上海	195922	191336	4586	10705
江苏	942624	942348	276	31852
浙江	1236883	1235401	1482	50150
安徽	742795	734088	8707	25815
福建	1276037	1276037		
江西	2937526	2913033	24494	27921
山东	2568980	2558261	10719	12260
河南	2227364	2220825	6539	38103
湖北	769112	763241	5870	21340
湖南	2656640	2655898	742	4207
广东	4693889	4631859	62030	38534
广西	2205365	2203290	2075	5310
海南	209075	209075		20
重庆	927526	927207	319	578
四川	3338660	3297897	40763	70101
贵州	714859	706477	8383	17960
云南	1198458	1191593	6865	13934
西藏	31066	30811	256	100
陕西	1973861	1938430	35432	67143
甘肃	687182	679630	7552	10504
青海	181667	181667		
宁夏	88360	88360		
新疆	41461	41461		1084

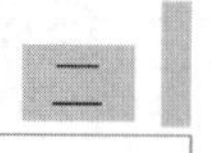

2-19 各地区集体企业建筑业总产值和竣工产值

单位：万元

地区	建筑业总产值	#装饰装修产值	#在外省完成的产值	按构成分组			竣工产值
				建筑工程产值	安装工程产值	其他产值	
全国总计	**36153673**	**1453533**	**3392859**	**31980073**	**2616016**	**1557585**	**23975992**
北京	771733	94698	49029	759955	10043	1735	941004
天津	457928	9070	5720	394806	55698	7424	189614
河北	816468	82870	187926	667594	99770	49103	550348
山西	370756	11746	151	326743	35985	8028	187098
内蒙古	55776	600		47558	1578	6640	55776
辽宁	844528	22121	14975	629002	125520	90006	638017
吉林	176441	460		61801	114097	543	128677
黑龙江	594201	9686	6788	473256	110188	10757	418006
上海	202041	64977	7622	162698	36851	2492	175317
江苏	974200	50194	175037	948452	17958	7791	899701
浙江	1285552	13999	419958	1221883	55168	8501	947877
安徽	759902	2432	402817	499120	23326	237457	480887
福建	1276037	36246	554880	1268108	7779	150	664163
江西	2940953	57386	263446	2742304	142249	56400	1924971
山东	2570521	115341	50088	2409527	134764	26230	1776363
河南	2258928	62606	15255	1857974	120305	280648	1107824
湖北	784581	5046	7291	721971	60520	2090	515509
湖南	2660105	152035	219761	2365407	202994	91705	1960952
广东	4670393	273618	178726	4277193	260968	132232	3061118
广西	2208600	93683	10151	2075963	43368	89270	1408373
海南	209095	2838		187553	5663	15880	165173
重庆	927785	19507	43577	850542	55286	21957	571659
四川	3367998	127949	758117	2639443	555525	173030	2044807
贵州	724437	41867		636979	37029	50429	440038
云南	1205527	25516		1098415	48449	58663	842138
西藏	30911	910		23307		7604	10637
陕西	2005573	65408	1530	1797167	147174	61232	1206367
甘肃	690134	8498	20016	569060	72220	48855	481566
青海	181667	300		168758	12330	580	127843
宁夏	88360	1928		86032	2328		30125
新疆	42544			11505	20884	10155	24044

2-20 各地区集体建筑业企业房屋建筑面积

地区	房屋施工面积(万平方米)	#本年新开工	房屋竣工面积(万平方米)	房屋竣工率(%)
全国总计	**26053**	**13219**	**12384**	**47.5**
北京	757	109	277	36.6
天津	307	91	37	12.0
河北	880	350	310	35.2
山西	178	78	68	38.4
内蒙古	31	31	31	100.0
辽宁	405	263	272	67.2
吉林	27	27	17	63.0
黑龙江	235	139	172	73.1
上海	76	54	45	59.2
江苏	687	247	303	44.1
浙江	1302	458	910	69.9
安徽	375	307	292	77.8
福建	1655	555	225	13.6
江西	2082	1397	1146	55.0
山东	2585	1367	1058	40.9
河南	1347	708	748	55.5
湖北	534	373	349	65.5
湖南	2405	1459	1371	57.0
广东	3873	1611	1321	34.1
广西	1763	910	781	44.3
海南	136	104	87	63.9
重庆	317	117	231	72.7
四川	1355	750	939	69.3
贵州	467	323	180	38.5
云南	496	328	318	64.2
西藏	8	3	3	38.9
陕西	1257	796	643	51.2
甘肃	430	201	200	46.6
青海	35	23	29	83.2
宁夏	45	39	18	39.1
新疆	4	2	4	84.0

2-21 各地区按主要用途分的集体建筑业企业房屋竣工面积

单位：万平方米

地区	总计	住宅房屋	商业及服务用房屋	办公用房屋	科研、教育和医疗用房屋
全国总计	**12383.9**	**8305.5**	**776.5**	**759.0**	**742.8**
北京	277.3	190.1	40.9		9.3
天津	36.8	27.5	3.7	0.2	2.9
河北	309.7	252.8	18.6	10.7	11.8
山西	68.4	63.8	0.5	0.2	0.4
内蒙古	31.2	21.3	0.6	0.7	1.9
辽宁	272.3	171.4	1.1	0.7	39.7
吉林	17.0	3.7			
黑龙江	172.1	91.5	15.8	23.0	3.1
上海	44.8	23.2	9.3	8.3	1.8
江苏	302.9	242.0	16.1	6.6	3.8
浙江	909.9	724.7	40.6	9.9	6.5
安徽	292.0	197.1	1.9	14.7	29.1
福建	224.6	157.7	8.7	35.3	2.0
江西	1145.7	809.7	78.5	47.3	42.1
山东	1057.9	808.8	28.2	32.0	63.3
河南	748.2	541.7	47.3	51.7	38.6
湖北	349.3	237.6	39.2	10.2	13.1
湖南	1370.5	885.3	41.6	135.5	141.6
广东	1321.4	715.7	120.0	113.4	55.3
广西	780.9	371.4	41.0	70.7	121.6
海南	86.8	63.8	2.8	3.6	12.4
重庆	230.5	149.3	25.1	1.5	6.8
四川	938.7	694.1	80.4	33.8	18.1
贵州	179.6	101.1	23.2	18.6	27.5
云南	318.2	156.8	33.1	20.0	32.0
西藏	3.0	3.0			
陕西	643.2	440.9	33.8	98.9	32.8
甘肃	200.4	134.9	10.1	9.3	19.9
青海	29.3	7.5	13.2	1.7	4.6
宁夏	17.6	15.1	0.5		
新疆	3.6	2.1	0.6	0.1	0.8

2-21 续表 单位：万平方米

地　区	文化、体育和娱乐用房屋	厂房及建筑物	仓　库	其他未列明的房屋建筑物
全国总计	**129.1**	**1147.8**	**93.5**	**429.7**
北　京		35.8		1.1
天　津		2.2		0.2
河　北	0.1	10.3	3.2	2.2
山　西		2.6	0.1	0.9
内蒙古	1.1			5.5
辽　宁	0.4	52.1	2.1	4.8
吉　林		13.3		0.1
黑龙江	0.3	26.5	10.7	1.2
上　海		2.2		
江　苏	0.4	31.7	0.1	2.3
浙　江	14.4	104.4		9.4
安　徽	5.8	29.3	9.2	4.9
福　建	1.0	19.9		
江　西	7.2	124.1	13.9	22.9
山　东	2.2	104.7	3.9	14.7
河　南	5.6	46.7	7.3	9.2
湖　北	2.5	41.3	4.1	1.3
湖　南	10.6	91.1	13.1	51.6
广　东	13.8	218.2	8.7	76.4
广　西	21.5	39.9	3.6	111.3
海　南	0.3	1.0		2.8
重　庆	3.5	9.1	6.8	28.5
四　川	3.1	75.2	2.5	31.5
贵　州	0.9	4.0	0.7	3.6
云　南	28.0	27.2	1.6	19.5
西　藏				
陕　西	1.3	27.0	1.4	7.2
甘　肃	4.2	6.1	0.3	15.5
青　海	1.0		0.3	1.0
宁　夏		2.0		
新　疆				

2-22 各地区按主要用途分的集体建筑业企业房屋竣工价值

单位：万元

地区	总计	住宅房屋	商业及服务用房屋	办公用房屋	科研、教育和医疗用房屋
全国总计	**18311111**	**12552866**	**1184424**	**1056255**	**1070818**
北京	776911	573412	106495		40816
天津	105608	79844	8671	620	14130
河北	458599	348929	38458	21881	27729
山西	110795	100478	566	500	314
内蒙古	53469	28994	1488	2769	4928
辽宁	294929	201587	2102	1582	29281
吉林	26314	5121			
黑龙江	260022	146024	21704	41794	7212
上海	99166	52221	13952	8968	8263
江苏	553066	455677	15428	10173	6396
浙江	1781401	1528469	70653	18576	11076
安徽	303286	216655	2224	15332	23786
福建	522159	400310	27123	72269	4095
江西	1396460	986416	91311	56809	45594
山东	1488160	1151214	36925	40670	90742
河南	843229	613990	53441	49575	43665
湖北	410322	275226	53886	11217	14593
湖南	1636202	1029003	63725	149879	190127
广东	2092615	1169970	166940	203725	83740
广西	1048933	583965	54785	109225	173497
海南	108114	77714	5145	4011	15303
重庆	437273	223093	43247	1811	8908
四川	1265371	856043	128092	53561	30406
贵州	343585	233147	30985	25185	42449
云南	516757	281075	38762	25250	51488
西藏	6652	6652			
陕西	897532	638759	50232	108670	54419
甘肃	378830	247129	21841	17989	40751
青海	63100	12918	35747	3834	6823
宁夏	25051	22299	494		
新疆	7202	6532	1	381	288

2-22 续表 单位：万元

地　区	文化、体育和娱乐用房屋	厂房及建筑物	仓　库	其他未列明的房屋建筑物
全国总计	**191868**	**1493235**	**127344**	**634302**
北　京		51524		4665
天　津		2196		146
河　北	516	9440	5572	6074
山　西		6973	400	1565
内 蒙 古	2561			12729
辽　宁	1270	41902	3753	13453
吉　林		21193		0
黑 龙 江	307	25877	14944	2161
上　海		15762		
江　苏	971	61504	230	2688
浙　江	25554	111051		16022
安　徽	4995	26258	9114	4923
福　建	4388	13914		60
江　西	14623	156988	18725	25993
山　东	1843	141608	4515	20643
河　南	4359	61497	7883	8820
湖　北	2291	47388	4311	1411
湖　南	12893	108958	20799	60817
广　东	15499	315213	9979	127550
广　西	27293	39740	4056	56371
海　南	413	2011		3517
重　庆	2500	30112	9184	118417
四　川	3992	117910	5096	70270
贵　州	1005	5624	888	4303
云　南	50193	36477	2251	31263
西　藏				
陕　西	3180	29980	4401	7892
甘　肃	9020	9879	650	31570
青　海	2202		595	981
宁　夏		2258		
新　疆				

2-23 各地区集体建筑业企业主要生产效益指标

地区	建筑业企业个数(个)	从事建筑业活动的平均人数(人)	按建筑业总产值计算的劳动生产率(元/人)	人均竣工产值(元/人)	人均施工面积(平方米/人)	人均竣工面积(平方米/人)
全国总计	**2546**	**1279129**	**282643**	**187440**	**203.7**	**96.8**
北京	87	16748	460791	561861	451.9	165.5
天津	27	12321	371665	153895	249.0	29.8
河北	66	28376	287732	193949	310.0	109.1
山西	63	14331	258709	130555	124.5	47.7
内蒙古	5	2425	230003	230003	128.8	128.8
辽宁	173	44610	189314	143021	90.8	61.0
吉林	29	5693	309926	226026	47.5	29.9
黑龙江	74	19109	310954	218748	123.1	90.0
上海	28	10622	190210	165051	71.4	42.2
江苏	83	37265	261425	241433	184.4	81.3
浙江	67	48148	267000	196867	270.4	189.0
安徽	63	34099	222852	141027	110.1	85.6
福建	28	45454	280731	146118	364.0	49.4
江西	135	83046	354135	231796	250.7	138.0
山东	328	120963	212505	146852	213.7	87.5
河南	116	62512	361359	177218	215.5	119.7
湖北	70	26191	299561	196827	203.8	133.4
湖南	141	87650	303492	223725	274.4	156.4
广东	258	162024	288253	188930	239.0	81.6
广西	142	72681	303876	193775	242.5	107.4
海南	13	5599	373451	295005	242.7	155.1
重庆	47	25682	361259	222591	123.5	89.8
四川	107	129349	260381	158085	104.8	72.6
贵州	52	31997	226408	137525	145.9	56.1
云南	113	36716	328338	229365	135.0	86.7
西藏	8	1011	305744	105208	75.6	29.4
陕西	117	71799	279332	168020	175.1	89.6
甘肃	69	34847	198047	138195	123.4	57.5
青海	20	4614	393731	277075	76.5	63.6
宁夏	8	2515	351333	119783	178.7	69.8
新疆	9	732	581208	328465	58.7	49.3

2-24 各地区集体建筑业企业资产构成

单位：万元

地区	资产合计		
		流动资产合计	
			#存货
全国总计	**22309443**	**18016443**	**3440706**
北京	1621614	1400397	337110
天津	1007359	974649	76747
河北	383761	273574	48185
山西	497691	433267	80767
内蒙古	22066	15838	6048
辽宁	1333297	1148468	123741
吉林	199207	158466	24343
黑龙江	494927	413930	42792
上海	158441	144134	17531
江苏	772640	587376	137926
浙江	893566	753118	193463
安徽	278313	197316	62795
福建	443999	374922	88554
江西	1300716	1006811	266622
山东	2929979	2471171	626043
河南	693740	464296	83092
湖北	336554	219973	40147
湖南	820560	537479	174888
广东	2602744	2143699	359535
广西	906970	696811	120997
海南	128808	108946	830
重庆	284421	222345	37148
四川	847037	698940	138998
贵州	483421	404531	79925
云南	709320	515103	54175
西藏	99452	69779	5575
陕西	1183490	925186	150486
甘肃	511604	403444	49592
青海	159835	107107	9977
宁夏	107246	94868	2116
新疆	96668	50504	560

2-25 各地区集体建筑业企业固定资产情况

单位：万元

地区	固定资产原价	固定资产折旧	#本年折旧	在建工程
全国总计	**3683031**	**1550388**	**200324**	**423055**
北京	107806	55817	4065	2895
天津	20347	9219	2548	1347
河北	86582	26986	2539	15009
山西	63431	25261	3096	4922
内蒙古	2682	754	51	
辽宁	217619	121676	9536	6945
吉林	34179	17674	3199	283
黑龙江	98910	40141	6974	6032
上海	18318	9614	760	131
江苏	131868	62432	6369	5667
浙江	149996	61316	7539	8074
安徽	100663	53674	6374	13339
福建	37048	14668	1216	1626
江西	209277	66021	10094	29224
山东	434194	203572	23368	22759
河南	197369	84674	12985	14830
湖北	112611	52249	10575	14289
湖南	187324	61491	10072	18868
广东	425326	183895	21159	100635
广西	128149	36839	3653	26167
海南	11028	6193	153	892
重庆	39734	19219	1944	8052
四川	153488	72618	7740	19830
贵州	61544	12089	2478	15329
云南	211636	87609	11296	58707
西藏	10957	4237	170	827
陕西	249803	89007	21564	21440
甘肃	129037	46461	6221	3645
青海	21753	11281	613	523
宁夏	10439	4520	98	14
新疆	19916	9184	1878	755

2-26 各地区集体建筑业企业负债及所有者权益

单位：万元

地区	负债合计	#流动负债	#应付账款	所有者权益	#实收资本
全国总计	**14169831**	**12364529**	**3755710**	**8139243**	**4744197**
北京	1209867	1201562	284708	411747	202517
天津	798967	503668	233768	208392	104955
河北	200707	188351	48539	183054	87596
山西	386580	379380	126083	111111	94264
内蒙古	10737	10782	1687	11329	11357
辽宁	1037611	941694	209071	295686	226108
吉林	158636	157701	119324	40571	26073
黑龙江	310939	295697	137497	183988	111509
上海	90322	89734	35327	68119	43187
江苏	447248	416716	132413	325392	135421
浙江	545173	530381	93838	348394	162935
安徽	137375	116723	20846	140938	71414
福建	263046	240879	17448	180952	95117
江西	721971	628793	143270	578745	310337
山东	2162570	1983215	580570	767408	478572
河南	329687	225855	98112	363684	199095
湖北	165518	148750	42308	171035	106530
湖南	431751	322841	59293	388809	258896
广东	1614424	1410143	422020	988320	569771
广西	529533	451470	162919	377437	239981
海南	51350	38807	8240	77458	36819
重庆	188328	142831	54956	96094	62309
四川	537933	391443	196895	309105	194949
贵州	333539	308580	63096	149882	114725
云南	296630	207215	65060	412690	196624
西藏	79189	78529	30254	20263	10086
陕西	564665	489771	183159	618825	437307
甘肃	307511	268505	122088	204092	113144
青海	111989	73679	28627	47846	17275
宁夏	77689	61222	2683	29556	14155
新疆	68345	59614	31616	28323	11171

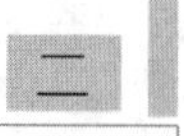

2-27 各地区集体建筑业企业实收资本

单位：万元

地区	合计	国家资本	集体资本	法人资本	个人资本	港澳台资本	外商资本
全国总计	**4745040**	**34133**	**3803011**	**647953**	**259782**	**102**	**60**
北　京	202517		106393	40027	56097		
天　津	104955		90973	12064	1919		
河　北	87596		68030	17692	1874		
山　西	94264	3058	77519	9387	4300		
内蒙古	11357		2655		8702		
辽　宁	226108	4052	188688	24699	8664	2	2
吉　林	26073		24989	653	430		
黑龙江	111509	100	98634	8075	4700		
上　海	43187		36554	2401	4232		
江　苏	135421	5692	89470	29290	10969		
浙　江	162935	550	102403	31139	28842		
安　徽	71414	473	60386	4335	6221		
福　建	95117		55582	26669	12866		
江　西	310337	59	278708	28263	3307		
山　东	478572	3222	414387	40023	20939		
河　南	199939	2052	128264	53665	15957		
湖　北	106530		92421	13309	800		
湖　南	258896	76	214483	42338	2000		
广　东	569771	1009	450635	100534	17593		
广　西	239981	1212	212676	15152	10940		
海　南	36819		12006	24814			
重　庆	62309	2579	51614	7916	201		
四　川	194949	421	151539	26552	16437		
贵　州	114725		95968	18699	58		
云　南	196624		168664	20380	7580		
西　藏	10086	17	4129	932	5008		
陕　西	437307	7654	400091	26853	2708		
甘　肃	113144	1800	89887	14879	6420	100	58
青　海	17275	106	14898	2272			
宁　夏	14155		10054	4081	20		
新　疆	11171		10309	862			

2-28 各地区集体建筑业企业收入情况

单位：万元

地 区	主营业务收入	#主营业务成本	#主营业务税金及附加	其他业务收入	#其他业务利润
全国总计	**32867684**	**28979235**	**932823**	**818476**	**44059**
北 京	1261981	1193547	2788	7878	5786
天 津	408210	367569	1431	8039	2
河 北	830462	746859	28779	383	330
山 西	366314	336321	7048	9899	1138
内蒙古	51485	46490	1203		
辽 宁	959242	888045	12336	35567	1011
吉 林	161274	144305	1237	23846	436
黑龙江	538794	479193	11758	2652	1229
上 海	354425	342353	1356	3216	386
江 苏	787941	681609	24575	11797	417
浙 江	1024510	955211	9436	7761	2353
安 徽	687954	612352	13032	2184	107
福 建	889510	841495	5816	3499	960
江 西	2416797	2131099	92100	36796	1608
山 东	2383302	2123819	49690	34969	326
河 南	1722794	1383800	146416	17480	1741
湖 北	665316	553073	21252	1976	14
湖 南	2041217	1761591	87165	34739	1352
广 东	5249542	4791117	95915	33099	2554
广 西	1822422	1600015	51983	51780	1046
海 南	209921	187680	3628	6	6
重 庆	751314	641511	29656	64631	13840
四 川	2480784	2024358	72443	305707	116
贵 州	705517	638597	21683	1991	969
云 南	1042877	874807	47179	12910	4329
西 藏	33667	31231	209	160	33
陕 西	2072209	1772298	75443	76005	1403
甘 肃	689067	599920	14933	20471	302
青 海	125901	108251	1470	8759	265
宁 夏	61928	57317	375		
新 疆	71008	63402	487	279	3

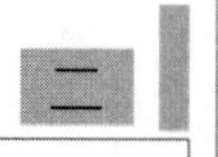

2-29 各地区集体建筑业企业费用情况

单位：万元

地区	管理费用	销售费用	财务费用	#利息收入	#利息支出
全国总计	**1128200**	**184998**	**110270**	**11672**	**63391**
北京	53931	2273	476	1397	1671
天津	24053	517	7381	-110	5
河北	13248	1800	1350	-297	335
山西	14892	1352	520	1593	240
内蒙古	1522				
辽宁	50776	1090	3814	527	2876
吉林	16051	112	-6	5	6
黑龙江	28759	1431	-109	426	243
上海	10725	564	-236	-47	-1
江苏	37503	3533	4888	683	2447
浙江	30804	3365	1972	-183	2429
安徽	35107	9676	2961	4	1252
福建	20040	62	1725	71	2058
江西	63056	7279	11294	489	10250
山东	77723	11923	10792	1484	6695
河南	67011	8779	10500	602	2756
湖北	21357	7315	3348	191	1904
湖南	64719	21502	6912	430	1314
广东	125041	15632	6877	167	1875
广西	43918	10514	2395	335	1261
海南	6616	53	32	26	1
重庆	28213	7682	1091	-6	3528
四川	109842	37870	10088	2160	7341
贵州	10091	1215	462	9	57
云南	35731	12745	7580	728	6077
西藏	1144	587	78		28
陕西	97281	10203	11085	837	5712
甘肃	25082	4671	2476	63	767
青海	7765		-45	22	5
宁夏	2565		491		219
新疆	3633	1252	81	67	40

2-30 各地区集体建筑业企业利润及税金情况

单位：万元

地区	利润总额	#应交所得税	税金总额	主营业务税金及附加	应交增值税
全国总计	**1334351**	**350571**	**2204196**	**932823**	**1271373**
北京	18011	6401	31554	2788	28766
天津	14315	4449	-1045	1431	-2476
河北	38318	12976	61954	28779	33176
山西	7653	2664	18365	7048	11317
内蒙古	2332	711	2917	1203	1715
辽宁	-123	9071	52034	12336	39698
吉林	-735	1624	9849	1237	8612
黑龙江	16826	6128	35415	11758	23657
上海	2743	613	11119	1356	9763
江苏	37125	8513	56876	24575	32301
浙江	29785	8624	42035	9436	32600
安徽	14452	5421	56570	13032	43538
福建	24606	13441	18000	5816	12185
江西	95892	24416	173518	92100	81418
山东	108436	23769	127768	49690	78077
河南	106043	16546	249096	146416	102680
湖北	58717	10365	44686	21252	23433
湖南	86254	18067	173090	87165	85925
广东	174653	62523	314088	95915	218173
广西	50232	19895	113324	51983	61341
海南	12058	4130	16869	3628	13241
重庆	43180	11411	46466	29656	16811
四川	139739	24522	165969	72443	93525
贵州	31314	8305	60115	21683	38433
云南	67598	12257	88174	47179	40995
西藏	2568	159	523	209	314
陕西	120281	20482	174586	75443	99143
甘肃	27908	9698	44998	14933	30065
青海	3431	1533	7558	1470	6088
宁夏	-650	1488	4207	375	3832
新疆	1392	374	3518	487	3031

2-31 各地区集体建筑业企业应收工程款及企业亏损情况

地　区	应收工程款 (万元)	企业个数 (个)	#亏损企业个数	亏损企业的比重 (%)
全国总计	**5531771**	**2546**	**377**	**14.8**
北　京	188915	87	26	29.9
天　津	283199	27	7	25.9
河　北	77819	66	13	19.7
山　西	157625	63	11	17.5
内蒙古	1123	5	1	20.0
辽　宁	299870	173	60	34.7
吉　林	82688	29	8	27.6
黑龙江	141882	74	13	17.6
上　海	45947	28	5	17.9
江　苏	178051	83	6	7.2
浙　江	157318	67	11	16.4
安　徽	59864	63	7	11.1
福　建	44224	28	7	25.0
江　西	231254	135	9	6.7
山　东	833454	328	55	16.8
河　南	175293	116	5	4.3
湖　北	65937	70	2	2.9
湖　南	165143	141	13	9.2
广　东	597523	258	28	10.9
广　西	229160	142	23	16.2
海　南	41717	13	2	15.4
重　庆	73790	47	10	21.3
四　川	331398	107	6	5.6
贵　州	109343	52	8	15.4
云　南	238037	113	12	10.6
西　藏	10786	8		
陕　西	372390	117	11	9.4
甘　肃	217286	69	7	10.1
青　海	65842	20	4	20.0
宁　夏	27255	8	4	50.0
新　疆	27641	9	3	33.3

2-32 各地区集体建筑业企业主要经济效益指标

地区	产值利润率(%)	产值利税率(%)	资本利润率(%)	资本利税率(%)	人均利润(元/人)	人均利税(元/人)	资产负债率(%)
全国总计	**3.7**	**9.8**	**28.1**	**74.6**	**10432**	**27664**	**63.5**
北京	2.3	6.4	8.9	24.5	10754	29595	74.6
天津	3.1	2.9	13.6	12.6	11618	10770	79.3
河北	4.7	12.3	43.7	114.5	13504	35337	52.3
山西	2.1	7.0	8.1	27.6	5340	18155	77.7
内蒙古	4.2	9.4	20.5	46.2	9615	21645	48.7
辽宁		6.1	-0.1	23.0	-28	11637	77.8
吉林	-0.4	5.2	-2.8	35.0	-1291	16009	79.6
黑龙江	2.8	8.8	15.1	46.8	8805	27339	62.8
上海	1.4	6.9	6.4	32.1	2583	13050	57.0
江苏	3.8	9.6	27.4	69.4	9962	25225	57.9
浙江	2.3	5.6	18.3	44.1	6186	14916	61.0
安徽	1.9	9.3	20.2	99.5	4238	20828	49.4
福建	1.9	3.3	25.9	44.8	5413	9374	59.2
江西	3.3	9.2	30.9	86.8	11547	32441	55.5
山东	4.2	9.2	22.7	49.4	8964	19527	73.8
河南	4.7	15.7	53.3	178.4	16964	56811	47.5
湖北	7.5	13.2	55.1	97.1	22419	39480	49.2
湖南	3.2	9.7	33.3	100.2	9841	29589	52.6
广东	3.7	10.5	30.7	85.8	10779	30165	62.0
广西	2.3	7.4	20.9	68.2	6911	22503	58.4
海南	5.8	13.8	32.8	78.6	21537	51665	39.9
重庆	4.7	9.7	69.3	143.9	16813	34906	66.2
四川	4.1	9.1	71.7	156.8	10803	23634	63.5
贵州	4.3	12.6	27.3	79.7	9787	28574	69.0
云南	5.6	12.9	34.4	79.2	18411	42426	41.8
西藏	8.3	10.0	25.5	30.6	25404	30576	79.6
陕西	6.0	14.7	27.5	67.4	16752	41068	47.7
甘肃	4.0	10.6	24.7	64.4	8009	20922	60.1
青海	1.9	6.0	19.9	63.6	7436	23817	70.1
宁夏	-0.7	4.0	-4.6	25.1	-2586	14142	72.4
新疆	3.3	11.5	12.5	43.9	19014	67070	70.7

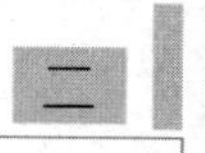

2-33 各地区私营建筑业企业签订合同情况

单位：万元

地区	签订合同额	上年结转合同额	本年新签合同额
全国总计	**1272437272**	**451913164**	**820524108**
北京	12641527	4418314	8223213
天津	7859731	1928190	5931541
河北	27348334	10498221	16850113
山西	16544484	4588546	11955938
内蒙古	6855460	3316035	3539425
辽宁	17902716	6060219	11842496
吉林	9044415	3072834	5971581
黑龙江	3017127	1064479	1952648
上海	30965323	13101516	17863807
江苏	265418734	99275033	166143701
浙江	205866136	72468309	133397828
安徽	36189619	12988322	23201297
福建	91639914	26645485	64994429
江西	36516737	12648901	23867837
山东	50332350	15192940	35139410
河南	36554992	10773395	25781597
湖北	52224736	18352451	33872285
湖南	47039543	20785721	26253822
广东	84007523	32306761	51700763
广西	22118138	8053005	14065133
海南	1588658	861392	727267
重庆	43792979	14467171	29325809
四川	79818548	29247375	50571173
贵州	10334194	3477311	6856883
云南	26511140	6460147	20050993
西藏	1127611	318275	809336
陕西	18853653	6611911	12241743
甘肃	6328927	2455090	3873837
青海	2095549	905895	1189654
宁夏	4818519	2043814	2774706
新疆	17079955	7526111	9553844

2-34 各地区私营建筑业企业承包工程完成情况

单位：万元

地　区	直接从建设单位承揽工程完成的产值	自行完成施工产值	分包出去工程的产值	从建设单位以外承揽工程完成的产值
全国总计	**770178873**	**760468568**	**9710305**	**37628692**
北　京	6938333	6392840	545492	1383006
天　津	5118380	4969807	148573	582416
河　北	16163717	16047588	116129	451528
山　西	11686590	11645206	41384	174325
内蒙古	3409970	3390986	18985	52099
辽　宁	12875484	12771086	104398	224600
吉　林	5887738	5869709	18029	62648
黑龙江	1950891	1930948	19943	55025
上　海	16603541	15942222	661319	1858569
江　苏	164595893	164276101	319792	14565547
浙　江	108313288	107388532	924756	3667956
安　徽	25161338	24863727	297611	778223
福　建	56303575	56160967	142608	1204406
江　西	24133118	23667603	465514	1940236
山　东	32016321	31786417	229904	667864
河　南	24307671	23829596	478075	1142850
湖　北	36942551	36379425	563125	990698
湖　南	26910702	26472699	438003	764655
广　东	44095870	42703822	1392048	1716214
广　西	13986712	13669400	317312	332146
海　南	602364	598002	4362	27942
重　庆	31956764	31221537	735227	1383568
四　川	49148375	48208901	939475	2050954
贵　州	5544935	5411775	133161	270653
云　南	18231398	18062684	168714	602868
西　藏	660699	630295	30404	13518
陕　西	12462438	12192043	270395	458296
甘　肃	3055077	3022312	32764	41165
青　海	1168594	1137596	30998	26224
宁　夏	2999672	2909327	90345	86406
新　疆	6946876	6915416	31460	52091

2-35 各地区私营企业建筑业总产值和竣工产值

单位：万元

地区	建筑业总产值	#装饰装修产值	#在外省完成的产值	按构成分组			竣工产值
				建筑工程产值	安装工程产值	其他产值	
全国总计	**798097260**	**56236632**	**196556900**	**698028804**	**67102886**	**32965571**	**498305445**
北京	7775846	2204673	2692143	6906530	791764	77553	4697804
天津	5552223	333803	609330	4326126	963694	262403	3436613
河北	16499116	1192742	1587217	14338615	1520534	639967	8410703
山西	11819531	608919	2176317	9622037	1653244	544250	5672593
内蒙古	3443085	146910	503168	2938621	175567	328896	1903334
辽宁	12995686	1225686	1343716	10236162	2192522	567002	7886079
吉林	5932357	343988	493705	5014949	574518	342890	3901528
黑龙江	1985973	140405	141473	1684693	204179	97101	1369850
上海	17800791	3259081	5303787	14429304	2921222	450265	10600898
江苏	178841648	9707607	70051911	167780126	9646982	1414540	139765676
浙江	111056488	8718632	37771293	99811736	7559208	3685544	67037514
安徽	25641950	1816279	2340501	20734015	2382522	2525413	13824177
福建	57365372	2730356	25297871	53256874	3495727	612772	31135285
江西	25607839	1588542	8528147	20750862	2437524	2419453	14375407
山东	32454281	2966410	3613986	26550130	5167793	736358	17697334
河南	24972445	1744654	2883371	20716445	2405420	1850580	14914974
湖北	37370123	2221464	5722073	33874038	2217757	1278328	35119872
湖南	27237354	1931375	4490612	22159326	2899535	2178493	16205014
广东	44420036	6052986	6088048	36167862	6228695	2023480	22349024
广西	14001546	676992	975779	11673133	1187296	1141117	7856668
海南	625944	94983	23684	500542	22602	102801	365701
重庆	32605105	1567357	3201678	28988465	2035827	1580812	16270472
四川	50259855	2319781	7371106	41891782	4316526	4051547	26532624
贵州	5682427	308725	77200	4785995	568978	327455	3038600
云南	18665552	1138077	320945	16440804	1287150	937597	10879661
西藏	643813	48829	1819	577019	38920	27874	435220
陕西	12650338	648479	1220088	10681668	1242226	726445	4698479
甘肃	3063478	115981	326534	2650995	283476	129007	1741224
青海	1163820	15146	24597	1010534	111560	41726	483761
宁夏	2995733	127863	129306	2784502	153191	58040	2038262
新疆	6967507	239910	1245499	4744915	416726	1805866	3661098

2-36 各地区私营建筑业企业房屋建筑面积

地区	房屋施工面积(万平方米)	#本年新开工	房屋竣工面积(万平方米)	房屋竣工率(%)
全国总计	**491786**	**215262**	**183329**	**37.3**
北京	1509	782	123	8.2
天津	1344	580	612	45.6
河北	9911	5065	3860	38.9
山西	4598	2026	1512	32.9
内蒙古	1860	979	590	31.7
辽宁	5697	2694	2336	41.0
吉林	2304	1403	1097	47.6
黑龙江	693	412	320	46.3
上海	7503	2804	2074	27.6
江苏	149687	58866	49446	33.0
浙江	82371	35274	30119	36.6
安徽	15860	7314	7019	44.3
福建	33348	12073	9120	27.3
江西	12006	6625	6293	52.4
山东	22869	11283	7560	33.1
河南	17649	6462	5895	33.4
湖北	21907	11843	11715	53.5
湖南	13594	6785	6637	48.8
广东	23362	8836	7612	32.6
广西	5874	3292	3343	56.9
海南	249	108	108	43.2
重庆	14413	6572	6015	41.7
四川	22373	12105	11393	50.9
贵州	2859	1497	1241	43.4
云南	7691	5013	3535	46.0
西藏	261	127	97	37.1
陕西	4583	2029	1637	35.7
甘肃	1240	581	494	39.8
青海	447	194	135	30.3
宁夏	1297	613	485	37.4
新疆	2430	1030	906	37.3

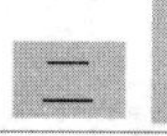

2-37 各地区按主要用途分的私营建筑业企业房屋竣工面积

单位：万平方米

地区	总计	住宅房屋	商业及服务用房屋	办公用房屋	科研、教育和医疗用房屋
全国总计	**183329.3**	**121668.3**	**10539.0**	**9061.0**	**6940.1**
北京	123.2	32.4	7.1	1.9	6.8
天津	612.1	398.3	19.4	13.4	35.0
河北	3860.0	2802.9	221.1	134.2	185.2
山西	1512.0	993.6	134.1	66.2	43.8
内蒙古	589.6	477.7	7.2	17.8	30.1
辽宁	2336.1	1652.1	156.4	82.7	74.1
吉林	1097.4	790.3	32.0	52.1	36.4
黑龙江	320.4	220.3	10.6	18.1	9.4
上海	2074.0	1242.5	95.3	78.7	49.8
江苏	49445.9	35301.3	1575.7	1888.8	1349.0
浙江	30119.0	16267.9	2126.8	1466.1	944.9
安徽	7019.1	4561.7	438.3	454.3	306.9
福建	9120.2	5408.5	622.1	619.5	345.8
江西	6293.0	4191.2	404.0	453.2	302.5
山东	7560.4	5323.2	269.4	252.7	364.1
河南	5894.8	4364.0	216.1	333.4	268.9
湖北	11715.3	8973.6	533.1	547.4	218.7
湖南	6636.9	4441.6	582.1	391.3	357.5
广东	7612.4	4981.3	538.7	441.4	224.8
广西	3342.5	1757.0	326.6	424.0	372.5
海南	107.5	44.9	22.8	10.7	9.8
重庆	6014.5	3813.1	423.5	424.3	200.0
四川	11392.5	8377.7	1002.0	420.4	414.7
贵州	1241.3	753.8	138.5	62.0	131.8
云南	3534.8	2218.9	304.5	224.7	350.5
西藏	96.9	54.0	7.7	13.1	7.1
陕西	1637.3	1127.6	143.3	68.0	124.6
甘肃	493.5	307.2	43.4	28.1	55.4
青海	135.4	72.1	13.2	11.8	10.5
宁夏	485.0	295.5	53.7	10.6	36.3
新疆	906.2	422.3	70.3	50.1	73.2

2-37 续表

单位：万平方米

地　区	文化、体育和娱乐用房屋	厂房及建筑物	仓　库	其他未列明的房屋建筑物
全国总计	**1616.1**	**27930.7**	**1359.8**	**4214.3**
北　京	14.7	50.9	0.9	8.5
天　津	18.6	98.1	3.7	25.8
河　北	20.0	380.9	22.4	93.3
山　西	4.7	199.8	4.9	64.8
内蒙古	7.6	16.1	0.2	32.9
辽　宁	6.4	278.5	15.6	70.3
吉　林	0.8	145.6	5.2	35.0
黑龙江	1.4	35.7	13.7	11.3
上　海	5.5	479.9	69.1	53.2
江　苏	387.8	7898.0	421.2	624.2
浙　江	281.9	8038.2	328.4	664.8
安　徽	34.9	1028.4	33.0	161.6
福　建	86.0	1969.0	44.2	25.2
江　西	115.4	601.4	67.0	158.2
山　东	44.9	1168.9	39.0	98.3
河　南	48.7	470.9	60.1	132.7
湖　北	46.3	1191.6	40.0	164.6
湖　南	87.6	581.0	33.8	162.1
广　东	70.1	1113.6	23.1	219.5
广　西	139.0	195.1	26.6	101.7
海　南	1.4	1.0	2.9	14.0
重　庆	37.4	762.9	21.8	331.6
四　川	65.4	635.4	46.0	430.9
贵　州	10.1	82.3	5.0	57.8
云　南	41.2	228.2	13.4	153.5
西　藏	3.6	1.5	0.6	9.4
陕　西	12.0	102.1	6.2	53.5
甘　肃	4.5	13.6	1.2	40.1
青　海	2.0	5.2		20.7
宁　夏	0.7	36.6	1.8	49.8
新　疆	15.5	120.5	9.0	145.3

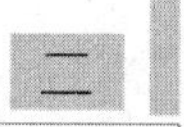

2-38 各地区按主要用途分的私营建筑业企业房屋竣工价值

单位：万元

地　区	总计	住宅房屋	商业及服务用房屋	办公用房　屋	科研、教育和医疗用房屋
全国总计	**300454455**	**204001072**	**18592067**	**15248718**	**12637956**
北　京	257079	116514	27729	5569	8621
天　津	1134353	785486	34087	18750	28529
河　北	5438828	3831582	299291	211409	331389
山　西	2402212	1712621	212525	108102	72267
内蒙古	989240	782082	13154	34173	82644
辽　宁	3611268	2595496	219464	123618	163525
吉　林	1704832	1236282	66377	123614	75524
黑龙江	482902	329498	16466	35466	22078
上　海	4005063	2310623	224250	214018	163218
江　苏	88920715	64804552	2887868	3408516	3014783
浙　江	49656295	29130045	4129503	2334991	1793886
安　徽	8917942	6090540	579882	487295	355480
福　建	16246976	10358490	1055561	1105114	645321
江　西	8936713	5612065	568972	1123507	484300
山　东	11185308	8012791	467424	522675	570426
河　南	7965236	5910602	289297	464949	349722
湖　北	17278528	13318185	893370	810464	420658
湖　南	9423755	6216468	855934	550892	563807
广　东	12602598	8256637	1002571	724389	412558
广　西	4941445	2710010	422291	577057	578425
海　南	202946	88153	44455	15939	20149
重　庆	9408106	6042697	743162	700203	304637
四　川	19775362	14296782	2228832	721431	751691
贵　州	1898822	1134242	231671	97862	224625
云　南	6879118	4552350	494488	407922	669003
西　藏	213715	106612	29594	27899	14231
陕　西	2521153	1773796	227652	91661	184883
甘　肃	896257	574160	77199	53743	104899
青　海	239319	118682	25022	24243	22739
宁　夏	736662	460008	103439	21837	67574
新　疆	1581710	733024	120539	101410	136365

2-38 续表 单位：万元

地　区	文化、体育和娱乐用房屋	厂房及建筑物	仓　库	其他未列明的房屋建筑物
全国总计	**3019973**	**37744031**	**2194552**	**7016087**
北　京	7656	55081	478	35431
天　津	83706	135408	7461	40927
河　北	39088	464637	34787	226645
山　西	6687	215992	6052	67967
内蒙古	13052	26412	425	37299
辽　宁	9263	353663	25964	120275
吉　林	1275	160373	4189	37197
黑龙江	3591	44131	12323	19348
上　海	10823	784152	164086	133892
江　苏	818013	12096123	727963	1162897
浙　江	644396	9931508	529199	1162767
安　徽	44299	1140125	38831	181490
福　建	147053	2812214	85906	37318
江　西	149484	723353	75433	199600
山　东	91945	1288302	43565	188181
河　南	54216	559150	70155	267145
湖　北	80197	1470085	62027	223542
湖　南	149727	814729	48776	223421
广　东	149631	1642564	45121	369127
广　西	162957	294782	39726	156196
海　南	2405	1346	3695	26805
重　庆	59595	979579	29318	548915
四　川	111308	970459	54931	639929
贵　州	13759	113266	11114	72283
云　南	89169	329582	30207	306397
西　藏	6294	3217	2587	23281
陕　西	22540	113546	11493	95583
甘　肃	8079	19895	1693	56588
青　海	4738	7640		36255
宁　夏	1414	31522	2128	48740
新　疆	33612	161195	24919	270647

2-39 各地区私营建筑业企业主要生产效益指标

地区	建筑业企业个数(个)	从事建筑业活动的平均人数(人)	按建筑业总产值计算的劳动生产率(元/人)	人均竣工产值(元/人)	人均施工面积(平方米/人)	人均竣工面积(平方米/人)
全国总计	**59053**	**25875916**	**308433**	**192575**	**190.1**	**70.8**
北京	1397	232540	334388	202021	64.9	5.3
天津	1114	293684	189054	117017	45.8	20.8
河北	1587	494345	333757	170138	200.5	78.1
山西	2004	385315	306750	147220	119.3	39.2
内蒙古	482	133707	257510	142351	139.1	44.1
辽宁	3784	388193	334774	203148	146.8	60.2
吉林	1129	179561	330381	217282	128.3	61.1
黑龙江	726	78840	251899	173751	87.8	40.6
上海	1788	446330	398826	237513	168.1	46.5
江苏	7641	5904848	302873	236697	253.5	83.7
浙江	5459	3902767	284558	171769	211.1	77.2
安徽	2046	840276	305161	164520	188.7	83.5
福建	3236	2185312	262504	142475	152.6	41.7
江西	1239	831281	308053	172931	144.4	75.7
山东	3688	1087734	298366	162699	210.2	69.5
河南	2431	762581	327473	195585	231.4	77.3
湖北	2300	825855	452502	425255	265.3	141.9
湖南	1265	823179	330880	196859	165.1	80.6
广东	3726	1084013	409774	206169	215.5	70.2
广西	855	407557	343548	192775	144.1	82.0
海南	50	7543	829835	484821	330.2	142.5
重庆	1707	1120695	290937	145182	128.6	53.7
四川	3208	1818293	276412	145921	123.0	62.7
贵州	636	173113	328250	175527	165.2	71.7
云南	1811	588913	316949	184741	130.6	60.0
西藏	166	21208	303571	205215	123.1	45.7
陕西	1499	377449	335154	124480	121.4	43.4
甘肃	653	117937	259755	147640	105.1	41.8
青海	208	37550	309939	128831	118.9	36.1
宁夏	542	123447	242674	165112	105.0	39.3
新疆	676	201850	345182	181377	120.4	44.9

2-40 各地区私营建筑业企业资产构成

单位：万元

地区	资产合计	流动资产合计	#存货
全国总计	**608135430**	**497241241**	**96155855**
北京	13927370	12247075	1628029
天津	9693103	7305086	644523
河北	21026664	17181646	3370502
山西	12365520	10373629	1821762
内蒙古	8772850	6840128	737765
辽宁	21504066	18200319	2291754
吉林	7996779	6352098	1019722
黑龙江	3743052	2984381	459916
上海	24127063	21205076	3333732
江苏	109594315	89747603	22738244
浙江	64705573	53542190	13173841
安徽	16972825	13840690	2143711
福建	26131600	21555233	3049255
江西	11772088	9039577	2040626
山东	34157600	27936494	6045802
河南	20330041	15445024	2429107
湖北	21337314	17121174	3778125
湖南	14058684	10620811	2294092
广东	55152068	45095838	7263599
广西	7501378	6347220	817294
海南	386563	325022	12274
重庆	18930941	15659083	3385616
四川	30534051	24518639	5214455
贵州	5909120	5157583	792219
云南	12846772	10068273	1563122
西藏	892941	664172	68100
陕西	13310696	10853274	1829987
甘肃	5069254	3611953	686460
青海	1615989	1363242	181910
宁夏	4667683	3954918	587985
新疆	9101468	8083793	752327

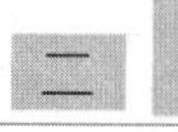

2-41 各地区私营建筑业企业固定资产情况

单位：万元

地区	固定资产原价	固定资产折旧	#本年折旧	在建工程
全国总计	**72112649**	**30286166**	**5032062**	**7662264**
北京	1008490	491683	65698	87528
天津	1196920	602301	71163	63132
河北	2511133	935254	143226	252227
山西	1678129	757999	105649	128854
内蒙古	983334	434459	106381	224162
辽宁	2736024	1348164	152701	173459
吉林	893175	347172	54332	150252
黑龙江	601039	278530	36766	35185
上海	1981342	1014070	109278	89487
江苏	14558953	5756007	864284	940084
浙江	8924371	4086300	589112	635664
安徽	2001900	766942	145573	383547
福建	3646547	1473418	279561	168302
江西	1640172	570594	135435	223564
山东	4485940	1898767	311785	318202
河南	3167974	1013670	231296	315152
湖北	3307791	1384649	381306	360038
湖南	1735027	662860	121499	307064
广东	3308286	1516618	185337	375435
广西	873412	357831	76344	89158
海南	25742	12095	1199	321
重庆	1602241	643750	115662	200228
四川	2937746	1235974	263656	757850
贵州	234160	59321	16096	128465
云南	2058469	929153	185418	335120
西藏	147835	41026	6828	10096
陕西	1523691	604395	116963	574578
甘肃	626799	203996	32458	160378
青海	196481	81113	11351	22435
宁夏	486134	191418	27359	65262
新疆	1033389	586639	88346	87033

2-42 各地区私营建筑业企业负债及所有者权益

单位：万元

地区	负债合计	#流动负债	#应付账款	所有者权益	#实收资本
全国总计	**339403812**	**307056301**	**107575475**	**268744385**	**156201372**
北京	9649350	9414023	3091275	4278020	3212689
天津	5540329	5051341	2264167	4152779	3324946
河北	13013987	11634734	4127842	8012677	4608021
山西	7243662	6923524	2855157	5121858	4096420
内蒙古	6198283	5803594	1598595	2574567	1542295
辽宁	12510715	11104023	3757708	8990445	5884760
吉林	4392874	3863377	1420027	3603905	2097824
黑龙江	1787960	1686754	480226	1955092	1466442
上海	16511946	15106989	5860092	7615626	4639793
江苏	54315935	50523290	19880509	55278380	24462332
浙江	36521822	34389453	11240872	28183751	16991939
安徽	8944235	7913782	2202055	8028590	4461123
福建	12619020	11809963	4903962	13512580	8989907
江西	4770454	3829744	1291931	7001634	4222113
山东	21101152	19702886	6653906	13056448	8597917
河南	8462560	7464577	2759566	11867419	6530015
湖北	9925528	8423613	3228514	11408702	6034353
湖南	6351572	5495851	1740516	7707112	4726265
广东	35362080	30849005	9367915	19790208	10094776
广西	4089793	3354725	1079107	3412961	2397442
海南	190033	185089	40582	196530	109205
重庆	11500354	9933527	3691210	7430587	3954989
四川	17412873	14814380	4256339	13115043	8852536
贵州	4099837	3652639	962749	1809283	1239196
云南	6585140	5634556	1699294	6260530	3679452
西藏	414061	313724	75338	491416	328406
陕西	6995518	6315071	2484052	6315523	4846721
甘肃	2813329	2364973	620956	2255926	1538810
青海	992472	892662	318673	623517	523197
宁夏	3001963	2869122	1182845	1676787	1159899
新疆	6084977	5735312	2439493	3016491	1587590

2-43 各地区私营建筑业企业实收资本

单位：万元

地区	合计	国家资本	集体资本	法人资本	个人资本	港澳台资本	外商资本
全国总计	**156201372**	**262951**	**543266**	**48434631**	**106920715**	**33758**	**6052**
北京	3212689		120	868513	2344056		
天津	3324946	20	1656	776334	2546018		918
河北	4608021	1583	18933	1414312	3172945	249	
山西	4096420	7206	18483	1396266	2674464	1	1
内蒙古	1542295	1309	4786	384231	1151969		
辽宁	5884760	22827	66890	1926079	3868964		
吉林	2097824	584	8793	855544	1232904	0	0
黑龙江	1466442	1800		500600	964042		
上海	4639793	2814	13787	1795950	2827073	170	
江苏	24462332	12149	40104	6815751	17567553	25245	1531
浙江	16991939	10634	14856	4237728	12728138	583	
安徽	4461123	5321	18923	1296535	3140344		
福建	8989907	4363	8699	1810260	7165481	1050	55
江西	4222113	9522	16295	1125531	3070654	57	56
山东	8597917	6695	46505	3510803	5033635	129	150
河南	6530015	17091	23436	2031643	4457845		
湖北	6034353	4271	37700	1346667	4645507	108	100
湖南	4726265	6619	14957	2247184	2457469	19	19
广东	10094776	44026	20022	3616012	6414005	705	5
广西	2397442	20418	17734	911756	1447514	10	10
海南	109205	59	2000	18686	88460		
重庆	3954989	949	10023	1113825	2829461	443	289
四川	8852536	41612	78627	2888403	5842435	293	1166
贵州	1239196	4408	12415	479002	743218	53	101
云南	3679452	14054	14278	1338594	2308872	3123	531
西藏	328406	4669	4316	152256	166765	300	100
陕西	4846721	9290	12696	1714026	3108667	1021	1021
甘肃	1538810	633	3067	857278	677833		
青海	523197	2505	256	211162	309274		
宁夏	1159899		1781	307471	850647		
新疆	1587590	5523	11131	486231	1084506	200	

2-44 各地区私营建筑业企业收入情况

单位：万元

地　区	主营业务收入	#主营业务成本	#主营业务税金及附加	其他业务收入	#其他业务利润
全国总计	**698374869**	**626857030**	**9786555**	**9543114**	**486096**
北　京	9707191	8588453	37007	344934	36096
天　津	6117323	5624074	27395	231624	7205
河　北	14272010	13004339	150482	373198	11351
山　西	11388534	10444270	87155	296431	6623
内蒙古	4385184	3931321	42217	111771	3488
辽　宁	12985516	11480494	123126	417621	10943
吉　林	5915505	5152886	78743	142751	3485
黑龙江	2472464	2236245	36970	31811	791
上　海	20633184	19040213	78523	265969	24834
江　苏	145420122	130276508	2465196	663693	86397
浙　江	91806728	85203749	698444	1219427	81573
安　徽	20439112	18450966	269066	250601	7027
福　建	48572813	43952961	911448	436955	13729
江　西	20066223	18039143	425451	341601	5052
山　东	31352423	27808788	328511	381016	9079
河　南	22017538	19029675	464535	421132	15478
湖　北	33989182	29482934	624127	275744	8726
湖　南	23463570	20857281	536368	128438	31098
广　东	46379953	41781956	340552	722842	48860
广　西	10924359	9969766	235734	218678	4761
海　南	609950	558977	6009	19131	1600
重　庆	27345814	24013638	470300	371686	18366
四　川	39690101	34891336	663800	928278	17356
贵　州	5340998	4704115	62146	293879	1444
云　南	15170970	13105441	273342	211737	4444
西　藏	880743	773476	10475	24460	748
陕　西	11629690	10337550	176719	157545	7913
甘　肃	3314491	2926178	45778	50525	3803
青　海	1470233	1387871	10052	30885	368
宁　夏	3198690	2923931	18905	49841	6053
新　疆	7414259	6878495	87980	128910	7406

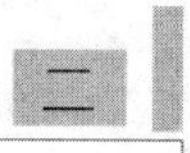

2-45 各地区私营建筑业企业费用情况

单位：万元

地区	管理费用	销售费用	财务费用	#利息收入	#利息支出
全国总计	**23436103**	**3581548**	**4470078**	**218817**	**2609597**
北京	717115	188589	41553	13143	55706
天津	376318	42269	48306	-199	36211
河北	412527	49951	152143	13363	93194
山西	456946	43905	53102	1299	32335
内蒙古	152351	11636	75226	268	29762
辽宁	654323	55006	96905	-147	49717
吉林	224087	22096	73003	2067	49002
黑龙江	97806	10529	6948	465	11992
上海	1000066	98291	105151	8027	66827
江苏	4467123	790604	944868	65542	540442
浙江	2565564	249105	523717	32931	402996
安徽	612854	109499	125063	3280	58694
福建	1435158	167346	119088	3673	77214
江西	454659	117630	90443	1800	60984
山东	1109904	133764	251446	9522	128211
河南	713219	127421	129554	5163	61348
湖北	981137	197296	232097	4003	112805
湖南	731655	174119	98137	2729	44552
广东	1921459	213258	356873	25815	255659
广西	334447	21513	32887	428	21056
海南	16834	465	316	-6	2237
重庆	890653	168156	208510	10737	116891
四川	1375682	319356	395447	6194	131578
贵州	148790	22378	23468	735	10777
云南	564553	138431	103290	3190	54349
西藏	34940	3064	2542	104	505
陕西	453213	66548	60105	-502	25448
甘肃	106879	20169	49840	1895	39980
青海	47938	4532	5365	181	4467
宁夏	114792	6217	32923	1720	11369
新疆	263111	8404	31763	1398	23290

2-46 各地区私营建筑业企业利润及税金情况

单位：万元

地区	利润总额	#应交所得税	税金总额	主营业务税金及附加	应交增值税
全国总计	**29634386**	**6956950**	**31226777**	**9786555**	**21440222**
北京	143384	49598	313512	37007	276505
天津	57881	31082	168146	27395	140752
河北	634587	171884	541554	150482	391072
山西	303887	82925	422915	87155	335761
内蒙古	156851	53556	186732	42217	144515
辽宁	577924	177360	556762	123126	433637
吉林	337628	90448	278887	78743	200144
黑龙江	78495	31674	118286	36970	81316
上海	431996	100146	584427	78523	505904
江苏	6481998	1436580	7164627	2465196	4699432
浙江	2580708	698009	3132832	698444	2434387
安徽	835679	201525	930296	269066	661229
福建	1969691	576160	2437285	911448	1525837
江西	937368	205986	909366	425451	483915
山东	1251458	259001	1173406	328511	844895
河南	1456106	275394	1290306	464535	825771
湖北	2477653	499797	1845506	624127	1221379
湖南	1016613	192137	1292594	536368	756225
广东	1634284	394428	1545662	340552	1205109
广西	388522	181072	549148	235734	313413
海南	27263	12997	31290	6009	25280
重庆	1586604	301914	1472393	470300	1002093
四川	1999445	420427	1987294	663800	1323494
贵州	313992	80584	283528	62146	221381
云南	930254	183709	838999	273342	565657
西藏	66257	8175	29987	10475	19513
陕西	503410	92795	559478	176719	382759
甘肃	177175	35788	160413	45778	114635
青海	18670	3896	56088	10052	46036
宁夏	93859	39341	104981	18905	86076
新疆	164746	68564	260077	87980	172097

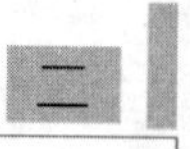

2-47 各地区私营建筑业企业应收工程款及企业亏损情况

地区	应收工程款(万元)	企业个数(个)	#亏损企业个数	亏损企业的比重(%)
全国总计	**169847528**	**59053**	**9042**	**15.3**
北京	3759330	1397	435	31.1
天津	3294759	1114	261	23.4
河北	6111883	1587	263	16.6
山西	4118027	2004	465	23.2
内蒙古	2104661	482	106	22.0
辽宁	6561379	3784	979	25.9
吉林	2848582	1129	162	14.3
黑龙江	969681	726	174	24.0
上海	6601126	1788	362	20.2
江苏	34973131	7641	442	5.8
浙江	15440035	5459	928	17.0
安徽	4476963	2046	164	8.0
福建	7246220	3236	296	9.1
江西	2643230	1239	110	8.9
山东	9723401	3688	554	15.0
河南	5193438	2431	309	12.7
湖北	5950833	2300	164	7.1
湖南	3531403	1265	115	9.1
广东	11398207	3726	661	17.7
广西	2008561	855	172	20.1
海南	79577	50	12	24.0
重庆	5925848	1707	228	13.4
四川	8042729	3208	359	11.2
贵州	1874260	636	140	22.0
云南	3274235	1811	296	16.3
西藏	224674	166	9	5.4
陕西	3625486	1499	280	18.7
甘肃	1159785	653	135	20.7
青海	364910	208	61	29.3
宁夏	1775179	542	176	32.5
新疆	4545998	676	224	33.1

2-48 各地区私营建筑业企业主要经济效益指标

地 区	产值利润率 (%)	产值利税率 (%)	资本利润率 (%)	资本利税率 (%)	人均利润 (元/人)	人均利税 (元/人)	资产负债率 (%)
全国总计	**3.7**	**7.6**	**19.0**	**39.0**	**11453**	**23520**	**55.8**
北 京	1.8	5.9	4.5	14.2	6166	19648	69.3
天 津	1.0	4.1	1.7	6.8	1971	7696	57.2
河 北	3.8	7.1	13.8	25.5	12837	23792	61.9
山 西	2.6	6.1	7.4	17.7	7887	18863	58.6
内 蒙 古	4.6	10.0	10.2	22.3	11731	25697	70.7
辽 宁	4.4	8.7	9.8	19.3	14888	29230	58.2
吉 林	5.7	10.4	16.1	29.4	18803	34335	54.9
黑 龙 江	4.0	9.9	5.4	13.4	9956	24960	47.8
上 海	2.4	5.7	9.3	21.9	9679	22773	68.4
江 苏	3.6	7.6	26.5	55.8	10977	23111	49.6
浙 江	2.3	5.1	15.2	33.6	6613	14640	56.4
安 徽	3.3	6.9	18.7	39.6	9945	21017	52.7
福 建	3.4	7.7	21.9	49.0	9013	20166	48.3
江 西	3.7	7.2	22.2	43.7	11276	22216	40.5
山 东	3.9	7.5	14.6	28.2	11505	22293	61.8
河 南	5.8	11.0	22.3	42.1	19094	36015	41.6
湖 北	6.6	11.6	41.1	71.6	30001	52348	46.5
湖 南	3.7	8.5	21.5	48.9	12350	28052	45.2
广 东	3.7	7.2	16.2	31.5	15076	29335	64.1
广 西	2.8	6.7	16.2	39.1	9533	23007	54.5
海 南	4.4	9.4	25.0	53.6	36144	77625	49.2
重 庆	4.9	9.4	40.1	77.3	14157	27296	60.7
四 川	4.0	7.9	22.6	45.0	10996	21926	57.0
贵 州	5.5	10.5	25.3	48.2	18138	34516	69.4
云 南	5.0	9.5	25.3	48.1	15796	30043	51.3
西 藏	10.3	14.9	20.2	29.3	31242	45381	46.4
陕 西	4.0	8.4	10.4	21.9	13337	28160	52.6
甘 肃	5.8	11.0	11.5	21.9	15023	28625	55.5
青 海	1.6	6.4	3.6	14.3	4972	19909	61.4
宁 夏	3.1	6.6	8.1	17.1	7603	16107	64.3
新 疆	2.4	6.1	10.4	26.8	8162	21046	66.9

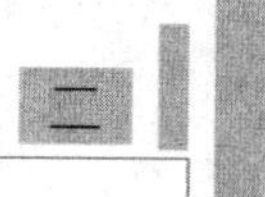

2-49 各地区联营建筑业企业签订合同情况

单位：万元

地区	签订合同额	上年结转合同额	本年新签合同额
全国总计	**261157**	**106993**	**154165**
北京			
天津	1856		1856
河北			
山西			
内蒙古			
辽宁	18000		18000
吉林			
黑龙江			
上海	18743	12822	5921
江苏	10556		10556
浙江	2889	2578	311
安徽	44933	32773	12161
福建			
江西			
山东	8560	1000	7560
河南	9900	1800	8100
湖北			
湖南	22248	532	21716
广东	107379	48129	59250
广西			
海南	834		834
重庆	3997	1295	2702
四川	323	200	123
贵州	320	120	200
云南	2735	165	2571
西藏			
陕西	7885	5580	2305
甘肃			
青海			
宁夏			
新疆			

2-50 各地区联营建筑业企业承包工程完成情况

单位：万元

地区	直接从建设单位承揽工程完成的产值	自行完成施工产值	分包出去工程的产值	从建设单位以外承揽工程完成的产值
全国总计	**161433**	**156256**	**5177**	**687**
北京				
天津	1002	1002		687
河北				
山西				
内蒙古				
辽宁	18000	18000		
吉林				
黑龙江				
上海	17035	11924	5111	
江苏	10556	10556		
浙江	1697	1697		
安徽	16904	16904		
福建				
江西				
山东	8460	8460		
河南	9900	9900		
湖北				
湖南	20748	20748		
广东	45796	45796		
广西				
海南	834	834		
重庆	3393	3327	67	
四川	252	252		
贵州	370	370		
云南	2652	2652		
西藏				
陕西	3835	3835		
甘肃				
青海				
宁夏				
新疆				

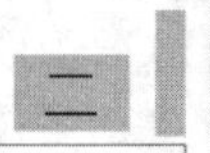

2-51　各地区联营企业建筑业总产值和竣工产值

单位：万元

地　区	建筑业总产值	#装饰装修产值	#在外省完成的产值	按构成分组			竣工产值
				建筑工程产值	安装工程产值	其他产值	
全国总计	**156943**	**49588**	**15388**	**123673**	**25444**	**7826**	**72080**
北　京							
天　津	1689	1689	826	1689			1675
河　北							
山　西							
内蒙古							
辽　宁	18000				18000		
吉　林							
黑龙江							
上　海	11924	2410		11924			11924
江　苏	10556		2063	8064	2492		10556
浙　江	1697			1697			1971
安　徽	16904			15106	986	813	21198
福　建							
江　西							
山　东	8460	8460		8460			8460
河　南	9900			6400		3500	666
湖　北							
湖　南	20748		2000	19748		1000	6764
广　东	45796	35239	10022	41041	3075	1680	3022
广　西							
海　南	834		477			834	
重　庆	3327			3327			
四　川	252	252			252		252
贵　州	370			370			2940
云　南	2652	537		2013	639		2652
西　藏							
陕　西	3835	1001		3835			
甘　肃							
青　海							
宁　夏							
新　疆							

2-52 各地区联营建筑业企业房屋建筑面积

地区	房屋施工面积（万平方米）	#本年新开工	房屋竣工面积（万平方米）	房屋竣工率（%）
全国总计	**33**	**14**	**14**	**41.4**
北京				
天津				
河北				
山西				
内蒙古				
辽宁				
吉林				
黑龙江				
上海	8	4	6	73.8
江苏				
浙江	3		2	75.0
安徽	12	4		1.7
福建				
江西				
山东				
河南	1	1		42.0
湖北				
湖南				
广东	5	3	3	57.7
广西				
海南				
重庆				
四川				
贵州	2	1	1	54.6
云南	2	1	1	48.0
西藏				
陕西				
甘肃				
青海				
宁夏				
新疆				

2-53 各地区按主要用途分的联营建筑业企业房屋竣工面积

单位：万平方米

地区	总计	住宅房屋	商业及服务用房屋	办公用房屋	科研、教育和医疗用房屋
全国总计	**13.6**	**4.0**		**6.2**	
北京					
天津					
河北					
山西					
内蒙古					
辽宁					
吉林					
黑龙江					
上海	6.2			6.1	
江苏					
浙江	2.4				
安徽	0.2			0.1	
福建					
江西					
山东					
河南	0.2	0.2			
湖北					
湖南					
广东	2.6	2.6			
广西					
海南					
重庆					
四川					
贵州	1.1	1.1			
云南	0.9				
西藏					
陕西					
甘肃					
青海					
宁夏					
新疆					

2-53 续表

单位：万平方米

地　区	文化、体育和娱乐用房屋	厂房及建筑物	仓　库	其他未列明的房屋建筑物
全国总计	**0.1**	**0.1**		**3.3**
北　京				
天　津				
河　北				
山　西				
内蒙古				
辽　宁				
吉　林				
黑龙江				
上　海	0.1			
江　苏				
浙　江				2.4
安　徽		0.1		
福　建				
江　西				
山　东				
河　南				
湖　北				
湖　南				
广　东				
广　西				
海　南				
重　庆				
四　川				
贵　州				
云　南				0.9
西　藏				
陕　西				
甘　肃				
青　海				
宁　夏				
新　疆				

2-54 各地区按主要用途分的联营建筑业企业房屋竣工价值

单位：万元

地区	总计	住宅房屋	商业及服务用房屋	办公用房屋	科研、教育和医疗用房屋
全国总计	**23153**	**6405**		**11946**	
北京					
天津					
河北					
山西					
内蒙古					
辽宁					
吉林					
黑龙江					
上海	11924			11802	
江苏					
浙江	1971				
安徽	252			144	
福建					
江西					
山东					
河南	443	443			
湖北					
湖南					
广东	3022	3022			
广西					
海南					
重庆					
四川					
贵州	2940	2940			
云南	2602				
西藏					
陕西					
甘肃					
青海					
宁夏					
新疆					

2-54 续表 单位：万元

地区	文化、体育和娱乐用房屋	厂房及建筑物	仓库	其他未列明的房屋建筑物
全国总计	**122**	**108**		**4573**
北京				
天津				
河北				
山西				
内蒙古				
辽宁				
吉林				
黑龙江				
上海	122			
江苏				
浙江				1971
安徽		108		
福建				
江西				
山东				
河南				
湖北				
湖南				
广东				
广西				
海南				
重庆				
四川				
贵州				
云南				2602
西藏				
陕西				
甘肃				
青海				
宁夏				
新疆				

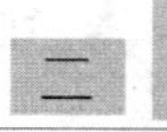

2-55 各地区联营建筑业企业主要生产效益指标

地区	建筑业企业个数（个）	从事建筑业活动的平均人数（人）	按建筑业总产值计算的劳动生产率（元/人）	人均竣工产值（元/人）	人均施工面积（平方米/人）	人均竣工面积（平方米/人）
全国总计	**22**	**6777**	**231582**	**106359**	**48.6**	**20.1**
北京						
天津	1	13	1299385	1288462		
河北						
山西						
内蒙古						
辽宁	1	151	1192053			
吉林						
黑龙江						
上海	1	450	264982	264982	186.2	137.3
江苏	2	268	393866	393866		
浙江	1	112	151500	175973	284.2	213.3
安徽	2	1012	167039	209468	122.6	2.1
福建						
江西						
山东	1	160	528750	528750		
河南	1	1600	61875	4161	3.5	1.5
湖北						
湖南	2	485	427794	139464		
广东	3	1719	266410	17580	26.6	15.4
广西						
海南	1	28	297750			
重庆	1	376	88476			
四川	1	10	252300	252300		
贵州	1	66	56061	445455	299.7	163.6
云南	2	197	134604	134604	94.1	45.2
西藏						
陕西	1	130	294969			
甘肃						
青海						
宁夏						
新疆						

2-56 各地区联营建筑业企业资产构成

地区	资产合计	#流动资产合计	#存货
全国总计	**155668**	**122254**	**17885**
北京			
天津	1442	928	
河北			
山西			
内蒙古			
辽宁	11453	10713	
吉林			
黑龙江			
上海	10304	9273	503
江苏	10268	4656	1036
浙江	1088	678	121
安徽	28902	24144	6302
福建			
江西			
山东	7558	7481	959
河南	2507	1700	510
湖北			
湖南	26895	19234	3975
广东	27112	24539	574
广西			
海南	3199	3027	818
重庆	9017	4238	2323
四川	1280	1176	50
贵州	1993	1405	231
云南	3276	2079	83
西藏			
陕西	9376	6984	403
甘肃			
青海			
宁夏			
新疆			

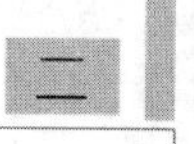

2-57　各地区联营建筑业企业固定资产情况

单位：万元

地　区	固定资产原价	固定资产折旧	#本年折旧	在建工程
全国总计	**34017**	**13207**	**1290**	**632**
北　京				
天　津	606	91	7	
河　北				
山　西				
内蒙古				
辽　宁	792	82	9	
吉　林				
黑龙江				
上　海	1260	229		
江　苏	4117	355	68	
浙　江	919	596	13	58
安　徽	10765	6008	705	
福　建				
江　西				
山　东	153	76	6	
河　南	1125	480	23	
湖　北				
湖　南	3105	2017	179	
广　东	3103	909	59	
广　西				
海　南	294	205	5	
重　庆	4921	143	8	
四　川	303	199	14	
贵　州	131	27	27	
云　南	1225	594	18	
西　藏				
陕　西	1197	1197	151	574
甘　肃				
青　海				
宁　夏				
新　疆				

2-58 各地区联营建筑业企业负债及所有者权益

单位：万元

地区	负债合计	#流动负债	#应付账款	所有者权益	#实收资本
全国总计	**85506**	**70334**	**26415**	**70161**	**41260**
北京					
天津	1145	1145	754	297	216
河北					
山西					
内蒙古					
辽宁	10538	10538	10252	915	915
吉林					
黑龙江					
上海	1849			8455	4000
江苏	4193	4193	1707	6075	5933
浙江	388	342	52	700	611
安徽	9348	9053	1282	19554	2262
福建					
江西					
山东	7210	7210	2086	348	1100
河南	271	270	32	2235	2000
湖北					
湖南	15831	4178	2892	11064	8033
广东	22237	22237	3880	4875	2102
广西					
海南	1860	1860	5	1339	1028
重庆	4141	4141	1633	4876	5180
四川	1006	1006	420	274	200
贵州	1317	1300		676	600
云南	644	494	189	2632	1233
西藏					
陕西	3529	2368	1232	5847	5847
甘肃					
青海					
宁夏					
新疆					

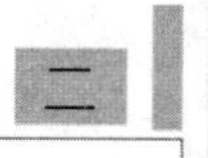

2-59 各地区联营建筑业企业实收资本

单位：万元

地区	合计	国家资本	集体资本	法人资本	个人资本	港澳台资本	外商资本
全国总计	**41260**	**5074**	**14488**	**8909**	**12789**		
北京							
天津	216			216			
河北							
山西							
内蒙古							
辽宁	915	751	164				
吉林							
黑龙江							
上海	4000		4000				
江苏	5933		1033		4901		
浙江	611		285	326			
安徽	2262	384	1879				
福建							
江西							
山东	1100				1100		
河南	2000			2000			
湖北							
湖南	8033	2374			5659		
广东	2102	1420		502	180		
广西							
海南	1028		600	428			
重庆	5180			5180			
四川	200	146		46	8		
贵州	600		600				
云南	1233		81	210	942		
西藏							
陕西	5847		5847				
甘肃							
青海							
宁夏							
新疆							

2-60 各地区联营建筑业企业收入情况

单位：万元

地 区	主营业务收入	#主营业务成本	#主营业务税金及附加	其他业务收入	#其他业务利润
全国总计	**152029**	**140960**	**2310**	**139**	**74**
北 京					
天 津	1587	1585	5		
河 北					
山 西					
内蒙古					
辽 宁	18056	17325	76		
吉 林					
黑龙江					
上 海	19031	18318	48		
江 苏	9466	8815	137		
浙 江	1669	1563	13		
安 徽	16899	13548	343		
福 建					
江 西					
山 东	8173	7988	22		
河 南	2235	1898	88		
湖 北					
湖 南	13714	12882	253	60	60
广 东	47040	44300	979	57	
广 西					
海 南	755	571	3		
重 庆	3294	3019	12	8	
四 川	252	179	3	13	13
贵 州	232	198	1		
云 南	3528	3118	116		
西 藏					
陕 西	6100	5653	210		
甘 肃					
青 海					
宁 夏					
新 疆					

2-61 各地区联营建筑业企业费用情况

单位：万元

地区	管理费用	销售费用	财务费用	#利息收入	#利息支出
全国总计	**4598**	**770**	**23**	**74**	**83**
北京					
天津	89	15			
河北					
山西					
内蒙古					
辽宁	278		4		
吉林					
黑龙江					
上海	334		-5	-5	
江苏	208	79	1		
浙江	31	2	37		37
安徽	1042	632	-1	39	39
福建					
江西					
山东	135		3		
河南	8	9	5		5
湖北					
湖南	379	1	4		
广东	1462	12	-27	37	2
广西					
海南	48				
重庆	183		-2	2	
四川	62	14			
贵州	34				
云南	66	7	1		
西藏					
陕西	240	1	1		
甘肃					
青海					
宁夏					
新疆					

2-62 各地区联营建筑业企业利润及税金情况

单位：万元

地区	利润总额	#应交所得税	税金总额	主营业务税金及附加	应交增值税
全国总计	**3560**	**960**	**7048**	**2310**	**4738**
北京					
天津	-107		43	5	38
河北					
山西					
内蒙古					
辽宁	374	380	947	76	872
吉林					
黑龙江					
上海	362	91	71	48	23
江苏	225	30	841	137	703
浙江	23	9	131	13	118
安徽	1342	191	810	343	467
福建					
江西					
山东	24	6	142	22	120
河南	227	47	199	88	111
湖北					
湖南	255	68	808	253	555
广东	370	115	2479	979	1500
广西					
海南	138	6	27	3	25
重庆	82	1	111	12	99
四川	7	2	19	3	16
贵州	0		1	1	1
云南	223	16	204	116	88
西藏					
陕西	17	1	214	210	4
甘肃					
青海					
宁夏					
新疆					

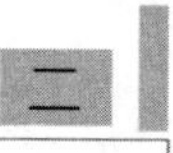

2-63 各地区联营建筑业企业应收工程款及企业亏损情况

地区	应收工程款(万元)	企业个数(个)	#亏损企业个数	亏损企业的比重(%)
全国总计	**40378**	**22**	**2**	**9.1**
北京				
天津	756	1	1	100.0
河北				
山西				
内蒙古				
辽宁	9575	1		
吉林				
黑龙江				
上海	3228	1		
江苏	2217	2		
浙江	490	1		
安徽	454	2		
福建				
江西				
山东	4869	1		
河南	50	1		
湖北				
湖南	9077	2		
广东	5218	3		
广西				
海南	1321	1		
重庆	405	1		
四川	584	1		
贵州	200	1	1	100.0
云南	1928	2		
西藏				
陕西	6	1		
甘肃				
青海				
宁夏				
新疆				

2-64 各地区联营建筑业企业主要经济效益指标

地　　区	产值利润率(%)	产值利税率(%)	资本利润率(%)	资本利税率(%)	人均利润(元/人)	人均利税(元/人)	资产负债率(%)
全国总计	**2.3**	**6.8**	**8.6**	**25.7**	**5253**	**15652**	**54.9**
北　京							
天　津	-6.4	-3.8	-49.7	-29.8	-82615	-49615	79.4
河　北							
山　西							
内蒙古							
辽　宁	2.1	7.3	40.8	144.4	24742	87477	92.0
吉　林							
黑龙江							
上　海	3.0	3.6	9.1	10.8	8051	9629	17.9
江　苏	2.1	10.1	3.8	18.0	8396	39765	40.8
浙　江	1.3	9.1	3.7	25.2	2045	13759	35.7
安　徽	7.9	12.7	59.3	95.1	13256	21258	32.3
福　建							
江　西							
山　东	0.3	2.0	2.2	15.1	1513	10400	95.4
河　南	2.3	4.3	11.4	21.3	1421	2664	10.8
湖　北							
湖　南	1.2	5.1	3.2	13.2	5252	21916	58.9
广　东	0.8	6.2	17.6	135.5	2150	16571	82.0
广　西							
海　南	16.5	19.8	13.4	16.0	49143	58893	58.1
重　庆	2.5	5.8	1.6	3.7	2173	5133	45.9
四　川	2.9	10.2	3.6	12.9	7200	25800	78.6
贵　州	-0.1	0.3		0.2	-30	152	66.1
云　南	8.4	16.1	18.1	34.7	11325	21695	19.6
西　藏							
陕　西	0.4	6.0	0.3	3.9	1315	17739	37.6
甘　肃							
青　海							
宁　夏							
新　疆							

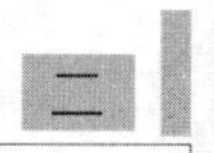

2-65 各地区股份制建筑业企业签订合同情况

单位：万元

地区	签订合同额	上年结转合同额	本年新签合同额
全国总计	**2673416842**	**1268471045**	**1404945797**
北京	250712712	147099955	103612757
天津	90093242	51163716	38929527
河北	74615086	36728678	37886408
山西	64642272	31983272	32659000
内蒙古	10504583	5271188	5233395
辽宁	44552651	23682260	20870391
吉林	23664950	10569096	13095854
黑龙江	13696530	5352080	8344451
上海	117397726	59551034	57846692
江苏	203576176	89294087	114282089
浙江	193945606	87167006	106778599
安徽	81358698	35390197	45968501
福建	103304070	45629304	57674766
江西	69710347	30663168	39047179
山东	142378837	58684058	83694779
河南	157155835	66559464	90596371
湖北	174123782	78548895	95574886
湖南	124715665	63926866	60788799
广东	195789471	94317278	101472194
广西	28862868	13086022	15776846
海南	5971975	3091243	2880732
重庆	68164993	31404905	36760088
四川	154519881	72144401	82375479
贵州	54024794	24618125	29406669
云南	69668130	29675263	39992867
西藏	1873799	658842	1214957
陕西	103665925	50926141	52739784
甘肃	17691876	7489509	10202367
青海	2353239	1266872	1086367
宁夏	1479399	559104	920294
新疆	29201727	11969017	17232710

2-66 各地区股份制建筑业企业承包工程完成情况

单位：万元

地区	直接从建设单位承揽工程完成的产值	自行完成施工产值	分包出去工程的产值	从建设单位以外承揽工程完成的产值
全国总计	**1119118935**	**1071836186**	**47282749**	**55274188**
北京	77946565	62105143	15841421	11904885
天津	25857583	22704845	3152738	1370075
河北	30796901	30078020	718881	923706
山西	23147039	23045159	101881	559703
内蒙古	5761953	5734711	27242	39061
辽宁	16529843	16406267	123577	1450787
吉林	12290919	12268473	22446	148626
黑龙江	7085634	7068306	17328	17847
上海	34198463	26314952	7883512	4868427
江苏	110220424	109513479	706945	6664123
浙江	88249998	85767885	2482113	3439483
安徽	39471279	39077532	393747	857830
福建	47476024	47297855	178169	1577219
江西	33847020	33315965	531056	1258552
山东	69241507	68440881	800625	661825
河南	73416858	72894693	522166	1937548
湖北	82274185	81149571	1124614	1507303
湖南	48498471	48143162	355309	1305083
广东	67186974	60701292	6485681	4487300
广西	15280165	15155617	124548	383104
海南	2267416	2266628	788	12953
重庆	33555403	32739489	815915	943414
四川	63983008	62788614	1194394	3880970
贵州	18116589	18000926	115663	170358
云南	26700879	26252598	448282	637172
西藏	919037	906736	12301	18354
陕西	41523934	38802943	2720991	3815877
甘肃	9650363	9451153	199211	98349
青海	1076191	1032060	44131	7833
宁夏	987167	973034	14133	46647
新疆	11561145	11438201	122943	279775

2-67 各地区股份制企业建筑业总产值和竣工产值

单位：万元

地区	建筑业总产值	#装饰装修产值	#在外省完成的产值	按构成分组			竣工产值
				建筑工程产值	安装工程产值	其他产值	
全国总计	**1127110374**	**59060405**	**431705203**	**997038021**	**95793539**	**34278815**	**565712732**
北京	74010028	6545520	56084339	70406790	2878441	724797	27471889
天津	24074920	485169	14714306	21145171	2275095	654654	10535589
河北	31001726	701430	12695025	24520575	4747675	1733477	15597737
山西	23604862	443976	11338608	20952794	2282262	369806	6838465
内蒙古	5773772	53117	113264	4918189	302162	553421	2961448
辽宁	17857054	471759	7239704	14897077	2506568	453409	7379396
吉林	12417099	389221	1925003	10057488	1577211	782400	8029082
黑龙江	7086153	204199	1465271	5899693	737734	448727	4031272
上海	31183379	2724235	17606581	26815700	3550124	817555	15937837
江苏	116177601	7448947	66067153	107906860	7413490	857251	82766771
浙江	89207367	6864634	40897885	77624616	9669984	1912768	53422021
安徽	39935361	1060543	10593371	34560595	2882902	2491864	16862546
福建	48875074	1273253	22544217	45475868	2985867	413339	40208885
江西	34574516	1603547	13262448	30314712	2293398	1966406	18695395
山东	69102706	3763350	15006963	60243550	7327818	1531338	29899438
河南	74832241	2181595	19363304	64586116	6709609	3536516	33973287
湖北	82656874	3123819	31286874	72763384	7570093	2323398	40009987
湖南	49448245	1884931	18728764	43349764	3033834	3064647	26543574
广东	65188592	10151039	15713123	56991728	6599758	1597106	26603241
广西	15538721	486680	2709263	14444179	828457	266085	7845665
海南	2279581	190249	94929	1910868	307272	61442	1332623
重庆	33682903	1307296	8633017	30521085	2283592	878226	16578959
四川	66669584	2561206	15866186	57857854	6037262	2774468	28880243
贵州	18171284	459651	6081638	15330406	1594617	1246260	7984210
云南	26889770	338181	2826253	24871087	1438770	579914	9572538
西藏	925090	13315	40077	865980	46333	12777	394119
陕西	42618820	1894083	15532209	37339866	3840732	1438223	12786824
甘肃	9549502	221389	1414208	8182816	814474	552212	4821788
青海	1039893	18873	37071	813753	167197	58943	581212
宁夏	1019680	15767	35541	883408	116730	19543	529537
新疆	11717977	179434	1788609	10586053	974080	157844	6637154

2-68 各地区股份制建筑业企业房屋建筑面积

地　区	房　屋 施工面积 (万平方米)	#本年新开工	房　屋 竣工面积 (万平方米)	房屋竣工率 (%)
全国总计	**699159**	**263218**	**188453**	**27.0**
北　京	47653	14239	6367	13.4
天　津	10061	2998	1626	16.2
河　北	20647	7045	4456	21.6
山　西	9563	2849	1543	16.1
内蒙古	2402	1087	961	40.0
辽　宁	6660	1949	2011	30.2
吉　林	5698	2865	1875	32.9
黑龙江	2081	960	859	41.3
上　海	25119	8601	3891	15.5
江　苏	93132	32931	25164	27.0
浙　江	88690	31038	22300	25.1
安　徽	23245	8863	7707	33.2
福　建	34460	10821	7545	21.9
江　西	16418	8094	7319	44.6
山　东	45680	18659	11971	26.2
河　南	42944	20438	13388	31.2
湖　北	48107	22639	17747	36.9
湖　南	33570	13078	10238	30.5
广　东	28384	11199	7103	25.0
广　西	11444	2613	2972	26.0
海　南	1694	422	353	20.8
重　庆	17926	7159	6333	35.3
四　川	32651	14303	10729	32.9
贵　州	11468	3435	3105	27.1
云　南	9124	3898	3209	35.2
西　藏	149	71	72	48.2
陕　西	18616	6672	3703	19.9
甘　肃	5575	2099	1621	29.1
青　海	357	110	197	55.1
宁　夏	459	239	121	26.2
新　疆	5186	1844	1969	38.0

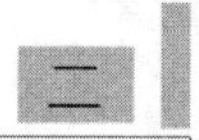

2-69 各地区按主要用途分的股份制建筑业企业房屋竣工面积

单位：万平方米

地区	总计	住宅房屋	商业及服务用房屋	办公用房屋	科研、教育和医疗用房屋
全国总计	**188453.3**	**129420.0**	**14436.4**	**9413.7**	**9195.1**
北京	6367.2	4204.1	1125.9	365.9	194.8
天津	1626.3	987.4	171.5	36.0	110.5
河北	4455.7	3320.2	213.8	126.3	227.1
山西	1542.5	1082.4	68.1	91.4	90.6
内蒙古	960.9	776.9	24.0	29.9	37.2
辽宁	2011.4	1529.7	89.7	46.3	51.2
吉林	1875.1	1133.5	109.9	125.8	61.7
黑龙江	859.0	644.6	28.0	46.2	29.1
上海	3891.1	2241.2	338.4	303.5	183.2
江苏	25164.3	18700.4	1190.2	1108.3	795.6
浙江	22300.3	13615.1	1886.9	1627.1	938.7
安徽	7707.2	5174.3	391.0	271.5	360.2
福建	7545.3	5402.0	560.0	337.8	226.2
江西	7319.3	4592.8	701.7	400.2	375.5
山东	11971.3	8147.1	961.8	647.7	835.4
河南	13387.7	9287.4	896.2	889.0	838.7
湖北	17746.8	12138.0	1981.2	629.6	880.2
湖南	10237.5	6898.3	733.8	644.1	604.8
广东	7102.7	5223.6	407.7	209.0	257.1
广西	2971.7	2024.6	144.6	116.6	299.6
海南	353.0	230.4	33.1	13.5	37.5
重庆	6332.5	4815.3	455.6	173.1	215.4
四川	10728.6	8055.5	862.8	281.5	383.6
贵州	3104.8	2102.2	292.7	118.2	280.8
云南	3209.2	2099.2	237.3	231.0	335.7
西藏	71.7	24.8	14.1	2.6	5.1
陕西	3703.3	2559.4	193.5	210.9	221.0
甘肃	1620.8	1136.6	160.7	67.8	116.6
青海	196.7	121.3	3.9	27.3	10.2
宁夏	120.5	59.2	16.8	4.3	12.5
新疆	1968.8	1092.3	141.5	231.2	179.4

2-69 续表　　　　单位：万平方米

地　区	文化、体育和娱乐用房屋	厂房及建筑物	仓　库	其他未列明的房屋建筑物
全国总计	**2032.7**	**18378.2**	**1358.2**	**4219.1**
北　京	71.9	220.5	13.7	170.3
天　津	13.1	208.1	12.7	86.9
河　北	50.2	327.6	14.3	176.2
山　西	24.8	107.5	4.3	73.3
内蒙古	4.5	42.6	3.4	42.5
辽　宁	2.1	209.2	17.1	66.1
吉　林	32.1	272.2	37.1	102.9
黑龙江	1.5	65.7	28.0	15.9
上　海	97.2	661.3	11.4	54.8
江　苏	343.6	2438.4	247.3	340.5
浙　江	312.2	3406.8	173.0	340.6
安　徽	40.8	1182.5	47.1	239.9
福　建	52.2	879.5	66.1	21.6
江　西	85.3	954.2	68.4	141.1
山　东	151.4	1001.8	85.2	140.9
河　南	138.6	978.0	155.8	204.0
湖　北	208.9	1457.7	134.5	316.6
湖　南	104.0	868.9	56.8	326.7
广　东	35.7	642.7	42.2	284.6
广　西	30.2	281.2	14.4	60.4
海　南	7.6	2.9	2.2	25.8
重　庆	22.1	504.4	23.0	123.6
四　川	56.5	784.2	33.3	271.2
贵　州	12.9	145.7	4.5	147.8
云　南	50.0	135.3	3.0	117.6
西　藏	0.6	13.0	0.5	11.0
陕　西	44.5	302.0	34.5	137.6
甘　肃	18.9	70.6	16.0	33.6
青　海	3.4	20.4	0.2	10.0
宁　夏	1.7	10.0	0.4	15.7
新　疆	14.0	183.3	7.6	119.4

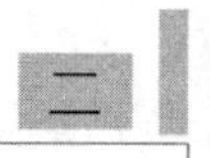

2-70 各地区按主要用途分的股份制建筑业企业房屋竣工价值

单位：万元

地区	总计	住宅房屋	商业及服务用房屋	办公用房屋	科研、教育和医疗用房屋
全国总计	**333780546**	**217658926**	**28326768**	**21301581**	**19425465**
北京	15430534	9047910	2930803	1238125	657808
天津	3829000	1988005	403889	164214	452551
河北	7168484	5280204	373180	210765	441966
山西	3069370	1831590	163349	269577	247373
内蒙古	1547859	1221834	34591	60464	83465
辽宁	3039723	2243781	156133	90613	96778
吉林	3400969	1928695	200211	300169	143259
黑龙江	1291934	915452	46241	86274	58383
上海	9216018	4833516	749759	773674	589300
江苏	56270082	40438093	2730994	3238198	2222067
浙江	39128074	23321881	3687818	3213650	2228103
安徽	10684347	7164646	707354	426300	617856
福建	13207422	9618658	1133549	550914	403199
江西	11296223	6770945	1037749	699098	776623
山东	20246733	13170498	1676173	1134313	1727621
河南	17990868	12205439	1373762	1167702	1157893
湖北	27142991	17275842	3754315	1458052	1310191
湖南	16982876	10764248	1194521	1314591	1147257
广东	11924368	8391774	934075	527811	601801
广西	5635503	3453350	315088	287158	650261
海南	775328	453122	105232	27805	106992
重庆	10405836	7800807	737214	284899	422321
四川	16797803	12165640	1471884	504717	840738
贵州	5375208	3118818	580586	279654	596221
云南	5679020	3609977	437205	385934	663306
西藏	107883	49849	14346	7975	7148
陕西	6944720	4305158	368453	543140	439778
甘肃	3487926	2065046	702972	123134	241521
青海	364701	181596	6251	69051	29568
宁夏	230100	105791	40835	9781	29236
新疆	5108643	1936763	258239	1853829	434883

2-70 续表 单位：万元

地　区	文化、体育和娱乐用房屋	厂房及建筑物	仓　库	其他未列明的房屋建筑物
全国总计	**5300482**	**29923368**	**2150621**	**9693335**
北　京	366762	644257	46706	498164
天　津	32139	371063	34195	382943
河　北	49607	489089	19881	303793
山　西	80327	231512	11189	234453
内蒙古	7765	57742	4997	77002
辽　宁	4047	331346	14772	102253
吉　林	49466	511365	51468	216336
黑龙江	6816	112526	30162	36080
上　海	487170	1455717	25651	301231
江　苏	861360	5334200	490922	954248
浙　江	855084	4654055	229353	938130
安　徽	74999	1405909	64142	223140
福　建	147617	1229437	96482	27565
江　西	144514	1493832	185000	188461
山　东	594882	1559625	136432	247188
河　南	212258	1373556	194201	306057
湖　北	315044	2174790	115406	739353
湖　南	271355	1356802	112948	821154
广　东	78098	950952	68237	371619
广　西	80869	446968	22449	379360
海　南	16437	7480	5249	53013
重　庆	38679	899442	33849	188626
四　川	115566	1147522	63722	488015
贵　州	26689	233216	5882	534144
云　南	123361	203837	6993	248408
西　藏	1211	10521	763	16070
陕　西	182707	623974	58169	423343
甘　肃	38933	180266	7184	128870
青　海	10167	45358	390	22322
宁　夏	3780	12560	604	27513
新　疆	22777	374450	13223	214481

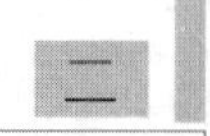

2-71 各地区股份制建筑业企业主要生产效益指标

地区	建筑业企业个数（个）	从事建筑业活动的平均人数（人）	按建筑业总产值计算的劳动生产率（元/人）	人均竣工产值（元/人）	人均施工面积（平方米/人）	人均竣工面积（平方米/人）
全国总计	**31088**	**26847398**	**419821**	**210714**	**260.4**	**70.2**
北京	987	1331301	555923	206354	357.9	47.8
天津	612	549146	438407	191854	183.2	29.6
河北	781	516631	600075	301913	399.6	86.2
山西	494	578348	408143	118241	165.3	26.7
内蒙古	515	160569	359582	184435	149.6	59.8
辽宁	1207	391202	456466	188634	170.2	51.4
吉林	1106	267240	464642	300445	213.2	70.2
黑龙江	795	222064	319104	181537	93.7	38.7
上海	533	486019	641608	327926	516.8	80.1
江苏	1327	2633344	441179	314303	353.7	95.6
浙江	1150	2633229	338776	202877	336.8	84.7
安徽	1651	1007536	396367	167364	230.7	76.5
福建	1523	1722599	283729	233420	200.0	43.8
江西	1176	747843	462323	249991	219.5	97.9
山东	2505	1838593	375846	162621	248.4	65.1
河南	3572	1847160	405121	183922	232.5	72.5
湖北	1664	1205340	685756	331939	399.1	147.2
湖南	1014	1346777	367160	197090	249.3	76.0
广东	1540	1282832	508162	207379	221.3	55.4
广西	317	454775	341679	172518	251.6	65.3
海南	122	50488	451509	263949	335.4	69.9
重庆	949	838406	401749	197744	213.8	75.5
四川	1937	1894757	351864	152422	172.3	56.6
贵州	419	469822	386770	169941	244.1	66.1
云南	839	731079	367809	130937	124.8	43.9
西藏	98	16250	569286	242535	91.5	44.1
陕西	934	923920	461283	138398	201.5	40.1
甘肃	658	290393	328848	166044	192.0	55.8
青海	128	30265	343596	192041	118.0	65.0
宁夏	92	27311	373359	193891	168.0	44.1
新疆	443	352159	332747	188470	147.3	55.9

2-72 各地区股份制建筑业企业资产构成

单位：万元

地　区	资产合计	#流动资产合计	#存货
全国总计	**1291525221**	**995574217**	**179821247**
北　京	207333808	122563565	12816756
天　津	48186387	37292226	5559756
河　北	35629992	30400260	8503216
山　西	33898542	28027659	2814619
内蒙古	10507175	8294475	903028
辽　宁	28976655	24364358	3625674
吉　林	15325404	13002045	1534867
黑龙江	11580971	9425649	1403078
上　海	51914706	42885715	9145680
江　苏	78738362	67754872	14928062
浙　江	66241174	54121797	15397053
安　徽	40249494	30180442	4716613
福　建	31009986	26211933	6418909
江　西	40077666	34657620	4620960
山　东	80969499	68412925	13791860
河　南	63280177	47144158	8275562
湖　北	61667542	50218745	11807537
湖　南	35338734	25864487	3903101
广　东	92243304	69886950	12496289
广　西	9393165	8340808	1306612
海　南	2404919	2018899	109501
重　庆	31475005	26040697	6430799
四　川	70289603	56283283	10693277
贵　州	24795559	21870785	4711915
云　南	39735594	26530538	4052292
西　藏	1938405	1410799	84946
陕　西	43995762	34828529	5157372
甘　肃	12259337	10084119	2294082
青　海	2017932	1594179	321260
宁　夏	1527489	1388085	203881
新　疆	18522874	14473615	1792690

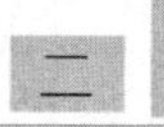

2-73　各地区股份制建筑业企业固定资产情况

单位：万元

地　区	固定资产原价	固定资产折旧	#本年折旧	在建工程
全国总计	**105369275**	**49156320**	**8058621**	**10442800**
北　京	5891010	3222332	531176	334679
天　津	4236376	2216633	224547	436980
河　北	4390829	2463023	345716	266792
山　西	4083920	2382804	432805	336169
内蒙古	1139393	532877	68630	99709
辽　宁	3269553	1852199	231761	157958
吉　林	1515489	733610	93639	392883
黑龙江	1456113	637066	74760	57239
上　海	3194122	1753550	185952	121806
江　苏	6968483	3047262	449114	339081
浙　江	5070735	2307800	329503	401470
安　徽	3621667	1405761	243570	542909
福　建	2656247	1122271	204699	127812
江　西	2420027	977626	187994	335498
山　东	7895416	3710609	548955	370905
河　南	8512162	3615377	801566	785415
湖　北	7665313	3724867	851454	1187994
湖　南	3738774	1672769	289455	793188
广　东	5973285	2738002	327773	435520
广　西	653528	294152	41410	192935
海　南	102490	42997	8433	28357
重　庆	2384413	1111401	174332	321143
四　川	5631592	2391976	380603	852430
贵　州	860028	373196	62527	400185
云　南	2873008	1211590	221396	153071
西　藏	150045	67155	5673	20200
陕　西	5161304	2020568	533449	401569
甘　肃	1660727	564891	77402	119745
青　海	293322	144817	41339	47117
宁　夏	145691	77742	7757	4962
新　疆	1754215	739399	81234	377082

2-74 各地区股份制建筑业企业负债及所有者权益

单位：万元

地 区	负债合计	#流动负债	#应付账款	所有者权益	#实收资本
全国总计	**915251155**	**817383058**	**328367401**	**376005682**	**182725761**
北 京	138579745	123603533	44339046	68754064	23674874
天 津	37832208	35659139	15974144	10354180	7154817
河 北	27120175	25398990	11959286	8509818	4852884
山 西	27268478	26424243	13987550	6630064	3984076
内蒙古	6857448	6459467	2219113	3649727	2141870
辽 宁	22040396	20088330	7588878	6936260	4070486
吉 林	10494141	9473922	3800374	4831263	2909712
黑龙江	8206044	7402063	2778703	3374932	2522429
上 海	41802808	38841631	15892479	10111898	5702750
江 苏	50274358	46258147	18033047	28464004	8996100
浙 江	43683305	41638722	16288060	22557869	8990637
安 徽	27941982	24087151	9260063	12307512	6063454
福 建	18961548	16886897	5261636	12048438	6931752
江 西	29993807	14993352	5436570	10083859	6753674
山 东	61340116	56744852	22907105	19629383	10162318
河 南	38247061	34967731	13817903	25033599	12312079
湖 北	43555443	40251878	19266501	17847009	8889387
湖 南	23735755	20073511	8853372	11602979	5542654
广 东	67912439	58945950	20410953	24330865	12375793
广 西	6035094	5231427	1665599	3358071	1530891
海 南	1518655	1360429	617284	886264	554262
重 庆	23119101	20463050	8600890	8355904	4316635
四 川	51153844	45784290	18161861	19135759	11954122
贵 州	18503161	16849414	7921026	6292399	2611762
云 南	28106158	23937047	9145824	11629435	6366143
西 藏	1104108	802610	295337	834297	323126
陕 西	34174731	31697000	14768998	9821365	5871602
甘 肃	8810979	8321387	3877220	3448358	1921404
青 海	1278509	1194727	459286	739423	531975
宁 夏	1098489	944457	327241	429000	318037
新 疆	14501070	12597714	4452052	4017690	2394057

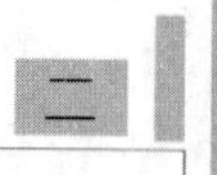

2-75 各地区股份制建筑业企业实收资本

单位：万元

地区	合计	国家资本	集体资本	法人资本	个人资本	港澳台资本	外商资本
全国总计	**182730950**	**50594684**	**7298441**	**68114940**	**56522417**	**81785**	**118684**
北京	23674874	8272900	242618	11825865	3332305		1188
天津	7154817	2209689	183145	3869608	891225		1150
河北	4852884	1846903	254574	1257130	1494277		
山西	3984076	1768603	133944	1519008	562522		
内蒙古	2141870	271178	105971	599192	1165117		413
辽宁	4070486	842844	180086	1800078	1237107	2400	7972
吉林	2909712	200227	165978	1125973	1417534		
黑龙江	2522429	590110	161934	759073	1010675	2	636
上海	5702750	1710389	310888	3116427	565045		
江苏	8996100	1587058	606061	3430726	3281530	27222	63504
浙江	8990637	812691	442294	3964287	3757365	14000	
安徽	6063454	972904	366914	2400985	2321590	581	481
福建	6931752	718270	204022	2092458	3911336	26	5641
江西	6753674	1240629	130119	1489258	3893378	190	100
山东	10162318	2124237	853911	3546583	3637386	101	101
河南	12317269	2191603	536287	3829801	5726022	31822	1734
湖北	8889387	3297872	363019	1881880	3335469	621	10526
湖南	5542654	1323990	220128	2061840	1936696		
广东	12375793	3545564	337681	5729640	2757578	3530	1801
广西	1530891	540203	68063	299830	622796		
海南	554262	136924	2960	174453	239925		
重庆	4316635	1429286	102119	1222719	1562512		
四川	11954122	4334763	618711	3522260	3477490	531	367
贵州	2611762	1254042	101373	765657	489685	503	503
云南	6366143	4054591	115571	1097372	1076040		22569
西藏	323126	123640	3850	78401	117235		
陕西	5871602	1692489	153552	2751072	1274234	256	
甘肃	1921404	311498	110588	801523	697794		
青海	531975	209155	42206	174748	105866		
宁夏	318037	5360	50983	138726	122969		
新疆	2394057	975076	128896	788368	501716		

2-76 各地区股份制建筑业企业收入情况

单位：万元

地 区	主营业务收入	#主营业务成本	#主营业务税金及附加	其他业务收入	#其他业务利润
全国总计	**1063293570**	**971333201**	**8986914**	**12871250**	**960005**
北 京	94212603	87885092	239186	638066	94294
天 津	25725938	23880056	67350	314995	48630
河 北	28355685	26238741	157438	225478	50250
山 西	23631311	21865941	74552	270641	29601
内蒙古	6359509	5588684	64822	96356	6674
辽 宁	15847647	14197269	138522	978954	12199
吉 林	12044432	10915657	162065	176993	8823
黑龙江	7162354	6451599	70418	36325	5555
上 海	40785733	37687078	114079	198987	39692
江 苏	96704169	88049020	769970	785868	103154
浙 江	71757505	67153067	372927	594588	103519
安 徽	35352998	32030537	299310	309928	23613
福 建	41633509	37732969	617698	555520	23698
江 西	29267093	26771967	416718	436109	10217
山 东	66384035	60946791	487492	900856	54806
河 南	67385627	59807352	1108151	1042220	47393
湖 北	74760379	66632006	920435	627669	21148
湖 南	45281429	41315212	706045	206877	17480
广 东	67375326	60640362	410634	1162739	100735
广 西	12655494	11895558	93933	137515	14517
海 南	2788831	2590043	22486	60709	3
重 庆	29350432	26724562	289902	508143	40526
四 川	57043650	51668094	553005	1106725	38764
贵 州	18086972	16841905	91300	256081	3578
云 南	24206346	21930703	219444	313037	17547
西 藏	1478943	1335434	10283	10440	100
陕 西	43356998	39998409	317979	369254	18228
甘 肃	9518370	8723067	94803	311152	10158
青 海	1108831	1030652	6403	71653	1353
宁 夏	1012482	933222	5787	23135	4113
新 疆	12658939	11872155	83779	144238	9638

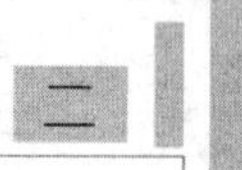

2-77 各地区股份制建筑业企业费用情况

单位：万元

地区	管理费用	销售费用	财务费用	#利息收入	#利息支出
全国总计	**34308834**	**3023518**	**8043837**	**2875167**	**8379553**
北京	3571451	220968	1219549	970802	1833863
天津	1158365	57735	324006	198624	386658
河北	957765	46603	131005	27297	157820
山西	1011128	23985	113758	95668	173319
内蒙古	313796	22649	71124	4020	55761
辽宁	849403	32149	237435	35057	229333
吉林	373764	15560	71116	3687	49854
黑龙江	297351	26291	54957	15796	25267
上海	1806105	82067	87125	135565	155163
江苏	2602944	253130	621674	96339	565962
浙江	1631399	119189	439376	77211	387739
安徽	1171874	202542	329086	61048	279147
福建	1130878	113281	239919	37756	197998
江西	742115	94483	140686	8095	96025
山东	1939447	130400	501126	78785	423633
河南	2156517	289698	474213	115643	393694
湖北	2397561	316770	375988	87724	375632
湖南	1456322	127969	268688	88300	239593
广东	2432659	255028	742188	100810	656392
广西	373896	14284	89953	6225	83666
海南	59887	2576	9548	348	8478
重庆	868050	89175	241593	56184	347771
四川	1906712	255891	481400	235344	512049
贵州	401047	15173	96600	44930	117626
云南	708141	51360	276734	91383	183452
西藏	53562	1914	4364	7734	7413
陕西	1157525	111082	171057	129411	218036
甘肃	319212	38472	83263	10821	63430
青海	56638	878	11856	494	3250
宁夏	43906	926	4670	597	2499
新疆	359415	11295	129780	53470	149032

2-78 各地区股份制建筑业企业利润及税金情况

单位：万元

地区	利润总额	#应交所得税	税金总额	主营业务税金及附加	应交增值税
全国总计	**39776314**	**8050101**	**34231741**	**8986914**	**25244828**
北京	3774107	363124	1333485	239186	1094299
天津	570716	85674	380301	67350	312951
河北	675158	201188	803318	157438	645880
山西	570798	73703	430191	74552	355639
内蒙古	273658	70641	277738	64822	212916
辽宁	415131	126500	519105	138522	380583
吉林	525980	198372	610080	162065	448016
黑龙江	231290	63938	312595	70418	242177
上海	1084297	180063	782971	114079	668891
江苏	4615391	1016234	3591333	769970	2821363
浙江	2182377	512602	2010565	372927	1637638
安徽	1448563	248345	1207867	299310	908557
福建	1732472	475070	1718153	617698	1100455
江西	1098410	223743	1042528	416718	625810
山东	2196459	455437	2033659	487492	1546167
河南	3382758	629680	3153362	1108151	2045211
湖北	3390751	764780	3026740	920435	2106305
湖南	1560208	262224	1909631	706045	1203586
广东	2879697	648024	1907989	410634	1497355
广西	229099	72869	395336	93933	301403
海南	96690	54907	147996	22486	125511
重庆	1142354	224588	1078787	289902	788884
四川	2172786	419670	2092684	553005	1539679
贵州	492945	89862	460229	91300	368929
云南	1123273	207583	851230	219444	631786
西藏	124601	10987	49060	10283	38777
陕西	1220880	188994	1205854	317979	887875
甘肃	298292	68013	357893	94803	263090
青海	20746	5352	48543	6403	42140
宁夏	27803	9501	40773	5787	34986
新疆	218626	98437	451750	83779	367971

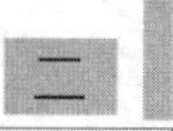

2-79 各地区股份制建筑业企业应收工程款及企业亏损情况

地区	应收工程款(万元)	企业个数(个)	#亏损企业个数	亏损企业的比重(%)
全国总计	**285352797**	**31088**	**4320**	**13.9**
北京	25926269	987	256	25.9
天津	10621320	612	130	21.2
河北	8566853	781	130	16.6
山西	10464545	494	98	19.8
内蒙古	3932429	515	114	22.1
辽宁	7494743	1207	318	26.3
吉林	5986926	1106	182	16.5
黑龙江	3215098	795	213	26.8
上海	10658247	533	73	13.7
江苏	21917761	1327	69	5.2
浙江	13697518	1150	140	12.2
安徽	10182965	1651	165	10.0
福建	5484866	1523	118	7.7
江西	6065454	1176	114	9.7
山东	22220347	2505	427	17.0
河南	13864610	3572	358	10.0
湖北	15899949	1664	124	7.5
湖南	7806442	1014	67	6.6
广东	18695383	1540	244	15.8
广西	1712129	317	46	14.5
海南	689507	122	17	13.9
重庆	8057393	949	122	12.9
四川	13883861	1937	225	11.6
贵州	7097884	419	63	15.0
云南	8763456	839	113	13.5
西藏	475131	98	11	11.2
陕西	11514949	934	96	10.3
甘肃	3885922	658	106	16.1
青海	457115	128	40	31.3
宁夏	675362	92	24	26.1
新疆	5438365	443	117	26.4

2-80 各地区股份制建筑业企业主要经济效益指标

地　区	产值利润率(%)	产值利税率(%)	资本利润率(%)	资本利税率(%)	人均利润(元/人)	人均利税(元/人)	资产负债率(%)
全国总计	**3.5**	**6.6**	**21.8**	**40.5**	**14816**	**27566**	**70.9**
北　京	5.1	6.9	15.9	21.6	28349	38365	66.8
天　津	2.4	4.0	8.0	13.3	10393	17318	78.5
河　北	2.2	4.8	13.9	30.5	13069	28618	76.1
山　西	2.4	4.2	14.3	25.1	9870	17308	80.4
内蒙古	4.7	9.5	12.8	25.7	17043	34340	65.3
辽　宁	2.3	5.2	10.2	23.0	10612	23881	76.1
吉　林	4.2	9.1	18.1	39.0	19682	42511	68.5
黑龙江	3.3	7.7	9.2	21.6	10416	24492	70.9
上　海	3.5	6.0	19.0	32.7	22310	38420	80.5
江　苏	4.0	7.1	51.3	91.2	17527	31165	63.8
浙　江	2.4	4.7	24.3	46.6	8288	15923	65.9
安　徽	3.6	6.7	23.9	43.8	14377	26366	69.4
福　建	3.5	7.1	25.0	49.8	10057	20032	61.1
江　西	3.2	6.2	16.3	31.7	14688	28628	74.8
山　东	3.2	6.1	21.6	41.6	11946	23007	75.8
河　南	4.5	8.7	27.5	53.1	18313	35385	60.4
湖　北	4.1	7.8	38.1	72.2	28131	53242	70.6
湖　南	3.2	7.0	28.1	62.6	11585	25764	67.2
广　东	4.4	7.3	23.3	38.7	22448	37321	73.6
广　西	1.5	4.0	15.0	40.8	5038	13731	64.2
海　南	4.2	10.7	17.4	44.1	19151	48464	63.1
重　庆	3.4	6.6	26.5	51.5	13625	26492	73.5
四　川	3.3	6.4	18.2	35.7	11467	22512	72.8
贵　州	2.7	5.2	18.9	36.5	10492	20288	74.6
云　南	4.2	7.3	17.6	31.0	15365	27008	70.7
西　藏	13.5	18.8	38.6	53.7	76678	106868	57.0
陕　西	2.9	5.7	20.8	41.3	13214	26266	77.7
甘　肃	3.1	6.9	15.5	34.2	10272	22596	71.9
青　海	2.0	6.7	3.9	13.0	6855	22894	63.4
宁　夏	2.7	6.7	8.7	21.6	10180	25109	71.9
新　疆	1.9	5.7	9.1	28.0	6208	19036	78.3

2-81 各地区外商投资建筑业企业签订合同情况

单位：万元

地区	签订合同额	上年结转合同额	本年新签合同额
全国总计	**13466122**	**5771163**	**7694959**
北京	1307240	733949	573290
天津	49556	14568	34988
河北	2739	2094	645
山西	35582	154	35428
内蒙古			
辽宁	87071	25605	61466
吉林	19592	19592	
黑龙江	14955	13634	1321
上海	2724847	1423417	1301430
江苏	2435624	680339	1755285
浙江	2630562	1121615	1508947
安徽	326		326
福建	64215	37092	27123
江西	6539	2456	4084
山东	63174	7595	55579
河南	116188	17131	99058
湖北	839395	277636	561759
湖南	121034	51982	69052
广东	2392280	1125848	1266432
广西			
海南			
重庆	72168	70225	1943
四川	13371	4005	9367
贵州			
云南	2980	160	2819
西藏			
陕西	395866	137745	258121
甘肃	469		469
青海	55	55	0
宁夏	70295	4267	66028
新疆			

2-82 各地区外商投资建筑业企业承包工程完成情况

单位：万元

地 区	直接从建设单位承揽工程完成的产值	自行完成施工产值	分包出去工程的产值	从建设单位以外承揽工程完成的产值
全国总计	**6899281**	**5896865**	**1002415**	**493564**
北 京	564698	385048	179650	151923
天 津	21510	21510		4350
河 北	1285	1285		
山 西	40552	40534	18	
内蒙古				
辽 宁	77999	77999		
吉 林	1027	1027		
黑龙江	8618	8618		
上 海	1533082	819734	713348	151309
江 苏	1534429	1487960	46469	133060
浙 江	563297	563297		10409
安 徽	326	326		
福 建	32446	32446		
江 西	5426	5426		
山 东	42847	42847		21711
河 南	104530	104240	290	290
湖 北	547824	547824		
湖 南	121034	121034		
广 东	1458716	1454070	4646	5836
广 西				
海 南				
重 庆	43499	43300	199	25
四 川	192	192		11944
贵 州				
云 南				2707
西 藏				
陕 西	125169	125169		
甘 肃	469	469		
青 海	10	10		
宁 夏	70295	12500	57795	
新 疆				

2-83 各地区外商投资企业建筑业总产值和竣工产值

单位：万元

地区	建筑业总产值	#装饰装修产值	#在外省完成的产值	按构成分组			竣工产值
				建筑工程产值	安装工程产值	其他产值	
全国总计	**6390430**	**445800**	**2690056**	**5111588**	**1181697**	**97146**	**3200085**
北京	536971	49521	273011	498313	28909	9749	430061
天津	25860		303	4350	21510		15725
河北	1285	1285	640			1285	
山西	40534		428	38202	1450	882	39270
内蒙古							
辽宁	77999	8784	24680	25823	46182	5994	65574
吉林	1027			1027			
黑龙江	8618			7526	1092		1092
上海	971043	247846	674342	584941	318419	67683	444260
江苏	1621020	32327	986770	1110896	509948	176	647818
浙江	573706	34733	378606	562281	11425		295429
安徽	326		326	326			362
福建	32446		4624	20543	11892	12	42280
江西	5426			1090	4337		5256
山东	64558	14230	17150	41585	11987	10987	8940
河南	104530	1832	8289	12172	92358		67779
湖北	547824	40204	84784	547824			139691
湖南	121034		95335	121034			121034
广东	1459906	13666	94165	1355069	104483	353	857052
广西							
海南							
重庆	43325		24186	41215	2085	25	367
四川	12136	192	7848	192	11944		4189
贵州							
云南	2707		2070		2707		438
西藏							
陕西	125169	700		124342	827		500
甘肃	469	469		338	131		469
青海	10	10			10		
宁夏	12500		12500	12500			12500
新疆							

2-84 各地区外商投资建筑业企业房屋建筑面积

地区	房屋施工面积(万平方米)	#本年新开工	房屋竣工面积(万平方米)	房屋竣工率(%)
全国总计	**2925**	**1439**	**411**	**14.0**
北京	193	44	73	37.8
天津				
河北				
山西				
内蒙古				
辽宁				
吉林				
黑龙江				
上海	134	81	54	40.6
江苏	174	97	29	16.6
浙江	1150	698	141	12.3
安徽				
福建	23	9	17	73.7
江西	1	1	1	98.4
山东				
河南				
湖北	253	193	63	24.8
湖南				
广东	955	316	33	3.5
广西				
海南				
重庆				
四川				
贵州				
云南				
西藏				
陕西	43			
甘肃				
青海				
宁夏				
新疆				

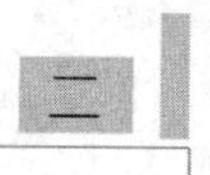

2-85 各地区按主要用途分的外商投资建筑业企业房屋竣工面积

单位：万平方米

地区	总计	住宅房屋	商业及服务用房屋	办公用房屋	科研、教育和医疗用房屋
全国总计	**410.9**	**278.0**		**0.6**	
北京	72.9	53.5			
天津					
河北					
山西					
内蒙古					
辽宁					
吉林					
黑龙江					
上海	54.3				
江苏	28.9	9.7		0.6	
浙江	141.2	118.2			
安徽					
福建	17.1				
江西	0.8	0.8			
山东					
河南					
湖北	62.6	62.6			
湖南					
广东	33.2	33.2			
广西					
海南					
重庆					
四川					
贵州					
云南					
西藏					
陕西					
甘肃					
青海					
宁夏					
新疆					

2-85 续表

单位：万平方米

地　区	文化、体育和娱乐用房屋	厂房及建筑物	仓　库	其他未列明的房屋建筑物
全国总计		**121.4**	**10.6**	**0.3**
北　京		8.4	10.6	0.3
天　津				
河　北				
山　西				
内蒙古				
辽　宁				
吉　林				
黑龙江				
上　海		54.3		
江　苏		18.6		
浙　江		23.0		
安　徽				
福　建		17.1		
江　西				
山　东				
河　南				
湖　北				
湖　南				
广　东				
广　西				
海　南				
重　庆				
四　川				
贵　州				
云　南				
西　藏				
陕　西				
甘　肃				
青　海				
宁　夏				
新　疆				

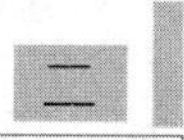

2-86 各地区按主要用途分的外商投资建筑业企业房屋竣工价值

单位：万元

地区	总计	住宅房屋	商业及服务用房屋	办公用房屋	科研、教育和医疗用房屋
全国总计	**996788**	**592372**		**697**	
北京	165777	110285			
天津					
河北					
山西					
内蒙古					
辽宁					
吉林					
黑龙江					
上海	214409				
江苏	109866	27816		697	
浙江	277084	258734			
安徽					
福建	34116				
江西	1090	1090			
山东					
河南					
湖北	138070	138070			
湖南					
广东	56377	56377			
广西					
海南					
重庆					
四川					
贵州					
云南					
西藏					
陕西					
甘肃					
青海					
宁夏					
新疆					

2-86 续表

单位：万元

地 区	文化、体育和娱乐用房屋	厂房及建筑物	仓 库	其他未列明的房屋建筑物
全国总计		**377341**	**24470**	**1908**
北 京		29114	24470	1908
天 津				
河 北				
山 西				
内 蒙 古				
辽 宁				
吉 林				
黑 龙 江				
上 海		214409		
江 苏		81353		
浙 江		18350		
安 徽				
福 建		34116		
江 西				
山 东				
河 南				
湖 北				
湖 南				
广 东				
广 西				
海 南				
重 庆				
四 川				
贵 州				
云 南				
西 藏				
陕 西				
甘 肃				
青 海				
宁 夏				
新 疆				

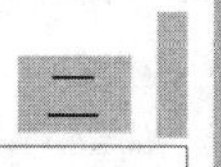

2-87 各地区外商投资建筑业企业主要生产效益指标

地　　区	建筑业企业个数（个）	从事建筑业活动的平均人数（人）	按建筑业总产值计算的劳动生产率（元/人）	人均竣工产值（元/人）	人均施工面积（平方米/人）	人均竣工面积（平方米/人）
全国总计	**203**	**124148**	**514743**	**257764**	**235.6**	**33.1**
北　京	28	10261	523313	419122	187.7	71.0
天　津	3	392	659702	401145		
河　北	1	84	152941			
山　西	3	1489	272223	263733		
内蒙古						
辽　宁	22	1876	415773	349541		
吉　林	1	90	114067			
黑龙江	2	389	221535	28062		
上　海	43	37970	255740	117003	35.2	14.3
江　苏	41	26680	607579	242810	65.3	10.8
浙　江	4	17811	322108	165869	645.8	79.3
安　徽	1	20	163100	181050		
福　建	4	1176	275903	359521	196.8	145.0
江　西	3	448	121118	117315	18.7	18.4
山　东	11	1278	505150	69950		
河　南	7	1373	761328	493659		
湖　北	4	5667	966691	246499	446.0	110.4
湖　南	1	4536	266829	266829		
广　东	11	10154	1437764	844054	940.0	32.7
广　西						
海　南						
重　庆	3	677	639960	5425		
四　川	2	498	243693	84108		
贵　州						
云　南	1	20	1353500	218750		
西　藏						
陕　西	4	704	1777974	7102	610.6	
甘　肃	1	23	204044	204044		
青　海	1	3	33333			
宁　夏	1	529	236299	236299		
新　疆						

2-88 各地区外商投资建筑业企业资产构成

单位：万元

地 区	资产合计	#流动资产合计	#存货
全国总计	**12008234**	**10982346**	**1709917**
北 京	1071619	990333	230844
天 津	50423	40048	17032
河 北	7451	7437	1841
山 西	35534	32438	272
内蒙古			
辽 宁	170290	95407	8112
吉 林	6192	6164	
黑龙江	25287	22674	9066
上 海	1222988	1112942	150196
江 苏	1684464	1274876	230345
浙 江	125160	103092	18927
安 徽	3471	3467	
福 建	104306	90742	7962
江 西	8610	6203	218
山 东	105962	60864	9546
河 南	138263	74408	6980
湖 北	174884	156097	23442
湖 南	149659	134574	8038
广 东	6412093	6314841	944843
广 西			
海 南			
重 庆	108012	82749	18178
四 川	30583	24415	10505
贵 州			
云 南	3176	1873	60
西 藏			
陕 西	185344	184847	7661
甘 肃	1576	1576	
青 海	322	267	
宁 夏	182565	160014	5850
新 疆			

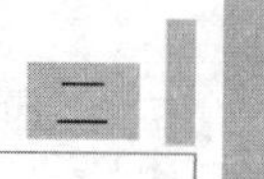

2-89 各地区外商投资建筑业企业固定资产情况

单位：万元

地区	固定资产原价	固定资产折旧	#本年折旧	在建工程
全国总计	**606586**	**292177**	**29589**	**60755**
北京	69492	41585	1643	1409
天津	18402	9955	1247	
河北	50	36	2	
山西	7327	4231	1182	
内蒙古				
辽宁	55312	20670	2557	3901
吉林	51	23	23	
黑龙江	864	671	118	
上海	31571	23379	1857	
江苏	193104	89183	10709	22283
浙江	21140	11071	1378	2213
安徽	39	38		
福建	5297	3587	585	4
江西	961	572	77	
山东	56474	20741	2058	1676
河南	9501	4422	216	7419
湖北	15512	5363	1463	20570
湖南	8595	3343	594	
广东	40498	19729	2542	863
广西				
海南				
重庆	27684	11853	1036	
四川	5606	2160	268	
贵州				
云南	274	216	10	419
西藏				
陕西	344	65	23	
甘肃	64	64		
青海	105	101		
宁夏	38322	19121		
新疆				

2-90 各地区外商投资建筑业企业负债及所有者权益

单位：万元

地区	负债合计	#流动负债	#应付账款	所有者权益	#实收资本
全国总计	**8637166**	**6522282**	**1327327**	**3371068**	**1336281**
北京	775164	767062	370121	296455	150075
天津	22114	22114	17836	28309	18164
河北	5465	5465	807	1986	1600
山西	31554	31554	28299	3979	2600
内蒙古					
辽宁	116602	87278	11270	53688	42259
吉林	5709	3847	3847	483	60
黑龙江	22891	22891	5459	2396	1855
上海	852703	572236	229386	370286	130829
江苏	984634	867593	323698	699830	239265
浙江	69949	69949	19113	55210	18176
安徽	32	32		3439	3200
福建	68509	68509	34104	35797	21000
江西	946	931	667	7664	1656
山东	63721	63636	30591	42241	16122
河南	99240	53361	9863	39023	12357
湖北	93306	91641	43034	81579	63320
湖南	99979	99979	25071	49679	5691
广东	4933342	3321265	16687	1478751	551728
广西					
海南					
重庆	79009	77687	55581	29003	13810
四川	9697	9319	4699	20886	6352
贵州					
云南	1132	1132	1046	2044	2000
西藏					
陕西	135845	135845	36674	49500	3362
甘肃	134	134	46	1442	500
青海	22	22	22	300	300
宁夏	165468	148802	59406	17098	30000
新疆					

2-91 各地区外商投资建筑业企业实收资本

单位：万元

地　区	合计	国家资本	集体资本	法人资本	个人资本	港澳台资本	外商资本
全国总计	**1336281**	**30341**	**6538**	**248223**	**57749**	**16528**	**976902**
北　京	150075	6127	30	36688	11220	412	95599
天　津	18164			2592	6287		9284
河　北	1600			1200			400
山　西	2600			2200			400
内蒙古							
辽　宁	42259	2517		22634	3791		13317
吉　林	60			60			
黑龙江	1855	951					904
上　海	130829	2873	6508	13770	868	54	106757
江　苏	239265	300		60728	21410	12220	144608
浙　江	18176			12168	1500	869	3640
安　徽	3200	1600					1600
福　建	21000	5577		10000	1000		4423
江　西	1656			1656			
山　东	16122	590		5761	4		9768
河　南	12357			1559	5939		4859
湖　北	63320			27167	118		36035
湖　南	5691			5691			
广　东	551728	9806		16280		2674	522968
广　西							
海　南							
重　庆	13810			12500			1310
四　川	6352				5388		965
贵　州							
云　南	2000			500			1500
西　藏							
陕　西	3362					300	3062
甘　肃	500			370			130
青　海	300				225		75
宁　夏	30000			14700			15300
新　疆							

2-92 各地区外商投资建筑业企业收入情况

单位：万元

地区	主营业务收入	#主营业务成本	#主营业务税金及附加	其他业务收入	#其他业务利润
全国总计	**7748298**	**6816828**	**30731**	**69924**	**8714**
北京	882730	781766	1401	26654	2820
天津	26780	24076	169	384	293
河北	1285	856	6		
山西	39173	37309	119		
内蒙古					
辽宁	82712	65522	465	2357	79
吉林	5729	5321	17		
黑龙江	7885	6028	21	49	
上海	1687867	1504077	5928	9931	4208
江苏	1774368	1562373	4934	1455	228
浙江	314576	297010	1712		
安徽	326	469	2		
福建	55160	50572	165	181	64
江西	5330	4779	73	91	
山东	50105	44386	387	19089	135
河南	71148	55562	488	7805	24
湖北	455350	418243	2490		
湖南	121034	87578	1139		
广东	1604192	1389202	8834	912	864
广西					
海南					
重庆	59831	52051	897	964	
四川	12757	9075	6	52	
贵州					
云南	2500	2148	22		
西藏					
陕西	416698	358685	1051		
甘肃	469	361	2		
青海					
宁夏	70295	59383	406		
新疆					

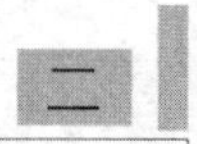

2-93 各地区外商投资建筑业企业费用情况

单位：万元

地　区	管理费用	销售费用	财务费用	#利息收入	#利息支出
全国总计	**328354**	**42138**	**69064**	**13445**	**22050**
北　京	52068	16025	5914	1318	6488
天　津	2795	388	-18		32
河　北	174		236	1	236
山　西	713		408	1	409
内蒙古					
辽　宁	9728	115	1840	906	760
吉　林	210		165		
黑龙江	1680	177	-96	4	-101
上　海	72832	8149	-7532	8286	555
江　苏	61273	6619	7364	2529	6410
浙　江	2979	4238	274		260
安　徽	287		-46		
福　建	2991	572	1579	-183	1520
江　西	324		-2	3	
山　东	5701	85	578	249	737
河　南	4786	1035	-822	49	58
湖　北	7055	2234	827	-5	616
湖　南	5357	61	-357		
广　东	84933	1787	53977	292	3585
广　西					
海　南					
重　庆	5255	403	80	324	330
四　川	1777	237	155	-4	153
贵　州					
云　南	77		-1	1	
西　藏					
陕　西	1377		-252	-326	2
甘　肃	23	14			
青　海					
宁　夏	3960		4794		
新　疆					

2-94 各地区外商投资建筑业企业利润及税金情况

单位：万元

地区	利润总额	#应交所得税	税金总额	主营业务税金及附加	应交增值税
全国总计	**484549**	**108167**	**187537**	**30731**	**156806**
北京	30802	6897	12310	1401	10909
天津	-568	296	465	169	296
河北	11	5	42	6	37
山西	622	158	1170	119	1050
内蒙古					
辽宁	4623	527	5118	465	4653
吉林	16	143	189	17	172
黑龙江	142	37	657	21	636
上海	103848	28858	46591	5928	40663
江苏	142772	30492	21962	4934	17028
浙江	8497	2082	18765	1712	17053
安徽	-377		11	2	10
福建	-1351	-451	1157	165	992
江西	170	43	288	73	215
山东	11645	2992	2240	387	1853
河南	14924	2969	2667	488	2179
湖北	24437	6696	24158	2490	21668
湖南	28542	1630	9234	1139	8095
广东	55482	10283	31832	8834	22999
广西					
海南					
重庆	1212	191	1980	897	1084
四川	1529	141	267	6	262
贵州					
云南	254	63	85	22	64
西藏					
陕西	55844	13982	4901	1051	3850
甘肃	69	9	16	2	14
青海					
宁夏	1404	124	1432	406	1026
新疆					

2-95 各地区外商投资建筑业企业应收工程款及企业亏损情况

地区	应收工程款(万元)	企业个数(个)	#亏损企业个数	亏损企业的比重(%)
全国总计	**2971908**	**203**	**49**	**24.1**
北京	363722	28	11	39.3
天津	14433	3	1	33.3
河北	814	1		
山西	26484	3		
内蒙古				
辽宁	49899	22	6	27.3
吉林	5096	1		
黑龙江	11798	2	1	50.0
上海	320917	43	8	18.6
江苏	458143	41	9	22.0
浙江	50038	4		
安徽		1	1	100.0
福建	55214	4	1	25.0
江西	857	3	1	33.3
山东	31496	11	2	18.2
河南	26585	7	1	14.3
湖北	52765	4	1	25.0
湖南	76902	1		
广东	1245945	11	2	18.2
广西				
海南				
重庆	22878	3	1	33.3
四川	10660	2	1	50.0
贵州				
云南	940	1		
西藏				
陕西	19983	4	2	50.0
甘肃	109	1		
青海		1		
宁夏	126232	1		
新疆				

2-96 各地区外商投资建筑业企业主要经济效益指标

地　区	产值利润率(%)	产值利税率(%)	资本利润率(%)	资本利税率(%)	人均利润(元/人)	人均利税(元/人)	资产负债率(%)
全国总计	**7.6**	**10.5**	**36.3**	**50.3**	**39030**	**54136**	**71.9**
北　京	5.7	8.0	20.5	28.7	30019	42016	72.3
天　津	-2.2	-0.4	-3.1	-0.6	-14482	-2622	43.9
河　北	0.8	4.1	0.7	3.3	1262	6298	73.3
山　西	1.5	4.4	23.9	68.9	4179	12034	88.8
内蒙古							
辽　宁	5.9	12.5	10.9	23.0	24641	51922	68.5
吉　林	1.6	20.0	27.2	342.0	1811	22800	92.2
黑龙江	1.6	9.3	7.6	43.0	3640	20519	90.5
上　海	10.7	15.5	79.4	115.0	27350	39621	69.7
江　苏	8.8	10.2	59.7	68.9	53513	61744	58.5
浙　江	1.5	4.8	46.7	150.0	4771	15306	55.9
安　徽	-115.7	-112.2	-11.8	-11.4	-188650	-183050	0.9
福　建	-4.2	-0.6	-6.4	-0.9	-11490	-1653	65.7
江　西	3.1	8.4	10.3	27.7	3799	10230	11.0
山　东	18.0	21.5	72.2	86.1	91122	108648	60.1
河　南	14.3	16.8	120.8	142.4	108698	128119	71.8
湖　北	4.5	8.9	38.6	76.7	43122	85751	53.4
湖　南	23.6	31.2	501.5	663.7	62923	83280	66.8
广　东	3.8	6.0	10.1	15.8	54641	85990	76.9
广　西							
海　南							
重　庆	2.8	7.4	8.8	23.1	17901	47152	73.1
四　川	12.6	14.8	24.1	28.3	30709	36076	31.7
贵　州							
云　南	9.4	12.5	12.7	17.0	126850	169500	35.6
西　藏							
陕　西	44.6	48.5	1661.2	1807.0	793232	862854	73.3
甘　肃	14.6	18.0	13.7	16.9	29826	36696	8.5
青　海							6.8
宁　夏	11.2	22.7	4.7	9.5	26548	53616	90.6
新　疆							

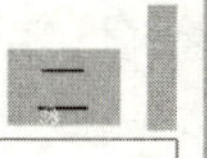

2-97 各地区港澳台商投资建筑业企业签订合同情况

单位：万元

地　区	签订合同额	上年结转合同额	本年新签合同额
全国总计	**21813663**	**12509551**	**9304111**
北　京	1309101	545073	764028
天　津	2191	1202	989
河　北	39994		39994
山　西	6941	514	6427
内蒙古			
辽　宁	1837057	1554384	282673
吉　林	102754	52908	49846
黑龙江	3100		3100
上　海	2119769	686907	1432862
江　苏	512904	196305	316599
浙　江	3227819	918982	2308836
安　徽	93615	28598	65017
福　建	613828	114471	499357
江　西	4465164	3203246	1261918
山　东	301157	160252	140905
河　南	45779	45164	615
湖　北	27966	25500	2466
湖　南	671895	555675	116220
广　东	5707595	3911897	1795698
广　西			
海　南	11143	4563	6580
重　庆	711630	502970	208660
四　川	1409	101	1308
贵　州			
云　南	838	838	
西　藏			
陕　西			
甘　肃			
青　海			
宁　夏			
新　疆	16		16

2-98 各地区港澳台商投资建筑业企业承包工程完成情况

单位：万元

地　区	直接从建设单位承揽工程完成的产值	自行完成施工产值	分包出去工程的产值	从建设单位以外承揽工程完成的产值
全国总计	**7989883**	**7117435**	**872449**	**319920**
北　京	683990	478865	205125	103860
天　津	29754	29754		
河　北	43075	43075		
山　西	3958	3958		2785
内蒙古				
辽　宁	372652	372652		
吉　林	64231	64231		
黑龙江	600	600		
上　海	810944	717010	93934	64297
江　苏	326695	320598	6096	12534
浙　江	1705701	1689358	16344	102861
安　徽	54433	54433		
福　建	302594	302594		3962
江　西	1359988	1359988		
山　东	153910	153910		
河　南	12472	12472		
湖　北	18627	18627		700
湖　南	291701	291701		
广　东	1643601	1127993	515608	84
广　西				
海　南	6302	6302		
重　庆	102533	67190	35342	28838
四　川	1270	1270		
贵　州				
云　南	838	838		
西　藏				
陕　西				
甘　肃				
青　海				
宁　夏				
新　疆	16	16		

2-99 各地区港澳台商投资企业建筑业总产值和竣工产值

单位：万元

地区	建筑业总产值	#装饰装修产值	#在外省完成的产值	按构成分组：建筑工程产值	安装工程产值	其他产值	竣工产值
全国总计	**7437354**	**1636298**	**3135470**	**5811978**	**1470500**	**154877**	**4302958**
北京	582725	364820	388925	548893	32549	1283	343400
天津	29754	28367	284	29082	408	264	1304
河北	43075	39994		39994		3080	43075
山西	6743	532	2	6743			
内蒙古							
辽宁	372652	363488	307432	324596	28315	19741	117958
吉林	64231	3105	51551	55322	5305	3604	40575
黑龙江	600	600		600			
上海	781307	190454	501329	301478	406941	72888	243123
江苏	333133	85593	49768	284512	45424	3197	215667
浙江	1792218	12182	726391	1662875	129318	25	1387051
安徽	54433	24780	30266	19196	34434	803	20350
福建	306556	91651	202491	167796	138312	449	93590
江西	1359988	5105	282869	1253077	106708	203	542876
山东	153910		40698	153910			153466
河南	12472		995	11860	612		612
湖北	19327	1303		18273	700	354	4072
湖南	291701	34206	158882	282676		9025	160671
广东	1128077	386332	304399	596869	527491	3718	929637
广西							
海南	6302			1863	4439		1832
重庆	96028	2500	89188	50239	9545	36244	2500
四川	1270	1270		1270			348
贵州							
云南	838			838			838
西藏							
陕西							
甘肃							
青海							
宁夏							
新疆	16	16		16			16

2-100 各地区港澳台商投资建筑业企业房屋建筑面积

地区	房屋施工面积(万平方米)	#本年新开工	房屋竣工面积(万平方米)	房屋竣工率(%)
全国总计	**5227**	**2110**	**1085**	**20.8**
北京	62	13		0.8
天津				
河北				
山西				
内蒙古				
辽宁				
吉林	19	2	19	99.8
黑龙江				
上海	51	33		
江苏	27	11	13	47.7
浙江	1866	845	644	34.5
安徽	6	1	3	44.0
福建	849	804		
江西	1241	257	176	14.2
山东	1	1	1	54.0
河南				
湖北	14		1	10.6
湖南	336	71	68	20.3
广东	749	72	160	21.4
广西				
海南				
重庆	6	1		
四川				
贵州				
云南				
西藏				
陕西				
甘肃				
青海				
宁夏				
新疆				

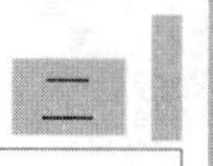

2-101 各地区按主要用途分的港澳台商投资建筑业企业房屋竣工面积

单位：万平方米

地区	总计	住宅房屋	商业及服务用房屋	办公用房屋	科研、教育和医疗用房屋
全国总计	**1085.4**	**535.5**	**177.8**	**11.5**	**75.6**
北京	0.5				0.5
天津					
河北					
山西					
内蒙古					
辽宁					
吉林	19.4	1.4	18.0		
黑龙江					
上海					
江苏	12.8	6.8	1.0		1.6
浙江	643.6	235.2	124.7	11.5	29.4
安徽	2.6				0.2
福建					
江西	175.8	89.7	23.1		35.3
山东	0.7	0.7			
河南					
湖北	1.5		0.1		
湖南	68.1	57.1	10.0		1.0
广东	160.4	144.5	0.9		7.7
广西					
海南					
重庆					
四川					
贵州					
云南	0.1		0.1		
西藏					
陕西					
甘肃					
青海					
宁夏					
新疆					

2-101 续表 单位：万平方米

地区	文化、体育和娱乐用房屋	厂房及建筑物	仓库	其他未列明的房屋建筑物
全国总计	**16.0**	**254.6**		**14.4**
北京				
天津				
河北				
山西				
内蒙古				
辽宁				
吉林				
黑龙江				
上海				
江苏		1.9		1.4
浙江	1.2	241.7		
安徽		2.4		
福建				
江西	14.8			12.9
山东				
河南				
湖北		1.4		
湖南				
广东		7.2		
广西				
海南				
重庆				
四川				
贵州				
云南				
西藏				
陕西				
甘肃				
青海				
宁夏				
新疆				

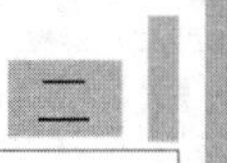

2-102 各地区按主要用途分的港澳台商投资建筑业企业房屋竣工价值

单位：万元

地区	总计	住宅房屋	商业及服务用房屋	办公用房屋	科研、教育和医疗用房屋
全国总计	**2102708**	**1097897**	**439075**	**32209**	**208783**
北京	425				425
天津					
河北					
山西					
内蒙古					
辽宁					
吉林	18057	2400	15657		
黑龙江					
上海					
江苏	15693	8806	1482		763
浙江	1306165	577159	363653	32209	111864
安徽	16416				416
福建					
江西	330655	139731	34940		86312
山东	816	816			
河南					
湖北	2866		72		
湖南	124623	103603	19692		1307
广东	286155	265382	2742		7695
广西					
海南					
重庆					
四川					
贵州					
云南	838		838		
西藏					
陕西					
甘肃					
青海					
宁夏					
新疆					

2-102 续表

单位：万元

地　区	文化、体育和娱乐用房屋	厂房及建筑物	仓　库	其他未列明的房屋建筑物
全国总计	**41526**	**248908**		**34310**
北　京				
天　津				
河　北				
山　西				
内蒙古				
辽　宁				
吉　林				
黑龙江				
上　海				
江　苏		3626		1015
浙　江	5148	216132		
安　徽		16000		
福　建				
江　西	36378			33294
山　东				
河　南				
湖　北		2794		
湖　南		21		
广　东		10335		
广　西				
海　南				
重　庆				
四　川				
贵　州				
云　南				
西　藏				
陕　西				
甘　肃				
青　海				
宁　夏				
新　疆				

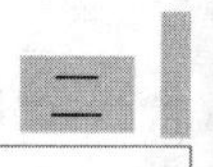

2-103 各地区港澳台商投资建筑业企业主要生产效益指标

地区	建筑业企业个数(个)	从事建筑业活动的平均人数(人)	按建筑业总产值计算的劳动生产率(元/人)	人均竣工产值(元/人)	人均施工面积(平方米/人)	人均竣工面积(平方米/人)
全国总计	**266**	**190977**	**389437**	**225313**	**273.7**	**56.8**
北京	36	14211	410052	241644	43.9	0.3
天津	5	431	690341	30251		
河北	3	455	946692	946692		
山西	2	254	265472			
内蒙古						
辽宁	13	5514	675829	213925		
吉林	5	1426	450426	284539	136.5	136.3
黑龙江	1	30	200000			
上海	52	12816	609634	189703	40.1	
江苏	29	7889	422275	273376	33.9	16.2
浙江	16	37583	476869	369063	496.5	171.3
安徽	4	1066	510631	190902	54.6	24.0
福建	20	12907	237511	72511	657.7	
江西	6	61428	221395	88376	202.0	28.6
山东	3	606	2539776	2532449	20.8	11.2
河南	2	433	288028	14125		
湖北	8	710	272210	57346	194.6	20.6
湖南	5	4592	635237	349892	731.9	148.3
广东	48	27877	404662	333478	268.7	57.5
广西						
海南	1	73	863274	250904		
重庆	4	535	1794914	46729	108.0	
四川	1	91	139571	38231		
贵州						
云南	1	48	174583	174583	19.5	19.5
西藏						
陕西						
甘肃						
青海						
宁夏						
新疆	1	2	78500	78500		

2-104 各地区港澳台商投资建筑业企业资产构成

单位：万元

地区	资产合计	#流动资产合计	#存货
全国总计	**13589924**	**10456583**	**1679355**
北京	1023040	943781	115561
天津	62773	61146	3212
河北	25718	23395	7628
山西	7081	6698	2048
内蒙古			
辽宁	1151042	1062673	203815
吉林	226065	216849	37496
黑龙江	9346	6758	
上海	1573068	1328809	234887
江苏	652807	588734	124120
浙江	1253533	1107756	418566
安徽	107290	105600	58261
福建	247785	216397	29706
江西	2209061	1629601	56704
山东	105131	95603	2139
河南	190053	188529	54181
湖北	30497	23402	1010
湖南	97631	86278	8038
广东	3595867	2107817	293165
广西			
海南	2995	2352	
重庆	1015659	652923	28510
四川	1095	938	309
贵州			
云南	2277	440	
西藏			
陕西			
甘肃			
青海			
宁夏			
新疆	110	105	

2-105　各地区港澳台商投资建筑业企业固定资产情况

单位：万元

地　区	固定资产原价	固定资产折旧	#本年折旧	在建工程
全国总计	**757584**	**342008**	**36046**	**155422**
北　京	36524	22043	2219	166
天　津	7102	5991	98	157
河　北	3659	2547		
山　西	3558	3278	6	104
内蒙古				
辽　宁	99265	63090	5410	10150
吉　林	22327	14007	1122	
黑龙江	1348	443		1300
上　海	198262	51135	12471	48
江　苏	70244	29646	3712	7413
浙　江	85895	33731	3157	1040
安　徽	1790	836	129	
福　建	10643	7443	421	968
江　西	14519	5284	579	
山　东	17262	9127	1212	369
河　南	1312	35	4	
湖　北	1617	1142	84	
湖　南	3379	2090	568	1819
广　东	167529	84304	4354	128681
广　西				
海　南	830	259	12	
重　庆	9110	4707	443	2451
四　川	697	552	24	12
贵　州				
云　南	632	245	22	744
西　藏				
陕　西				
甘　肃				
青　海				
宁　夏				
新　疆	79	74		

2-106 各地区港澳台商投资建筑业企业负债及所有者权益

单位：万元

地区	负债合计	#流动负债	#应付账款	所有者权益	#实收资本
全国总计	**9243728**	**7926721**	**3025957**	**4346241**	**1640568**
北京	843108	818780	310800	179933	161090
天津	30595	30595	20059	32178	27659
河北	17335	17334	4498	8383	4814
山西	6150	6006	2506	931	3799
内蒙古					
辽宁	639135	548183	202108	511907	234866
吉林	161650	159783	59272	64415	13941
黑龙江	6888	6888	4671	2459	1660
上海	1077107	965492	390045	495961	250635
江苏	435606	393921	176314	217201	104016
浙江	950639	913673	102341	302894	143606
安徽	91138	91137	10539	16153	10476
福建	140211	140103	49938	107574	65765
江西	1836334	1729515	890405	372727	129693
山东	89973	60453	12277	15158	13667
河南	179519	179429	52548	10534	3041
湖北	13408	13408	6168	17135	9752
湖南	78755	76800	40191	18876	8060
广东	1822693	1424829	617621	1773174	262312
广西					
海南	451	451	232	2544	2000
重庆	822582	349490	73316	193077	187072
四川	326	326		769	586
贵州					
云南	15	15		2261	2000
西藏					
陕西					
甘肃					
青海					
宁夏					
新疆	113	113	111	-2	60

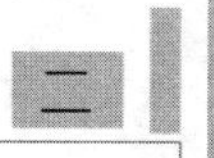

2-107 各地区港澳台商投资建筑业企业实收资本

单位：万元

地　区	合计	国家资本	集体资本	法人资本	个人资本	港澳台资本	外商资本
全国总计	**1640568**	**110642**	**12181**	**524546**	**64939**	**903638**	**24622**
北　京	161090	168		43107	9340	107987	488
天　津	27659			20565	470	6624	
河　北	4814		505	993		3315	
山　西	3799			3699		100	
内蒙古							
辽　宁	234866	2292		6717	30	225827	
吉　林	13941			5011		8930	
黑龙江	1660			664		996	
上　海	250635		6171	90634	2243	151587	
江　苏	104016	1288	295	41317	5177	52939	3000
浙　江	143606			88434	10882	44290	
安　徽	10476	720		1960	108	7688	
福　建	65765		4600	20483	5119	35563	
江　西	129693	62820	60	13168	20890	12095	20660
山　东	13667	440		9571		3657	
河　南	3041			2188	597		256
湖　北	9752		300	5271		4181	
湖　南	8060	1275	250	412		6123	
广　东	262312	41639		168967	6609	44878	219
广　西							
海　南	2000			887	1113		
重　庆	187072			500	1160	185411	
四　川	586					586	
贵　州							
云　南	2000				1200	800	
西　藏							
陕　西							
甘　肃							
青　海							
宁　夏							
新　疆	60					60	

2-108 各地区港澳台商投资建筑业企业收入情况

单位：万元

地　区	主营业务收入	#主营业务成本	#主营业务税金及附加	其他业务收入	#其他业务利润
全国总计	**7451100**	**6559363**	**26730**	**74475**	**17625**
北　京	825876	730980	2510	1635	853
天　津	32791	27253	241	34	18
河　北	41644	36501	195		
山　西	4527	4391	25	7	
内蒙古					
辽　宁	391799	309280	1942	1979	
吉　林	63726	52378	103	23	7
黑龙江	2375	2365	2		
上　海	960372	829567	2873	21529	13014
江　苏	333297	288454	3155	4270	540
浙　江	1304189	1209166	3569	11519	955
安　徽	48597	43082	140	3934	
福　建	265080	223029	1584	1488	873
江　西	1298178	1173543	3322	1098	174
山　东	106790	99260	277		
河　南	12472	11264	2		
湖　北	20081	17566	64		
湖　南	228683	221135	1009	18	
广　东	1382595	1172152	5290	13099	1176
广　西					
海　南	3502	2177	34	985	
重　庆	122487	104142	345	12835	-6
四　川	1186	992	8	22	22
贵　州					
云　南	838	687	41		
西　藏					
陕　西					
甘　肃					
青　海					
宁　夏					
新　疆	15				

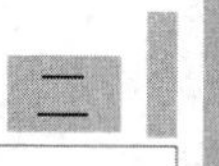

2-109 各地区港澳台商投资建筑业企业费用情况

单位：万元

地区	管理费用	销售费用	财务费用	#利息收入	#利息支出
全国总计	**403325**	**50792**	**99017**	**12420**	**102958**
北京	51794	8962	5107	2870	6616
天津	5304	13	31	7	34
河北	2933	886	-37		
山西	170		25		26
内蒙古					
辽宁	62603	6314	12596	284	8025
吉林	4891	103	2349		2347
黑龙江	28				
上海	98853	13880	1001	1467	2619
江苏	20570	1832	3684	-118	4641
浙江	35151	4893	12904	-211	11471
安徽	2739		127	-16	79
福建	7837	1432	223	34	800
江西	11523	52	20198	7606	26579
山东	2461	5	3113		3114
河南	234	8	-7	-8	
湖北	1111		14		
湖南	1482	569	281	22	175
广东	81843	11017	10375	264	7232
广西					
海南	826			13	
重庆	10700	782	27035	206	29201
四川	196			-1	
贵州					
云南	62	44			
西藏					
陕西					
甘肃					
青海					
宁夏					
新疆	16				

2-110 各地区港澳台商投资建筑业企业利润及税金情况

单位：万元

地区	利润总额	#应交所得税	税金总额	主营业务税金及附加	应交增值税
全国总计	**375132**	**79235**	**158873**	**26730**	**132144**
北京	29160	7245	15342	2510	12832
天津	-186	250	797	241	556
河北	1273	249	1869	195	1673
山西	-69	4	249	25	224
内蒙古					
辽宁	30912	1690	7140	1942	5198
吉林	3511	470	2731	103	2628
黑龙江	-20		2	2	
上海	39594	6995	17145	2873	14272
江苏	20369	2835	12664	3155	9510
浙江	41388	8945	32226	3569	28658
安徽	2758	719	1069	140	929
福建	7002	6050	5703	1584	4118
江西	86108	21440	14003	3322	10681
山东	2117	466	461	277	184
河南	967	233	192	2	191
湖北	1331	366	525	64	461
湖南	2776	458	8292	1009	7283
广东	107257	20113	37446	5290	32156
广西					
海南	757	120	290	34	256
重庆	-1890	583	621	345	276
四川	12	4	5	8	-3
贵州					
云南	3	1	102	41	61
西藏					
陕西					
甘肃					
青海					
宁夏					
新疆	1				

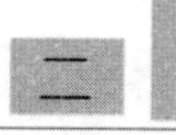

2-111 各地区港澳台商投资建筑业企业应收工程款及企业亏损情况

地区	应收工程款(万元)	企业个数(个)	#亏损企业个数	亏损企业的比重(%)
全国总计	**3043938**	**266**	**57**	**21.4**
北京	333961	36	10	27.8
天津	22219	5	2	40.0
河北	7804	3	1	33.3
山西	3558	2	1	50.0
内蒙古				
辽宁	416987	13	3	23.1
吉林	83259	5	2	40.0
黑龙江	5216	1	1	100.0
上海	341214	52	13	25.0
江苏	269644	29	3	10.3
浙江	148787	16	4	25.0
安徽	17255	4	1	25.0
福建	78630	20	4	20.0
江西	437765	6	2	33.3
山东	66835	3		
河南	478	2		
湖北	2263	8	1	12.5
湖南	33002	5		
广东	664572	48	8	16.7
广西				
海南	605	1		
重庆	109492	4	1	25.0
四川	234	1		
贵州				
云南	80	1		
西藏				
陕西				
甘肃				
青海				
宁夏				
新疆	82	1		

2-112 各地区港澳台商投资建筑业企业主要经济效益指标

地　区	产值利润率 (%)	产值利税率 (%)	资本利润率 (%)	资本利税率 (%)	人均利润 (元/人)	人均利税 (元/人)	资产负债率 (%)
全国总计	**5.0**	**7.2**	**22.9**	**32.6**	**19643**	**27962**	**68.0**
北　京	5.0	7.6	18.1	27.6	20520	31315	82.4
天　津	-0.6	2.1	-0.7	2.2	-4309	14172	48.7
河　北	3.0	7.3	26.4	65.3	27971	69042	67.4
山　西	-1.0	2.7	-1.8	4.8	-2697	7114	86.9
内蒙古							
辽　宁	8.3	10.2	13.2	16.2	56061	69009	55.5
吉　林	5.5	9.7	25.2	44.8	24620	43770	71.5
黑龙江	-3.3	-2.9	-1.2	-1.0	-6533	-5733	73.7
上　海	5.1	7.3	15.8	22.6	30894	44272	68.5
江　苏	6.1	9.9	19.6	31.8	25819	41872	66.7
浙　江	2.3	4.1	28.8	51.3	11012	19587	75.8
安　徽	5.1	7.0	26.3	36.5	25873	35902	84.9
福　建	2.3	4.1	10.7	19.3	5425	9843	56.6
江　西	6.3	7.4	66.4	77.2	14018	16297	83.1
山　东	1.4	1.7	15.5	18.9	34937	42536	85.6
河　南	7.8	9.3	31.8	38.1	22321	26760	94.5
湖　北	6.9	9.6	13.6	19.0	18742	26139	44.0
湖　南	1.0	3.8	34.5	137.3	6046	24103	80.7
广　东	9.5	12.8	40.9	55.2	38475	51908	50.7
广　西							
海　南	12.0	16.6	37.8	52.3	103671	143384	15.1
重　庆	-2.0	-1.3	-1.0	-0.7	-35318	-23712	81.0
四　川	1.0	1.4	2.1	3.0	1352	1901	29.8
贵　州							
云　南	0.4	12.6	0.2	5.3	708	21958	0.7
西　藏							
陕　西							
甘　肃							
青　海							
宁　夏							
新　疆	3.2	5.7	0.8	1.5	2500	4500	102.2

三、中央和地方建筑业企业

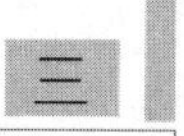

3-1　各地区中央建筑业企业签订合同情况

单位：万元

地　　区	签订合同额	上年结转合同额	本年新签合同额
全国总计	**1491089790**	**830231073**	**660858717**
北　　京	248991459	147023120	101968339
天　　津	88141685	51357304	36784381
河　　北	41727787	23558107	18169680
山　　西	46080262	26472783	19607479
内 蒙 古	7156908	3365475	3791433
辽　　宁	30019180	17408298	12610881
吉　　林	4733799	2674969	2058830
黑 龙 江	3621779	2084610	1537169
上　　海	101819456	50061441	51758015
江　　苏	39328253	20503365	18824888
浙　　江	9419254	5216812	4202442
安　　徽	40609416	19343692	21265725
福　　建	32792402	19790082	13002319
江　　西	14176288	8412876	5763412
山　　东	64791488	32328811	32462677
河　　南	84923540	46509456	38414084
湖　　北	186770256	99196427	87573829
湖　　南	81345765	46678722	34667043
广　　东	136638995	80149899	56489096
广　　西	12274396	6652252	5622144
海　　南	26879		26879
重　　庆	38397121	23325226	15071895
四　　川	31016452	16212777	14803675
贵　　州	26889883	12636263	14253620
云　　南	24434060	14495422	9938639
西　　藏	469333	163266	306066
陕　　西	70296034	42183425	28112609
甘　　肃	4718535	2887341	1831194
青　　海	6047861	3495713	2552149
宁　　夏	1147782	439097	708684
新　　疆	12283484	5604042	6679442

3-2 各地区中央建筑业企业承包工程完成情况

单位：万元

地区	直接从建设单位承揽工程完成的产值	自行完成施工产值	分包出去工程的产值	从建设单位以外承揽工程完成的产值
全国总计	**421598259**	**388974141**	**32624118**	**31097806**
北京	70103876	53623427	16480449	13942293
天津	23588797	20620364	2968433	1104418
河北	11387574	10896127	491447	791838
山西	13269736	13218450	51286	84399
内蒙古	1042761	1042761		43192
辽宁	8419461	8187172	232289	1347584
吉林	1768611	1659298	109313	308593
黑龙江	1549738	1355532	194206	
上海	26734568	25930375	804193	756034
江苏	12055373	11595283	460090	987290
浙江	2547710	2006092	541619	544839
安徽	14351013	14230329	120684	172077
福建	8406163	8305557	100607	513792
江西	4854060	4854060		
山东	22494125	22121989	372136	85770
河南	22572816	22507210	65606	1203385
湖北	55948291	55642502	305789	517930
湖南	19193583	19193583		735439
广东	32273496	27024550	5248947	2429566
广西	4880970	3683554	1197416	220773
海南	23131	23131		
重庆	9449407	9339409	109998	335949
四川	7917384	7860697	56687	1176305
贵州	8230184	8229784	400	8128
云南	5600332	5600060	272	60401
西藏	241343	241343	1	7
陕西	23329879	20700053	2629826	3138042
甘肃	1684970	1684161	809	
青海	1429967	1386660	43306	506057
宁夏	635772	635772		
新疆	5613171	5574860	38311	83707

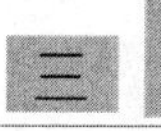

3-3 各地区中央企业建筑业总产值和竣工产值

单位：万元

地区	建筑业总产值	#装饰装修产值	#在外省完成的产值	按构成分组 建筑工程产值	安装工程产值	其他产值	竣工产值
全国总计	**420071947**	**7239544**	**285869380**	**375583658**	**35416284**	**9072006**	**150168357**
北京	67565720	2873288	60772325	64387443	2597054	581224	22013534
天津	21724782	137062	18342696	19810096	1473088	441598	7491652
河北	11687965	99607	7880399	8546269	2604549	537147	4458604
山西	13302849	87120	10197182	12360580	815066	127204	2290600
内蒙古	1085952	50206	787424	1009937	76016		303009
辽宁	9534756	34166	6332202	8278510	1138452	117794	2229174
吉林	1967891		986261	1401269	517677	48945	862470
黑龙江	1355532		517988	528408	816554	10570	679572
上海	26686409	626431	22612667	23449627	2795442	441340	11017533
江苏	12582572	7230	8105746	10088172	2298392	196009	4940704
浙江	2550930		1308935	2024488	505293	21149	623488
安徽	14402406	12315	10396662	13118066	1196978	87363	3478805
福建	8819349	98780	2257828	8456908	345329	17112	19394047
江西	4854060	2966	3356189	3918273	838438	97349	1857882
山东	22207759	253128	11836686	19688790	2207296	311673	5773315
河南	23710595	285911	15123157	19849813	1934283	1926499	2881697
湖北	56160433	493833	40808304	50657865	4049310	1453258	23150257
湖南	19929022	457326	14367554	18144494	1240418	544109	8659419
广东	29454116	816075	9850901	27724062	1546742	183313	9339042
广西	3904327	97765	2541117	3105026	606920	192381	1250422
海南	23131				23131		23131
重庆	9675358	235917	6917732	9105296	432524	137539	2909975
四川	9037002	224904	3768191	7041471	1467792	527739	2138512
贵州	8237912	152622	4708386	6264403	1592630	380879	1566000
云南	5660461	41874	1888436	5508814	105565	46082	644458
西藏	241349	41		213234	28096	20	35140
陕西	23838095	122591	16627232	22553163	832491	452440	6523865
甘肃	1684161	17216	857972	1161729	458061	64371	512743
青海	1892717		1514701	1535371	255968	101378	207144
宁夏	635772		231020	486061	136448	13262	130663
新疆	5658567	11171	973489	5166023	480284	12259	2781502

3-4 各地区中央建筑业企业房屋建筑面积

地区	房屋施工面积(万平方米)	#本年新开工	房屋竣工面积(万平方米)	房屋竣工率(%)
全国总计	**220586**	**64104**	**28841**	**13.1**
北京	52789	16459	6520	12.4
天津	7648	2578	984	12.9
河北	2769	1082	173	6.2
山西	3956	1248	444	11.2
内蒙古	1001	477	149	14.9
辽宁	1780	467	162	9.1
吉林	203	27	80	39.4
黑龙江	33	13	16	47.5
上海	19810	5139	2568	13.0
江苏	5544	1707	617	11.1
浙江	197	7	4	1.9
安徽	7854	1944	1426	18.2
福建	5371	1074	82	1.5
江西	414	125	193	46.7
山东	9037	2426	1113	12.3
河南	11663	3905	481	4.1
湖北	36152	9922	5336	14.8
湖南	16309	4229	2522	15.5
广东	18754	6131	2623	14.0
广西	589	238	132	22.5
海南				
重庆	3258	794	637	19.6
四川	3471	1087	523	15.1
贵州	3126	650	496	15.9
云南	502	155	67	13.3
西藏	3		2	61.9
陕西	5116	1272	629	12.3
甘肃	342	90	40	11.8
青海	75	37	24	31.2
宁夏	98	25	30	30.6
新疆	2723	796	767	28.2

3-5 各地区按主要用途分的中央建筑业企业房屋竣工面积

单位：万平方米

地区	总计	住宅房屋	商业及服务用房屋	办公用房屋	科研、教育和医疗用房屋
全国总计	**28840.5**	**18439.9**	**3823.4**	**1886.7**	**1017.8**
北京	6519.9	4023.9	1262.9	463.1	116.1
天津	984.4	639.1	130.4	3.3	20.9
河北	172.7	73.3			18.2
山西	444.3	249.1	13.7	30.2	46.6
内蒙古	148.8	83.1		1.5	10.8
辽宁	162.5	106.4	0.3	1.2	
吉林	79.9	68.5			
黑龙江	15.9			6.6	1.0
上海	2568.2	1047.7	563.1	231.2	200.7
江苏	617.2	427.1	15.5	33.8	
浙江	3.7		0.4		
安徽	1425.8	1190.1	95.6		22.8
福建	82.5	64.6			4.6
江西	193.3	89.6	32.4	7.5	3.9
山东	1113.2	629.3	29.1	253.4	57.0
河南	480.6	251.0	52.4	32.0	4.3
湖北	5335.9	3090.9	1215.0	371.3	185.3
湖南	2522.2	1792.4	68.4	225.9	132.5
广东	2623.0	2366.6	99.5	93.5	24.4
广西	132.5	117.3	0.1	0.5	0.3
海南					
重庆	636.8	483.1	27.3	8.3	18.9
四川	522.5	396.8	9.9	11.5	53.2
贵州	496.1	253.9	142.6	28.6	39.7
云南	66.8	51.4	0.5	1.2	0.3
西藏	2.0	0.8	0.1	1.0	
陕西	629.4	421.6	9.3	5.4	6.3
甘肃	40.4	35.5	0.5		1.7
青海	23.5	4.1	1.3		
宁夏	30.0	8.3	0.6	3.0	
新疆	766.6	474.5	52.5	72.7	48.8

3-5 续表

单位：万平方米

地　区	文化、体育和娱乐用房屋	厂房及建筑物	仓　库	其他未列明的房屋建筑物
全国总计	**405.7**	**2409.0**	**279.8**	**578.2**
北　京	76.8	372.4	103.9	100.8
天　津	11.7	125.7	8.3	45.0
河　北	23.8	27.5		30.0
山　西	18.5	58.3	1.6	26.3
内蒙古	2.7	34.3		16.5
辽　宁	1.3	46.1		7.3
吉　林		11.4		
黑龙江		0.8		7.5
上　海	33.8	484.4	1.8	5.5
江　苏	46.9	80.0	13.8	0.1
浙　江		1.7		1.6
安　徽	28.8	86.9	0.1	1.5
福　建		10.1		3.2
江　西		56.7		3.3
山　东	76.7	44.3	1.6	21.9
河　南	0.5	140.5		
湖　北	46.6	277.9	102.0	47.0
湖　南	21.9	170.3	11.9	98.8
广　东	6.0	21.9	0.6	10.4
广　西	0.1	0.9	0.1	13.2
海　南				
重　庆	1.9	96.0		1.3
四　川		38.1	8.8	4.1
贵　州	1.0	2.7	1.2	26.5
云　南		13.0		0.4
西　藏		0.1		
陕　西	0.3	108.8	23.8	53.9
甘　肃				2.7
青　海		17.1		1.0
宁　夏		18.2		
新　疆	6.4	63.0	0.4	48.5

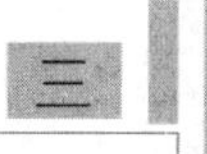

3-6 各地区按主要用途分的中央建筑业企业房屋竣工价值

单位：万元

地区	总计	住宅房屋	商业及服务用房屋	办公用房屋	科研、教育和医疗用房屋
全国总计	**60548333**	**32624142**	**9912053**	**5017005**	**2934765**
北京	15096466	8369709	3341696	1163554	379900
天津	2046286	1203430	277066	42654	52769
河北	256082	124544			21326
山西	1171356	460386	54143	146785	135502
内蒙古	273353	180767		2493	21865
辽宁	342992	251603	1981	2365	
吉林	176192	146489			
黑龙江	40241			17241	2566
上海	6039037	1782547	1531111	806654	559039
江苏	1350185	631706	80231	38694	
浙江	8678		1271		
安徽	2309485	1695240	200393		115753
福建	159987	112090			13359
江西	403212	158512	63136	26790	12570
山东	2011360	925389	141715	177138	168377
河南	805990	365064	140215	12833	7643
湖北	12382665	5930900	3215339	1491504	588020
湖南	5429083	3393597	179479	613850	313654
广东	3664734	3047460	212079	198590	57841
广西	271348	206573	171	2145	1657
海南					
重庆	1173275	819546	55583	28124	33495
四川	795428	466340	17858	21288	204921
贵州	1055142	430400	267620	68117	96286
云南	124311	97432	1066	6980	704
西藏	4457	1706	202	2371	
陕西	1411623	797944	20114	16028	20565
甘肃	107500	76667	2843		4601
青海	55681	12189	3619		
宁夏	53917	13800	1800	6276	
新疆	1528271	922113	101323	124531	122351

3-6 续表 单位：万元

地　区	文化、体育和娱乐用房屋	厂房及建筑物	仓　库	其他未列明的房屋建筑物
全国总计	**1840271**	**5529218**	**428383**	**2262497**
北　京	352243	988348	221947	279070
天　津	27905	240556	14162	187744
河　北	11281	49994		48937
山　西	64584	147709	1932	160315
内蒙古	4264	40993		22971
辽　宁	2725	62883		21435
吉　林		29703		
黑龙江		1884		18550
上　海	351244	986054	3865	18523
江　苏	205959	320724	7741	65130
浙　江		2958		4449
安　徽	70172	226167	264	1496
福　建		21596		12942
江　西		136846		5357
山　东	440094	88001	3639	67008
河　南	1455	278779		
湖　北	136855	672081	91999	255967
湖　南	111045	383504	28762	405194
广　东	31839	56804	1309	58812
广　西	1279	1584	135	57804
海　南				
重　庆	6174	225783		4570
四　川		51542	15904	17575
贵　州	2017	5677	2718	182307
云　南		16730		1399
西　藏		92		87
陕　西	586	257066	33012	266308
甘　肃				23389
青　海		35832		4041
宁　夏		32041		
新　疆	18551	167289	996	71117

3-7 各地区中央建筑业企业主要生产效益指标

地区	建筑业企业个数(个)	从事建筑业活动的平均人数(人)	按建筑业总产值计算的劳动生产率(元/人)	人均竣工产值(元/人)	人均施工面积(平方米/人)	人均竣工面积(平方米/人)
全国总计	**1326**	**6067580**	**692322**	**247493**	**363.6**	**47.5**
北京	161	1044562	646833	210744	505.4	62.4
天津	65	357986	606861	209272	213.6	27.5
河北	47	98919	1181569	450733	280.0	17.5
山西	51	299524	444133	76475	132.1	14.8
内蒙古	8	20439	531314	148250	489.8	72.8
辽宁	85	146983	648698	151662	121.1	11.1
吉林	28	27080	726695	318489	75.0	29.5
黑龙江	15	43610	310831	155829	7.7	3.6
上海	56	253283	1053620	434989	782.1	101.4
江苏	46	138939	905618	355602	399.0	44.4
浙江	24	34576	737775	180324	56.9	1.1
安徽	32	173599	829636	200393	452.4	82.1
福建	28	258354	341367	750677	207.9	3.2
江西	28	43373	1119143	428350	95.4	44.6
山东	74	330956	671018	174444	273.1	33.6
河南	71	313260	756898	91991	372.3	15.3
湖北	70	388867	1444207	595326	929.7	137.2
湖南	37	346083	575845	250212	471.2	72.9
广东	79	426878	689989	218775	439.3	61.5
广西	20	64001	610042	195375	92.0	20.7
海南	1	110	2102773	2102773		
重庆	35	123764	781759	235123	263.3	51.5
四川	37	119263	757737	179311	291.0	43.8
贵州	19	174332	472542	89829	179.3	28.5
云南	21	111495	507687	57802	45.1	6.0
西藏	7	7177	336282	48962	4.5	2.8
陕西	72	465767	511803	140067	109.8	13.5
甘肃	20	34143	493267	150175	100.2	11.8
青海	11	21718	871497	95379	34.7	10.8
宁夏	7	18125	350771	72090	54.1	16.6
新疆	71	180414	313643	154173	150.9	42.5

3-8 各地区中央建筑业企业资产构成

单位：万元

地 区	资产合计	#流动资产合计	#存货
全国总计	**652238752**	**455612465**	**65437537**
北 京	197665275	112935408	8568057
天 津	39996722	28801107	3380803
河 北	15239903	12749623	2777510
山 西	21806519	17743219	1112660
内蒙古	1662417	1393356	144381
辽 宁	12780059	10816761	1580504
吉 林	1890570	1511566	257158
黑龙江	2742023	2485206	571975
上 海	40357839	31412932	5143771
江 苏	13894035	11752929	2299538
浙 江	3534237	2845001	291172
安 徽	14098973	10757355	1152066
福 建	6786094	5216972	979026
江 西	4059914	3728569	498226
山 东	24677686	20358488	2921203
河 南	25821292	20974983	2664673
湖 北	67832135	48684653	12481934
湖 南	22115608	16007135	3205485
广 东	46086845	29632092	5559175
广 西	6553988	4062391	455681
海 南	27920	27082	8142
重 庆	9128111	7246668	1176954
四 川	9480427	7202547	2287454
贵 州	9994686	8395963	1359138
云 南	9047789	4640806	664013
西 藏	492051	364726	7051
陕 西	30142532	23058385	2302678
甘 肃	1892942	1659055	171016
青 海	2970166	2028632	378679
宁 夏	558441	477002	67093
新 疆	8901555	6641859	970321

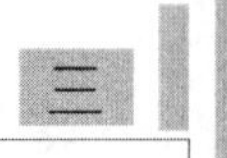

3-9 各地区中央建筑业企业固定资产情况

单位：万元

地 区	固定资产原价	固定资产折旧	#本年折旧	在建工程
全国总计	**51725064**	**27984319**	**4549786**	**4784475**
北 京	4841101	2607181	480937	169593
天 津	4222651	2277933	279589	400248
河 北	2703035	1757931	372890	32325
山 西	2929045	1830705	367054	50307
内蒙古	196960	107144	9630	46716
辽 宁	1690681	1077264	122495	48382
吉 林	319645	194328	16616	24251
黑龙江	555623	360055	24691	12180
上 海	3033390	1700464	159220	128847
江 苏	1552246	851378	126203	73847
浙 江	486269	237679	25632	7970
安 徽	1228519	628502	97371	80515
福 建	541034	258745	54627	21389
江 西	308636	171793	18794	13579
山 东	2473833	1484269	199901	57968
河 南	3081972	1755793	297403	158346
湖 北	7334520	3446336	674641	2291383
湖 南	1293522	733788	177101	337743
广 东	3180858	1542720	190772	178467
广 西	520718	298002	35124	7732
海 南	924	669	669	
重 庆	1328275	709747	117426	66971
四 川	897245	516656	48404	54404
贵 州	486632	251202	33210	194499
云 南	705492	331877	61438	4260
西 藏	23090	10141	1129	
陕 西	3919383	2016113	487268	124276
甘 肃	228993	135862	21927	1648
青 海	542293	272061	8980	2081
宁 夏	94018	50845	4854	9646
新 疆	1004463	367139	33793	184902

3-10 各地区中央建筑业企业负债及所有者权益

单位：万元

地 区	负债合计	#流动负债	#应付账款	所有者权益	#实收资本
全国总计	**498873918**	**454608044**	**200687051**	**153364834**	**68917787**
北 京	130705690	116574213	41299955	66959585	22429455
天 津	31412790	30145336	13536664	8583932	4280088
河 北	12377707	11660350	5008693	2862195	1995458
山 西	18048130	17610937	9259904	3758389	2299736
内 蒙 古	1429351	1314369	472296	233066	188310
辽 宁	10575065	10223192	4574457	2204994	1812340
吉 林	1589013	1484514	730898	301557	270815
黑 龙 江	2555672	2518423	1230755	186351	456923
上 海	31939657	30454472	15272321	8418183	4385751
江 苏	11330022	11004946	5422792	2564013	1220557
浙 江	2605257	2469526	1408395	928980	530260
安 徽	11392146	11192198	4317102	2706827	1567726
福 建	5536415	5328295	3020042	1249679	757081
江 西	3638215	3417544	1658220	421699	322438
山 东	20744166	19581276	9629820	3933520	2444451
河 南	20868663	19508153	9089707	4952629	2520690
湖 北	54576672	47172869	21412607	13255463	4235010
湖 南	17599380	15286001	7790989	4516229	2098776
广 东	36725264	31015194	14567550	9361580	5116642
广 西	5379645	4837525	1621207	1174343	1001309
海 南	21381	21381	6952	6539	10855
重 庆	7513845	7218648	3935818	1614266	924207
四 川	7630912	6877986	3918611	1849515	1570550
贵 州	8257377	7719852	3884201	1737310	1200380
云 南	7309319	5827100	1756380	1738470	642963
西 藏	349645	199571	109754	142406	107503
陕 西	25124539	23552019	11377362	5017993	2871760
甘 肃	1654885	1629907	741163	238057	217556
青 海	2197892	1980432	974122	772275	230955
宁 夏	444310	433016	204370	114132	71625
新 疆	7340896	6348801	2453944	1560659	1135617

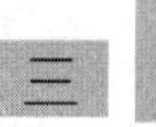

3-11 各地区中央建筑业企业实收资本

单位：万元

地 区	合计	国家资本	集体资本	法人资本	个人资本	港澳台资本	外商资本
全国总计	**68929213**	**42542474**	**215047**	**23736659**	**2433408**	**25**	**1600**
北 京	22429455	10396940	5074	9975725	2051716		
天 津	4280088	2913981	6480	1159295	200333		
河 北	1995458	1691098	2025	299399	2936		
山 西	2299736	1312893	8105	977438	1300		
内 蒙 古	188310	186452	1575	26	257		
辽 宁	1812340	951742	17371	802190	41012	25	
吉 林	270815	141323	21242	108250			
黑 龙 江	456923	220302	5934	230687			
上 海	4385751	1535641	6263	2830423	13425		
江 苏	1220557	873576	7972	320756	18254		
浙 江	530260	239755	2010	286495	2000		
安 徽	1567726	803947	2512	759421	246		1600
福 建	757081	380386	16514	360181			
江 西	322438	293321	20690	7647	780		
山 东	2444451	2155305	44745	218003	26399		
河 南	2532116	2140745	1655	382516	7200		
湖 北	4235010	3765580	4100	462051	3279		
湖 南	2098776	977670	4000	1106606	10500		
广 东	5116642	4039921		1072324	4397		
广 西	1001309	980190	803	20317			
海 南	10855			10855			
重 庆	924207	771217	5301	133804	13885		
四 川	1570550	1121626	2810	435628	10486		
贵 州	1200380	1080053		117058	3269		
云 南	642963	585940	3259	53765			
西 藏	107503	107502			1		
陕 西	2871760	1657659	11566	1187712	14823		
甘 肃	217556	156664		59393	1499		
青 海	230955	230166	410	379			
宁 夏	71625	46826	4159	20640			
新 疆	1135617	784056	8470	337679	5412		

3-12 各地区中央建筑业企业收入情况

单位：万元

地　区	主营业务收入	#主营业务成本	#主营业务税金及附加	其他业务收入	#其他业务利润
全国总计	**447818239**	**416552707**	**1283340**	**3146655**	**339553**
北　京	85255896	79935474	168977	390243	56901
天　津	22743501	21111912	45406	148182	37797
河　北	11819163	10892902	40825	72002	15624
山　西	14333738	13410546	29373	106950	7552
内蒙古	1087040	1021455	787	2905	1244
辽　宁	8567197	7808479	57551	626910	5112
吉　林	1699626	1568317	6958	32631	-124
黑龙江	1747894	1683020	2474	9233	-102
上　海	32108652	29888683	71654	129847	40589
江　苏	13219944	12353145	35912	106038	6516
浙　江	3180325	2961557	10148	18121	4068
安　徽	13629400	12777262	41073	81971	12679
福　建	7746150	7361460	23187	32541	-733
江　西	4446876	4151878	16593	68567	2215
山　东	24169916	22798912	54483	128421	-6097
河　南	23772974	22219628	49505	127500	8181
湖　北	56789199	51537605	306522	245409	53232
湖　南	18750957	17498692	68235	33292	6148
广　东	29620003	27396739	65059	292571	50871
广　西	4086604	3821166	10683	25856	4314
海　南	23131	21271	72	8991	
重　庆	8140217	7572286	21803	38399	52
四　川	8981784	8223624	21391	63264	4067
贵　州	7945173	7473598	8397	77802	540
云　南	5872284	5372528	10021	11952	5727
西　藏	391282	377330	567	687	-170
陕　西	27151528	25494803	73529	180245	11838
甘　肃	1493020	1394566	5378	19677	1245
青　海	2311254	2080543	12457	24550	418
宁　夏	634820	591130	2343	4536	2840
新　疆	6098691	5752195	21979	37362	7009

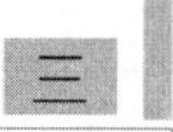

3-13　各地区中央建筑业企业费用情况

单位：万元

地　　区	管理费用	销售费用	财务费用	#利息收入	#利息支出
全国总计	**15919808**	**657025**	**3499293**	**2352779**	**4955455**
北　　京	2953114	73554	981680	1077300	1759572
天　　津	1037034	34609	187558	161623	324598
河　　北	571691	23375	70213	15760	108028
山　　西	494546	3951	47331	78273	114727
内 蒙 古	34737	411	27238	1143	25300
辽　　宁	451313	2153	105178	36584	109614
吉　　林	69823	675	9433	3074	11673
黑 龙 江	66837	5451	4332	265	3135
上　　海	1249908	69927	252231	101381	229219
江　　苏	470617	8812	68970	23719	74786
浙　　江	150988	3318	6730	9748	15492
安　　徽	410887	4681	18127	30087	40343
福　　建	181922	2798	40606	14736	41061
江　　西	113536	3930	13922	10884	17341
山　　东	636480	31782	115620	55894	129394
河　　南	704135	16290	157786	95631	242371
湖　　北	2261316	246674	439232	155950	484911
湖　　南	573757	10506	164394	82453	185098
广　　东	1023125	22961	301839	94057	354463
广　　西	120255	5878	105163	5547	105200
海　　南	2243	98	421	-27	443
重　　庆	251273	18462	43193	32010	55427
四　　川	454298	21560	42683	46509	69611
贵　　州	174477	6154	56562	41272	82021
云　　南	172030	1866	61444	20095	75417
西　　藏	5771		1938	2690	656
陕　　西	880554	30719	94873	110913	177314
甘　　肃	39333	2724	7100	1377	5996
青　　海	161052	371	3917	1947	19039
宁　　夏	21702	848	3825	182	3882
新　　疆	181057	2488	65755	41704	89326

3-14 各地区中央建筑业企业利润及税金情况

单位：万元

地 区	利润总额	#应交所得税	税金总额	主营业务税金及附加	应交增值税
全国总计	**13074583**	**1714790**	**7648254**	**1283340**	**6364914**
北 京	4008386	350759	858830	168977	689853
天 津	603838	51504	220967	45406	175561
河 北	190644	47804	268476	40825	227651
山 西	339903	31317	139777	29373	110404
内蒙古	-100	-175	31877	787	31090
辽 宁	141634	32534	226268	57551	168717
吉 林	26406	7534	49402	6958	42443
黑龙江	-106298	4593	11014	2474	8540
上 海	854140	102931	379504	71654	307849
江 苏	275728	50676	356747	35912	320835
浙 江	87754	17279	62309	10148	52161
安 徽	382872	39944	281586	41073	240513
福 建	137826	32728	187414	23187	164227
江 西	81464	22152	73619	16593	57027
山 东	548627	62155	438741	54483	384257
河 南	439666	61122	475017	49505	425512
湖 北	2025849	345109	1413215	306522	1106693
湖 南	499046	66929	396245	68235	328010
广 东	938286	154693	402046	65059	336987
广 西	60981	8183	55714	10683	45030
海 南	31	9	888	72	816
重 庆	184110	18438	160977	21803	139174
四 川	162283	27178	346588	21391	325197
贵 州	133834	13178	93129	8397	84731
云 南	253660	32952	55545	10021	45524
西 藏	5331	428	6520	567	5954
陕 西	669983	91156	350520	73529	276991
甘 肃	-1719	4507	36775	5378	31397
青 海	63503	12954	66023	12457	53566
宁 夏	14024	2216	17050	2343	14707
新 疆	52894	22006	185475	21979	163495

3-15 各地区中央建筑业企业应收工程款及企业亏损情况

地 区	应收工程款（万元）	企业个数（个）	#亏损企业个数	亏损企业的比重（%）
全国总计	**109869410**	**1326**	**142**	**10.7**
北 京	19831387	161	19	11.8
天 津	6441851	65	12	18.5
河 北	3261448	47	9	19.2
山 西	5636553	51	4	7.8
内蒙古	387661	8	2	25.0
辽 宁	3002759	85	13	15.3
吉 林	546051	28	6	21.4
黑龙江	1374301	15	4	26.7
上 海	7188912	56	3	5.4
江 苏	3571164	46	1	2.2
浙 江	629137	24	1	4.2
安 徽	3046909	32	3	9.4
福 建	951187	28	1	3.6
江 西	1056720	28	1	3.6
山 东	4644656	74	8	10.8
河 南	5834308	71	6	8.5
湖 北	10894724	70	2	2.9
湖 南	4186738	37	2	5.4
广 东	7575513	79	6	7.6
广 西	1191557	20	3	15.0
海 南	5233	1		
重 庆	2323118	35	3	8.6
四 川	1709680	37	4	10.8
贵 州	2080077	19	1	5.3
云 南	1378377	21	2	9.5
西 藏	35841	7		
陕 西	6840668	72	4	5.6
甘 肃	860489	20	4	20.0
青 海	497047	11	2	18.2
宁 夏	247983	7	1	14.3
新 疆	2637364	71	15	21.1

3-16 各地区中央建筑业企业主要经济效益指标

地区	产值利润率(%)	产值利税率(%)	资本利润率(%)	资本利税率(%)	人均利润(元/人)	人均利税(元/人)	资产负债率(%)
全国总计	**3.1**	**4.9**	**19.0**	**30.1**	**21548**	**34153**	**76.5**
北京	5.9	7.2	17.9	21.7	38374	46596	66.1
天津	2.8	3.8	14.1	19.3	16868	23040	78.5
河北	1.6	3.9	9.6	23.0	19273	46414	81.2
山西	2.6	3.6	14.8	20.9	11348	16015	82.8
内蒙古	0.0	2.9	-0.1	16.9	-49	15547	86.0
辽宁	1.5	3.9	7.8	20.3	9636	25030	82.8
吉林	1.3	3.9	9.8	28.0	9751	27994	84.1
黑龙江	-7.8	-7.0	-23.3	-20.9	-24375	-21849	93.2
上海	3.2	4.6	19.5	28.1	33723	48706	79.1
江苏	2.2	5.0	22.6	51.8	19845	45522	81.6
浙江	3.4	5.9	16.6	28.3	25380	43401	73.7
安徽	2.7	4.6	24.4	42.4	22055	38275	80.8
福建	1.6	3.7	18.2	43.0	5335	12589	81.6
江西	1.7	3.2	25.3	48.1	18782	35756	89.6
山东	2.5	4.5	22.4	40.4	16577	29834	84.1
河南	1.9	3.9	17.4	36.3	14035	29199	80.8
湖北	3.6	6.1	47.8	81.2	52096	88438	80.5
湖南	2.5	4.5	23.8	42.7	14420	25869	79.6
广东	3.2	4.6	18.3	26.2	21980	31398	79.7
广西	1.6	3.0	6.1	11.7	9528	18233	82.1
海南	0.1	4.0	0.3	8.5	2809	83573	76.6
重庆	1.9	3.6	19.9	37.3	14876	27883	82.3
四川	1.8	5.6	10.3	32.4	13607	42668	80.5
贵州	1.6	2.8	11.2	18.9	7677	13019	82.6
云南	4.5	5.5	39.5	48.1	22751	27733	80.8
西藏	2.2	4.9	5.0	11.0	7427	16513	71.1
陕西	2.8	4.3	23.3	35.5	14385	21910	83.4
甘肃	-0.1	2.1	-0.8	16.1	-504	10267	87.4
青海	3.4	6.8	27.5	56.1	29240	59640	74.0
宁夏	2.2	4.9	19.6	43.4	7737	17144	79.6
新疆	0.9	4.2	4.7	21.0	2932	13212	82.5

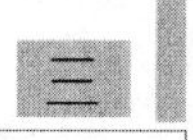

3-17　各地区地方建筑业企业签订合同情况

单位：万元

地　区	签订合同额	上年结转合同额	本年新签合同额
全国总计	**3387350331**	**1368924970**	**2018425361**
北　京	105859768	53751496	52108272
天　津	29001488	11713561	17287927
河　北	84057439	35563451	48493988
山　西	44911987	13704569	31207418
内蒙古	18016322	8782073	9234249
辽　宁	45261197	19049606	26211592
吉　林	32181361	13438385	18742976
黑龙江	20422357	7635823	12786534
上　海	126333757	61650268	64683489
江　苏	463130355	184307790	278822565
浙　江	406892996	161332113	245560883
安　徽	109490300	43415164	66075136
福　建	186604852	65472656	121132196
江　西	111260038	45273580	65986458
山　东	166238792	58510276	107728516
河　南	136682839	44770422	91912417
湖　北	150486837	55284440	95202397
湖　南	134723556	57607452	77116104
广　东	253306441	113500309	139806132
广　西	74931057	31294037	43637020
海　南	8908734	4791273	4117461
重　庆	98419888	37966524	60453364
四　川	257316761	114264331	143052431
贵　州	60444363	29359698	31084665
云　南	88422436	29262101	59160335
西　藏	3242947	936985	2305962
陕　西	83903649	28735674	55167975
甘　肃	30494108	11745531	18748577
青　海	4914509	2403502	2511007
宁　夏	7877086	3189875	4687211
新　疆	43612111	20212006	23400105

3-18 各地区地方建筑业企业承包工程完成情况

单位：万元

地　区	直接从建设单位承揽工程完成的产值	自行完成施工产值	分包出去工程的产值	从建设单位以外承揽工程完成的产值
全国总计	**1800019095**	**1761301874**	**38717222**	**76794774**
北　京	41541614	37998371	3543243	3852696
天　津	15454065	14963392	490674	1126900
河　北	45009985	44649782	360203	886105
山　西	27172149	26974987	197162	692708
内蒙古	9559757	9513531	46226	90392
辽　宁	26610579	26445015	165564	376198
吉　林	18108568	18067269	41299	219660
黑龙江	10778475	10737013	41461	78123
上　海	46980213	37799591	9180622	6641185
江　苏	276867848	276001573	866275	20962800
浙　江	200492722	197350615	3142108	6807981
安　徽	63847884	63160763	687121	1621676
福　建	103218501	102916105	302396	2374756
江　西	61665241	60627878	1037363	3250155
山　东	96353877	95632559	721318	1557531
河　南	86617455	85627581	989874	2685777
湖　北	94821441	93315188	1506253	2281904
湖　南	75197559	74296749	900810	1858059
广　东	111739008	103750808	7988201	5421628
广　西	39491914	39038683	453231	1069467
海　南	3519717	3511910	7807	41100
重　庆	62992632	61396105	1596527	2374320
四　川	123742636	121462911	2279725	6180354
贵　州	25077541	24764220	313321	519772
云　南	46829863	46204913	624950	1475251
西　藏	1581000	1514376	66624	43595
陕　西	45033804	44573540	460264	1679303
甘　肃	16576558	16239573	336985	155815
青　海	2524905	2486393	38512	34057
宁　夏	5064340	4900498	163842	133642
新　疆	15547248	15379985	167263	301870

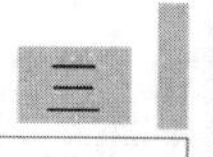

3-19 各地区地方企业建筑业总产值和竣工产值

单位：万元

地 区	建筑业总产值	#装饰装修产值	#在外省完成的产值	按构成分组 建筑工程产值	安装工程产值	其他产值	竣工产值
全国总计	**1838096648**	**117802934**	**476711274**	**1614305840**	**157255839**	**66534969**	**1055385938**
北 京	41851068	8284965	17561698	39618150	1913112	319806	23458067
天 津	16090292	728604	3062231	13226770	2283824	579698	9973987
河 北	45535886	2162350	10565648	38525482	4846210	2164195	22475677
山 西	27667695	1041602	4274332	23284483	3450919	932293	12783203
内蒙古	9603923	200626	608527	8165914	535468	902541	5264629
辽 宁	26821212	2077436	3775659	21325896	4318826	1176490	15343178
吉 林	18286929	747326	2256942	15197833	1972748	1116348	11836008
黑龙江	10815137	361504	2070695	8830847	1368696	615594	6380305
上 海	44440775	6497939	17622417	36424499	6800256	1216020	24976678
江 苏	296964372	17369118	135106300	278852605	15824489	2287279	223622687
浙 江	204158595	15684382	79773897	181233627	17318829	5606139	123740169
安 徽	64782439	2924092	9491923	54396981	4998218	5387240	32230140
福 建	105290861	4132108	47023660	97580420	6696744	1013697	55851736
江 西	63878033	3421122	20871183	54908961	4461336	4507736	36247290
山 东	97190089	6839034	11035681	82568388	12268496	2353206	49300599
河 南	88313358	3890224	10231383	75591766	8890778	3830814	50917040
湖 北	95597092	5074409	15294962	84350137	8276947	2970008	67839692
湖 南	76154807	3864591	15525653	64195173	6395451	5564184	43042052
广 东	109172435	16768487	19604211	91555171	13337108	4280157	52393752
广 西	40108150	1336255	4592162	35232157	2977370	1898623	21531181
海 南	3553009	319363	122548	3022629	343157	187223	2174440
重 庆	63770425	2736717	8177830	56977613	4256057	2536755	31867690
四 川	127643265	5005594	23864326	109994068	10756369	6892828	59450244
贵 州	25283992	662047	2660829	22433684	1420854	1429454	11454915
云 南	47680164	1510581	1987189	42894999	3166499	1618666	21807299
西 藏	1557971	63044	41896	1442393	66208	49370	967488
陕 西	46252843	3036715	4819309	38895305	5210663	2146875	17767759
甘 肃	16395388	455838	2151410	14094902	1473442	827044	7976627
青 海	2520450	37329	126240	2190624	269384	60441	1255592
宁 夏	5034140	149213	281159	4644084	305281	84775	3163128
新 疆	15681854	420319	2129377	12650281	1052102	1979471	8292688

3-20 各地区地方建筑业企业房屋建筑面积

地区	房屋施工面积(万平方米)	#本年新开工	房屋竣工面积(万平方米)	房屋竣工率(%)
全国总计	**1151408**	**475657**	**382657**	**33.2**
北京	19147	5828	3380	17.7
天津	5485	1561	1402	25.6
河北	32735	12694	9057	27.7
山西	12685	4411	3311	26.1
内蒙古	4397	2103	1674	38.1
辽宁	12015	4869	4714	39.2
吉林	8108	4315	3062	37.8
黑龙江	3749	1778	1454	38.8
上海	27627	10409	5318	19.3
江苏	243876	92563	75278	30.9
浙江	175520	68438	54206	30.9
安徽	39323	16023	14773	37.6
福建	67333	23886	17562	26.1
江西	32948	16848	15442	46.9
山东	68440	31104	20687	30.2
河南	52296	24358	20097	38.4
湖北	52091	29811	27502	52.8
湖南	43043	20256	17631	41.0
广东	55429	20186	16006	28.9
广西	25546	8639	8348	32.7
海南	2224	676	620	27.9
重庆	30927	13569	12226	39.5
四川	60640	29047	24300	40.1
贵州	13370	5129	4416	33.0
云南	18460	9425	7279	39.4
西藏	564	215	221	39.3
陕西	24719	9661	6507	26.3
甘肃	9758	4007	2673	27.4
青海	840	320	350	41.6
宁夏	2347	1120	830	35.4
新疆	5769	2409	2335	40.5

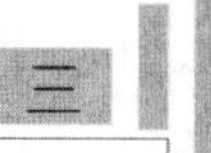

3-21 各地区按主要用途分的地方建筑业企业房屋竣工面积

单位：万平方米

地　　区	总计	住宅房屋	商业及服务用房屋	办公用房　屋	科研、教育和医疗用房屋
全国总计	**382657.5**	**258350.0**	**24583.4**	**19068.0**	**17395.7**
北　京	3379.6	2057.8	342.1	261.0	213.6
天　津	1402.4	841.2	64.2	47.3	138.3
河　北	9057.0	6643.7	481.7	303.3	494.5
山　西	3310.6	2365.4	210.1	135.6	129.7
内蒙古	1674.3	1366.5	31.8	48.2	69.2
辽　宁	4713.6	3447.9	246.9	137.7	177.2
吉　林	3061.6	1980.2	163.1	180.3	98.1
黑龙江	1454.2	1037.2	67.1	84.4	47.1
上　海	5318.1	3226.8	382.1	389.8	198.4
江　苏	75278.0	54601.3	2868.5	2976.2	2164.1
浙　江	54206.2	30983.5	4182.1	3121.8	1943.9
安　徽	14773.1	9763.3	834.1	741.9	686.2
福　建	17561.8	11445.0	1214.5	1029.1	612.5
江　西	15441.9	10055.5	1227.6	911.0	772.5
山　东	20686.7	14379.6	1317.5	952.5	1240.2
河　南	20096.7	14315.3	1127.2	1246.6	1161.9
湖　北	27501.6	19726.9	1824.3	1162.3	1076.6
湖　南	17630.5	11816.1	1410.0	976.6	1175.4
广　东	16006.0	10497.3	1072.5	825.3	601.5
广　西	8347.6	5127.4	549.2	630.2	877.0
海　南	619.9	387.7	70.3	33.1	64.1
重　庆	12226.0	8525.0	883.1	592.7	405.9
四　川	24299.7	17968.5	2038.1	744.1	808.9
贵　州	4416.2	2950.5	317.4	209.9	450.4
云　南	7278.9	4590.2	636.6	474.5	756.6
西　藏	221.5	115.7	21.9	24.0	12.2
陕　西	6507.0	4476.5	443.4	413.5	474.7
甘　肃	2672.8	1827.0	250.2	110.4	215.9
青　海	349.6	203.8	30.4	42.7	25.6
宁　夏	829.8	469.2	94.3	20.2	84.1
新　疆	2334.8	1158.0	181.2	241.9	219.2

3-21 续表 单位：万平方米

地　区	文化、体育和娱乐用房屋	厂房及建筑物	仓　库	其他未列明的房屋建筑物
全国总计	**3636.5**	**48009.0**	**2736.3**	**8878.5**
北　京	66.5	234.5	26.3	177.9
天　津	20.1	183.2	8.2	100.1
河　北	51.1	787.8	39.9	254.9
山　西	12.0	316.4	8.2	133.3
内蒙古	13.3	60.7	3.6	81.0
辽　宁	7.7	526.4	35.8	134.0
吉　林	32.9	425.9	42.2	138.8
黑龙江	4.9	132.1	52.5	28.9
上　海	82.7	850.1	80.5	107.8
江　苏	691.2	10348.2	660.2	968.4
浙　江	609.7	11821.9	501.3	1042.0
安　徽	58.8	2192.5	91.1	405.2
福　建	147.4	2956.2	110.2	46.9
江　西	224.2	1760.8	149.8	340.6
山　东	124.9	2298.0	132.5	241.4
河　南	193.3	1481.7	223.3	347.4
湖　北	257.7	2906.1	100.4	447.2
湖　南	205.1	1488.6	99.3	459.4
广　东	119.2	2174.9	96.9	618.4
广　西	207.7	611.3	48.7	296.0
海　南	10.5	5.9	5.1	43.2
重　庆	61.0	1189.2	51.6	517.5
四　川	131.3	1689.1	80.1	839.8
贵　州	23.5	259.1	9.0	196.4
云　南	122.2	389.5	18.0	291.3
西　藏	4.2	16.1	1.1	26.4
陕　西	89.1	422.5	21.3	166.0
甘　肃	28.8	133.0	19.7	87.8
青　海	6.4	8.5	0.5	31.7
宁　夏	2.3	69.6	2.9	87.3
新　疆	27.0	269.4	16.3	221.8

3-22 各地区按主要用途分的地方建筑业企业房屋竣工价值

单位：万元

地区	总计	住宅房屋	商业及服务用房屋	办公用房屋	科研、教育和医疗用房屋
全国总计	**647811610**	**433717958**	**44989738**	**36942792**	**34365571**
北京	9563508	5006782	1011855	1307908	728614
天津	3360774	1842362	169581	145763	462096
河北	14074735	9876295	761849	486744	1006079
山西	5610334	4083391	388507	247534	279619
内蒙古	2820843	2257409	49233	96961	171037
辽宁	7043850	5144583	375718	232134	313524
吉林	5196168	3223288	286046	425566	218783
黑龙江	2201467	1520649	108793	152459	99088
上海	12002130	6798676	891240	989540	685623
江苏	146026924	106227494	5720879	6623296	5259121
浙江	92333165	54863097	8259536	5624403	4212762
安徽	19363416	13137624	1287858	932295	907219
福建	31511491	21387460	2329851	1772674	1177448
江西	22542991	13962643	1735496	1872903	1410309
山东	32440730	22354521	2218921	1738947	2280214
河南	26916741	19003329	1607870	1676317	1565062
湖北	40061436	28355839	2973679	1744329	1658733
湖南	26319224	17050819	2248615	1511048	2075386
广东	28185556	18711271	2141735	1598703	1272867
广西	14005433	8421876	876056	1009062	1589023
海南	1249931	726364	180565	61994	152671
重庆	19544743	13624237	1480922	965125	711086
四川	39710655	28902911	3988748	1303488	1575234
贵州	7349271	4457599	586144	528102	860127
云南	13462528	8656276	1057096	812276	1466717
西藏	474589	265920	44602	61900	21379
陕西	11528098	7529068	797375	812178	1016938
甘肃	5409137	3365218	846187	206820	460810
青海	638633	318704	67030	98476	59588
宁夏	1330949	712434	172346	43000	192786
新疆	5532162	1929818	325406	1860848	475631

3-22 续表 单位：万元

地区	文化、体育和娱乐用房屋	厂房及建筑物	仓库	其他未列明的房屋建筑物
全国总计	**7607935**	**68985334**	**4439398**	**16762884**
北京	260259	554703	53437	639951
天津	87940	270209	27761	355063
河北	91946	1177421	60374	614027
山西	24425	390188	16371	180299
内蒙古	23377	90340	5456	127029
辽宁	11856	706434	44988	214613
吉林	50741	680909	55657	255177
黑龙江	14788	189430	57478	58783
上海	279131	1733520	189737	434663
江苏	1481277	17383984	1215280	2115593
浙江	1530182	14939839	758552	2144796
安徽	75927	2439740	112824	469928
福建	324259	4272469	182388	64943
江西	345533	2484862	280021	451225
山东	261604	2997428	189909	399187
河南	271632	1932809	272240	587482
湖北	390908	4020468	142170	775310
湖南	424605	2108554	170190	730007
广东	242908	3103308	162250	952514
广西	316865	985707	77818	729027
海南	22494	12971	8943	83930
重庆	94600	1698282	72351	898140
四川	234299	2303491	119066	1283418
贵州	44949	396335	15165	460849
云南	266996	574279	39451	589437
西藏	7505	15056	3350	54877
陕西	295414	717846	50831	308449
甘肃	59188	257304	12975	200634
青海	17112	17176	990	59558
宁夏	5194	102064	4231	98894
新疆	50024	428208	37145	425082

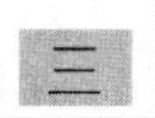

3-23 各地区地方建筑业企业主要生产效益指标

地　区	建筑业企业个数（个）	从事建筑业活动的平均人数（人）	按建筑业总产值计算的劳动生产率（元/人）	人均竣工产值（元/人）	人均施工面积（平方米/人）	人均竣工面积（平方米/人）
全国总计	**95218**	**53401111**	**344206**	**197634**	**215.6**	**71.7**
北　京	2485	940120	445167	249522	203.7	36.0
天　津	1760	607779	264739	164105	90.3	23.1
河　北	2499	1013036	449499	221865	323.1	89.4
山　西	2641	790909	349821	161627	160.4	41.9
内蒙古	1016	306182	313667	171944	143.6	54.7
辽　宁	5281	863775	310512	177629	139.1	54.6
吉　林	2307	450440	405979	262765	180.0	68.0
黑龙江	1698	366342	295220	174163	102.3	39.7
上　海	2463	975355	455637	256078	283.3	54.5
江　苏	9264	8712732	340840	256662	279.9	86.4
浙　江	6755	6665619	306286	185639	263.3	81.3
安　徽	3818	1921710	337108	167716	204.6	76.9
福　建	4854	3908297	269403	142906	172.3	44.9
江　西	2628	1764594	361998	205414	186.7	87.5
山　东	6784	2962190	328102	166433	231.1	69.8
河　南	6194	2537404	348046	200666	206.1	79.2
湖　北	4170	1851819	516233	366341	281.3	148.5
湖　南	2554	2275612	334656	189145	189.2	77.5
广　东	5741	2606374	418867	201022	212.7	61.4
广　西	1385	1153099	347829	186724	221.5	72.4
海　南	199	73271	484913	296767	303.5	84.6
重　庆	2766	1961788	325063	162442	157.7	62.3
四　川	5402	4154860	307214	143086	146.0	58.5
贵　州	1193	728344	347144	157273	183.6	60.6
云　南	2842	1406259	339057	155073	131.3	51.8
西　藏	283	41024	379771	235835	137.6	54.0
陕　西	2618	1142437	404861	155525	216.4	57.0
甘　肃	1433	505892	324089	157675	192.9	52.8
青　海	378	78653	320452	159637	106.8	44.4
宁　夏	688	186502	269924	169603	125.8	44.5
新　疆	1119	448693	349501	184819	128.6	52.0

3-24 各地区地方建筑业企业资产构成

单位：万元

地区	资产合计	#流动资产合计	#存货
全国总计	**1687785834**	**1371049259**	**273949821**
北京	74541167	61913983	10649219
天津	31249734	25703092	4081525
河北	50162999	41759886	10458996
山西	37666958	29641231	4640488
内蒙古	20529373	16127850	1817527
辽宁	47271720	39643825	5411325
吉林	24825131	19697986	2559098
黑龙江	17873436	14604144	2013671
上海	68734054	58788592	12887220
江苏	193425006	161432939	38898647
浙江	133657242	110127703	29535687
安徽	56664092	43971290	7912707
福建	57451100	47996803	9354029
江西	55125176	45476384	7168980
山东	114388374	95668322	20898443
河南	72178222	52266322	9812996
湖北	62494443	51134873	12917595
湖南	40818458	29661840	5331209
广东	141445500	115931810	19154682
广西	22483081	19167374	3136659
海南	3358648	2836143	146335
重庆	51635710	42263737	9920272
四川	113266453	88606064	18225135
贵州	42703132	34358216	6721531
云南	51815216	38813161	6064585
西藏	3074063	2280451	255178
陕西	41361272	33998137	6369100
甘肃	23094195	17844887	3938227
青海	3943749	3192439	620036
宁夏	7504704	6557401	905131
新疆	23043429	19582375	2143591

3-25 各地区地方建筑业企业固定资产情况

单位：万元

地区	固定资产原价	固定资产折旧	#本年折旧	在建工程
全国总计	**164550928**	**69435604**	**11082020**	**20917848**
北京	4213888	2175136	271967	446769
天津	2600215	1347492	127716	167470
河北	5258844	2235972	276026	519862
山西	3781988	1586943	194432	462840
内蒙古	2305447	1044787	181276	336265
辽宁	5666364	2855720	320606	361754
吉林	2628339	1070313	154471	1445170
黑龙江	2284460	1001966	122974	116231
上海	4939899	2541984	283453	237983
江苏	22162496	9037523	1308478	1374659
浙江	14104966	6391204	916105	1105583
安徽	5926611	2390350	413275	947352
福建	6451586	2573291	466572	330306
江西	4376254	1585479	338291	636591
山东	12530134	5312255	811806	832364
河南	10507509	3640670	884155	1369417
湖北	8403408	3672714	917328	1570798
湖南	5620002	2136018	314286	941487
广东	8632120	3997435	467714	1105451
广西	1893863	758187	151773	346076
海南	153838	71509	16080	45849
重庆	3473596	1421289	239192	694508
四川	9200081	3830661	696152	2369882
贵州	1606132	481872	96496	761886
云南	4873144	2085084	383476	593126
西藏	299807	107661	12524	31125
陕西	4503483	1597330	349864	953283
甘肃	2774445	821992	116101	338033
青海	509861	237536	54164	75236
宁夏	756064	330583	38215	73189
新疆	2112087	1094649	157053	327304

3-26 各地区地方建筑业企业负债及所有者权益

单位：万元

地 区	负债合计	#流动负债	#应付账款	所有者权益	#实收资本
全国总计	**1093307038**	**962969452**	**350790426**	**594253838**	**321913942**
北 京	57238787	52015022	20095021	17302381	10359630
天 津	22533782	20382453	9047367	8715957	7828067
河 北	34871547	31902697	13082838	15291454	8821831
山 西	27374572	24413722	10356854	10292386	7275380
内蒙古	13775025	12945858	3994581	6754348	3904499
辽 宁	31541286	27877179	8977903	15727527	9726776
吉 林	15367040	13687015	5231949	9458091	5007640
黑龙江	11842091	10641363	3628354	6031349	4531946
上 海	52669473	48228871	18569070	16065090	9029323
江 苏	107409516	98456374	37315617	86015491	34297480
浙 江	82171295	77735797	27224335	51485947	26258274
安 徽	36324254	30648578	11214149	20339838	10208714
福 建	31535856	27758017	8428789	25915244	16044514
江 西	36732762	20268495	6999283	18423395	11645117
山 东	80280021	73951609	26945110	34108353	19749145
河 南	36946834	32425593	10611001	35231440	18142588
湖 北	35660000	30974516	13720972	26566313	13671676
湖 南	21750785	17560578	5668075	19067673	11051892
广 东	96101415	84987981	25381257	45344305	22279821
广 西	14033117	11728553	3679439	8451340	5024469
海 南	2091222	1834605	788428	1267426	775052
重 庆	35475253	30320217	11190309	16160457	8608233
四 川	77030642	66408073	24093725	36229675	22315261
贵 州	30460130	24320469	8309002	12243002	4376915
云 南	33372716	29331883	11631981	18441399	10312109
西 藏	1660833	1303612	424246	1425765	612519
陕 西	26623856	24277518	10132977	14738094	9992599
甘 肃	16018268	14183829	5756722	7075926	4023910
青 海	2481812	2285346	810483	1461937	1142763
宁 夏	5173461	4848739	1853178	2342310	1634836
新 疆	16759389	15264890	5627412	6279927	3260965

3-27 各地区地方建筑业企业实收资本

单位：万元

地区	合计	国家资本	集体资本	法人资本	个人资本	港澳台资本	外商资本
全国总计	**321919974**	**41369860**	**11745585**	**105153185**	**161483799**	**1035818**	**1131728**
北京	10359630	1247661	344087	4860908	3701301	108399	97274
天津	7828067	488853	269955	3805696	3245586	6624	11352
河北	8821831	1168798	344726	2638163	4666180	3565	400
山西	7275380	1670331	232864	2118297	3253386	101	401
内蒙古	3904499	456591	111836	1009650	2326009		413
辽宁	9726776	764678	424011	3206690	5081902	228204	21291
吉林	5007640	240615	180185	1927036	2650873	8931	0
黑龙江	4531946	1039140	256987	1250662	1982620	998	1540
上海	9029323	838957	371645	4174118	3386037	151810	106757
江苏	34297480	1931817	733935	10421037	20880422	117626	212643
浙江	26258274	930691	557866	8181607	16524728	59742	3640
安徽	10208714	1054431	445589	3231508	5468438	8269	481
福建	16044514	814542	261389	3824832	11096994	36639	10119
江西	11645117	1469734	404544	2747229	6990454	12341	20816
山东	19749145	2424618	1270958	7358765	8673898	3886	17019
河南	18148620	1268577	727690	5914500	10199183	31822	6848
湖北	13671676	1975517	496548	3168817	7979224	4910	46661
湖南	11051892	2306927	468625	3877327	4392854	6142	19
广东	22279821	2638662	964986	8905946	9193449	51786	524993
广西	5024469	1213092	299881	1430225	2081251	10	10
海南	775052	193976	17566	234013	329497		
重庆	8608233	1497204	158434	2381950	4383192	185854	1599
四川	22315261	5118638	848388	7006816	9337512	1410	2497
贵州	4376915	1641961	210356	1293447	1229992	556	603
云南	10312109	4128154	296461	2456715	3402256	3923	24600
西藏	612519	73391	12295	237426	289007	300	100
陕西	9992599	1184855	567621	3857074	4377349	1610	4091
甘肃	4023910	653542	205642	1783891	1380547	100	188
青海	1142763	279789	57953	389581	415365		75
宁夏	1634836	113953	60699	469878	975006		15300
新疆	3260965	540167	141866	989383	1589289	260	

3-28 各地区地方建筑业企业收入情况

单位：万元

地区	主营业务收入	#主营业务成本	#主营业务税金及附加	其他业务收入	#其他业务利润
全国总计	**1645570071**	**1485919619**	**19978255**	**23382076**	**1510846**
北京	48090499	43979646	176080	814340	115980
天津	17458176	16023242	76977	451085	20295
河北	39076929	36101076	331925	600095	48753
山西	26326715	24052193	168238	580273	41912
内蒙古	11115839	9842776	109753	208884	10166
辽宁	26184704	23221702	249403	883592	35932
吉林	17918189	16013587	245106	331991	14685
黑龙江	11427315	10347248	131954	76870	5270
上海	58121461	53705927	183513	485398	71229
江苏	242943504	218712368	3321614	1517502	194734
浙江	165770288	154387632	1086996	1829608	190442
安徽	54647532	49221634	587377	662729	30252
福建	88509596	79969642	1550455	1042555	49281
江西	52361558	47445800	971044	821840	17795
山东	91963643	82911792	876687	1519634	95714
河南	77467275	66958295	1787342	1574296	70256
湖北	85709509	74987814	1471036	829511	24526
湖南	67607059	60680874	1418935	562769	62547
广东	117585052	106187056	923249	1864668	153146
广西	32663112	30302144	415302	442178	19838
海南	4029771	3732140	35932	72633	1624
重庆	54422543	48428846	798588	938397	67120
四川	103680357	92631504	1342377	2574079	64484
贵州	24196264	21979353	204898	592183	16236
云南	40316932	35824401	549169	550907	24545
西藏	2343159	2070841	21602	35548	1051
陕西	42519386	38284654	565247	556505	22693
甘肃	16453041	15071938	167006	517579	16611
青海	2871942	2678326	19426	109935	1610
宁夏	5202917	4786078	29820	78954	9371
新疆	16585806	15379094	161206	255540	12750

3-29 各地区地方建筑业企业费用情况

单位：万元

地 区	管理费用	销售费用	财务费用		
				#利息收入	#利息支出
全国总计	**53915026**	**6673221**	**11694473**	**1716586**	**8985028**
北 京	2541298	373556	374561	174613	472659
天 津	949618	77543	210982	47241	143884
河 北	1110934	80183	254709	28894	186712
山 西	1270344	71367	222104	66086	226881
内蒙古	502741	34169	160173	5556	98716
辽 宁	1432718	94736	276092	4450	211114
吉 林	605450	37666	149241	5406	103191
黑龙江	469574	34621	67605	17392	41267
上 海	2635532	170032	164557	121462	191433
江 苏	7102588	1076885	1581475	169965	1118960
浙 江	4229771	380158	982007	104695	808851
安 徽	1810841	328072	571335	39203	404809
福 建	2547888	282704	361296	30754	292086
江 西	1270589	220796	266800	14057	193662
山 东	3061736	265896	767313	57562	545780
河 南	2638477	430639	550174	74036	308433
湖 北	2504332	447834	513838	30521	347901
湖 南	2278272	332746	308627	80330	244492
广 东	4349331	492199	1007986	65330	711600
广 西	955118	48167	187195	14972	164886
海 南	90283	3153	9777	741	10789
重 庆	1684444	254422	514825	46186	507448
四 川	3362265	631933	992797	259281	709013
贵 州	553560	36052	233924	12796	180809
云 南	1302871	206285	377597	103969	233637
西 藏	92166	5577	7100	5135	8887
陕 西	1202667	162235	239330	39269	198583
甘 肃	515695	62099	155029	71335	183608
青 海	121635	5393	17750	601	7500
宁 夏	192247	6782	44526	3247	14762
新 疆	530044	19322	123749	21503	112679

3-30 各地区地方建筑业企业利润及税金情况

单位：万元

地区	利润总额	#应交所得税	税金总额	主营业务税金及附加	应交增值税
全国总计	**66673650**	**15287673**	**67380256**	**19978255**	**47402001**
北京	879299	244918	1125190	176080	949110
天津	257431	105351	419366	76977	342389
河北	1202770	355631	1303020	331925	971095
山西	621146	141643	893984	168238	725746
内蒙古	429193	127799	482714	109753	372961
辽宁	948206	305690	1073977	249403	824574
吉林	856999	289579	903367	245106	658261
黑龙江	340270	107920	528639	131954	396685
上海	1412102	282596	1365694	183513	1182181
江苏	11342010	2521217	10867750	3321614	7546136
浙江	4856096	1237680	5255071	1086996	4168075
安徽	2165875	460247	2204558	587377	1617181
福建	3726919	1066936	4143117	1550455	2592662
江西	2198533	471471	2207295	971044	1236251
山东	3481577	774859	3245051	876687	2368365
河南	4920525	919412	4576626	1787342	2789284
湖北	5313211	1199800	4524062	1471036	3053026
湖南	2676897	472978	3504080	1418935	2085145
广东	4471587	1069234	4023806	923249	3100556
广西	830318	301669	1268967	415302	853665
海南	149506	80504	209943	35932	174011
重庆	2770185	541290	2602601	798588	1804013
四川	4678955	919704	4342114	1342377	2999737
贵州	1084676	218487	939061	204898	734163
云南	2120955	414484	1888087	549169	1338918
西藏	211160	21282	90446	21602	68843
陕西	1537170	275986	1856542	565247	1291295
甘肃	553216	120362	642474	167006	475469
青海	45984	11146	116683	19426	97257
宁夏	138935	54780	180490	29820	150670
新疆	451946	173020	595484	161206	434278

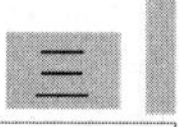

3-31 各地区地方建筑业企业应收工程款及企业亏损情况

地区	应收工程款(万元)	企业个数(个)	#亏损企业个数	亏损企业的比重(%)
全国总计	**429484943**	**95218**	**14220**	**14.9**
北京	17163957	2485	739	29.7
天津	9609815	1760	399	22.7
河北	13991328	2499	428	17.1
山西	11601068	2641	600	22.7
内蒙古	6334698	1016	225	22.2
辽宁	13445481	5281	1396	26.4
吉林	8931219	2307	366	15.9
黑龙江	4952438	1698	432	25.4
上海	15733067	2463	464	18.8
江苏	57801501	9264	543	5.9
浙江	29449874	6755	1092	16.2
安徽	14947363	3818	342	9.0
福建	12920715	4854	430	8.9
江西	9091100	2628	246	9.4
山东	32935725	6784	1092	16.1
河南	16001110	6194	686	11.1
湖北	17615008	4170	300	7.2
湖南	9550683	2554	210	8.2
广东	29948274	5741	966	16.8
广西	4700782	1385	252	18.2
海南	890985	199	35	17.6
重庆	13480249	2766	370	13.4
四川	23611968	5402	606	11.2
贵州	9963865	1193	234	19.6
云南	13487686	2842	438	15.4
西藏	829411	283	20	7.1
陕西	11705979	2618	400	15.3
甘肃	6311968	1433	251	17.5
青海	842807	378	107	28.3
宁夏	2910709	688	210	30.5
新疆	8724110	1119	341	30.5

3-32 各地区地方建筑业企业主要经济效益指标

地　区	产值利润率(%)	产值利税率(%)	资本利润率(%)	资本利税率(%)	人均利润(元/人)	人均利税(元/人)	资产负债率(%)
全国总计	**3.6**	**7.3**	**20.7**	**41.6**	**12485**	**25103**	**64.8**
北　京	2.1	4.8	8.5	19.4	9353	21322	76.8
天　津	1.6	4.2	3.3	8.7	4236	11136	72.1
河　北	2.6	5.5	13.6	28.4	11873	24735	69.5
山　西	2.3	5.5	8.5	20.8	7854	19157	72.7
内蒙古	4.5	9.5	11.0	23.4	14018	29783	67.1
辽　宁	3.5	7.5	9.8	20.8	10977	23411	66.7
吉　林	4.7	9.6	17.1	35.2	19026	39081	61.9
黑龙江	3.2	8.0	7.5	19.2	9288	23719	66.3
上　海	3.2	6.3	15.6	30.8	14478	28480	76.6
江　苏	3.8	7.5	33.1	64.8	13018	25491	55.5
浙　江	2.4	5.0	18.5	38.5	7285	15169	61.5
安　徽	3.3	6.8	21.2	42.8	11271	22742	64.1
福　建	3.5	7.5	23.2	49.1	9536	20137	54.9
江　西	3.4	6.9	18.9	37.8	12459	24968	66.6
山　东	3.6	6.9	17.6	34.1	11753	22708	70.2
河　南	5.6	10.8	27.1	52.4	19392	37429	51.2
湖　北	5.6	10.3	38.9	72.0	28692	53122	57.1
湖　南	3.5	8.1	24.2	55.9	11763	27162	53.3
广　东	4.1	7.8	20.1	38.1	17156	32595	67.9
广　西	2.1	5.2	16.5	41.8	7201	18206	62.4
海　南	4.2	10.1	19.3	46.4	20404	49057	62.3
重　庆	4.3	8.4	32.2	62.4	14121	27387	68.7
四　川	3.7	7.1	21.0	40.4	11261	21712	68.0
贵　州	4.3	8.0	24.8	46.2	14892	27785	71.3
云　南	4.5	8.4	20.6	38.9	15082	28509	64.4
西　藏	13.6	19.4	34.5	49.2	51472	73519	54.0
陕　西	3.3	7.3	15.4	34.0	13455	29706	64.4
甘　肃	3.4	7.3	13.8	29.7	10935	23635	69.4
青　海	1.8	6.5	4.0	14.2	5846	20682	62.9
宁　夏	2.8	6.4	8.5	19.5	7450	17127	68.9
新　疆	2.9	6.7	13.9	32.1	10072	23344	72.7

四、按资质等级分组的建筑业企业

4-1 各地区总承包建筑业企业签订合同情况

单位：万元

地　区	签订合同额	上年结转合同额	本年新签合同额
全国总计	**4565783825**	**2103273964**	**2462509861**
北　京	336402593	194888837	141513756
天　津	108808626	60858700	47949926
河　北	121368436	58127849	63240587
山　西	85630751	38229884	47400867
内蒙古	24604123	11981611	12622512
辽　宁	66646883	33609783	33037101
吉　林	34083681	15337065	18746616
黑龙江	22499649	9348095	13151554
上　海	210960974	105607976	105352998
江　苏	458997923	191569122	267428801
浙　江	389523473	159844182	229679291
安　徽	140339600	60134570	80205030
福　建	208111944	81592739	126519205
江　西	120571258	52327763	68243495
山　东	218399416	88397198	130002218
河　南	207420114	88640047	118780067
湖　北	324197901	150232601	173965300
湖　南	205746539	101212625	104533914
广　东	337221015	175239981	161981035
广　西	84730536	37091708	47638828
海　南	8470426	4647792	3822635
重　庆	129633087	59045030	70588057
四　川	272536110	123180088	149356022
贵　州	84626532	41278360	43348172
云　南	107971035	42531969	65439066
西　藏	3645498	1082365	2563133
陕　西	145731307	68570522	77160786
甘　肃	33816695	14173429	19643266
青　海	10498179	5816548	4681631
宁　夏	8540887	3441329	5099558
新　疆	54048634	25234197	28814438

4-2 各地区总承包建筑业企业承包工程完成情况

单位：万元

地区	直接从建设单位承揽工程完成的产值	自行完成施工产值	分包出去工程的产值	从建设单位以外承揽工程完成的产值
全国总计	**2028573833**	**1963056205**	**65517628**	**86058124**
北京	100998593	81857261	19141332	14298752
天津	33425056	30438341	2986716	1408200
河北	53174070	52341671	832399	1427600
山西	37143332	36912344	230988	636090
内蒙古	10161442	10118964	42478	124036
辽宁	29310939	28987099	323840	1559518
吉林	17758624	17620243	138381	496304
黑龙江	11139764	10914074	225690	51839
上海	63935841	54312781	9623060	5252412
江苏	262718089	261574585	1143504	16359882
浙江	185955897	182621452	3334445	5298672
安徽	71040425	70400657	639769	1484128
福建	104400145	104134106	266040	2357511
江西	63512882	62616480	896403	2769809
山东	109094030	108143591	950439	1251992
河南	98926526	98101260	825266	2940627
湖北	142671243	141223138	1448105	2347098
湖南	87813076	86988606	824470	2338132
广东	115626975	103855760	11771216	6073595
广西	43065907	41465716	1600191	1166749
海南	3213026	3207329	5697	34801
重庆	67478940	65966495	1512445	2309716
四川	123235405	121155757	2079648	6822295
贵州	32196110	31904117	291993	459703
云南	49033778	48448857	584921	1286428
西藏	1772142	1705872	66269	43502
陕西	63552689	60555462	2997228	4294949
甘肃	17380900	17046389	334511	140796
青海	3633155	3560441	72714	528594
宁夏	5345398	5187138	158261	131989
新疆	19859432	19690222	169210	362408

4-3 各地区总承包企业建筑业总产值和竣工产值

单位：万元

地区	建筑业总产值	#装饰装修产值	#在外省完成的产值	按构成分组			竣工产值
				建筑工程产值	安装工程产值	其他产值	
全国总计	**2049114330**	**60589205**	**701970329**	**1846067506**	**139735756**	**63311068**	**1088358098**
北京	96156013	5152017	71791652	91876141	3463409	816462	37985341
天津	31846541	106221	20456941	29483247	1927578	435716	14276221
河北	53769271	1718814	17663076	44963562	6445867	2359842	25027742
山西	37548434	812650	13581885	33194661	3526040	827732	13368871
内蒙古	10242999	227224	1364572	8985014	400271	857715	5321298
辽宁	30546617	659721	9198328	26462466	3228858	855293	14296941
吉林	18116547	418470	3123033	15583608	1476441	1056498	11162849
黑龙江	10965913	134623	2181818	8894642	1769870	301402	6298220
上海	59565193	2293515	35724508	52099876	6041886	1423431	30477984
江苏	277934466	3691238	130790199	263391644	12367939	2174883	203948995
浙江	187920124	9355830	76342286	170368478	12772636	4779010	114722248
安徽	71884785	1461057	17800562	63498284	4257177	4129325	32064868
福建	106491617	2378231	46201930	100385797	5208096	897724	71362734
江西	65386288	2440332	22973675	56306262	4632430	4447596	36335001
山东	109395583	3738395	21509553	95310537	12113003	1972044	49543884
河南	101041888	2480102	23886821	88165637	7760626	5115625	47591303
湖北	143570237	3920627	54374300	129570563	10362988	3636685	86353349
湖南	89326738	3158832	27312955	78805537	5207727	5313475	47302801
广东	109929354	3800388	19519235	99567888	7542164	2819303	48594856
广西	42632465	1287097	7107335	37602043	3038575	1991847	22017675
海南	3242130	216959	91578	2943135	133537	165458	2099564
重庆	68276211	1867118	14079488	63080540	3214790	1980882	32586085
四川	127978052	4167357	25781190	111334461	9803116	6840475	56814037
贵州	32363820	719761	7313218	28043770	2672140	1647910	12568445
云南	49735285	1017886	3501275	46533177	1901095	1301013	20479062
西藏	1749374	58194	41896	1623443	79760	46172	973530
陕西	64850411	2551109	20249036	57753572	4938180	2158660	22280964
甘肃	17187185	303514	2937509	14638780	1722963	825442	7982905
青海	4089035	24516	1546425	3485046	457320	146669	1295197
宁夏	5319126	101994	453576	4878887	345563	94676	3046101
新疆	20052629	325414	3070475	17236811	923712	1892107	10179029

4-4 各地区总承包建筑业企业房屋建筑面积

地 区	房屋施工面积(万平方米)	#本年新开工	房屋竣工面积(万平方米)	房屋竣工率(%)
全国总计	**1352886**	**530357**	**402260**	**29.7**
北 京	71567	22073	9830	13.7
天 津	12618	3955	2223	17.6
河 北	35065	13583	8980	25.6
山 西	16466	5542	3640	22.1
内蒙古	5396	2579	1817	33.7
辽 宁	13611	5239	4710	34.6
吉 林	8081	4159	3027	37.5
黑龙江	3709	1767	1456	39.3
上 海	47113	15408	7744	16.4
江 苏	247515	93386	75531	30.5
浙 江	172604	66714	52375	30.3
安 徽	46482	17583	15726	33.8
福 建	71585	24481	17374	24.3
江 西	32789	16590	15356	46.8
山 东	76155	32784	21208	27.9
河 南	62698	27591	19951	31.8
湖 北	87394	39350	32286	36.9
湖 南	58786	24247	19776	33.6
广 东	73322	26081	18070	24.6
广 西	26046	8831	8437	32.4
海 南	2219	671	620	27.9
重 庆	32880	13653	12302	37.4
四 川	62200	29368	23851	38.4
贵 州	16362	5727	4881	29.8
云 南	18687	9434	7082	37.9
西 藏	566	215	223	39.3
陕 西	29316	10647	6914	23.6
甘 肃	10003	4046	2665	26.7
青 海	906	348	366	40.4
宁 夏	2432	1143	853	35.1
新 疆	8314	3163	2986	35.9

4-5 各地区按主要用途分的总承包建筑业企业房屋竣工面积

单位：万平方米

地　区	总计	住宅房屋	商业及服务用房屋	办公用房　屋	科研、教育和医疗用房屋
全国总计	**402259.6**	**273381.2**	**27472.5**	**20484.5**	**18203.0**
北　京	9829.7	6067.8	1595.7	723.7	325.8
天　津	2223.2	1354.2	188.6	40.3	158.1
河　北	8980.2	6593.0	412.8	302.1	506.3
山　西	3639.8	2608.9	206.0	164.4	175.0
内蒙古	1816.7	1449.6	31.8	49.7	79.9
辽　宁	4709.8	3472.7	224.8	125.8	169.0
吉　林	3026.7	1987.9	157.2	173.8	95.6
黑龙江	1456.0	1034.2	66.4	89.1	48.1
上　海	7744.5	4243.8	929.4	617.7	392.0
江　苏	75531.2	54856.9	2865.8	2981.3	2145.7
浙　江	52375.2	30921.0	4058.6	3091.7	1929.8
安　徽	15725.6	10831.9	868.3	698.2	703.0
福　建	17374.2	11451.7	1209.6	1003.1	612.1
江　西	15355.7	10034.5	1235.1	904.8	761.3
山　东	21208.0	14842.3	1325.9	1198.6	1286.2
河　南	19950.6	14392.7	1136.4	1239.8	1161.3
湖　北	32285.9	22576.6	2873.2	1521.0	1256.5
湖　南	19775.8	13418.6	1431.3	1182.8	1292.7
广　东	18070.3	12631.2	1041.1	841.3	607.9
广　西	8436.8	5229.2	549.2	629.9	875.3
海　南	619.6	387.5	70.3	33.1	64.1
重　庆	12302.5	8675.8	873.2	589.7	401.3
四　川	23851.4	17646.1	2002.4	738.9	847.1
贵　州	4880.9	3201.8	449.6	237.9	482.8
云　南	7082.1	4507.4	612.0	459.9	745.0
西　藏	222.5	115.9	21.8	24.9	12.1
陕　西	6913.7	4766.5	445.6	362.4	479.1
甘　肃	2665.4	1837.7	245.1	108.9	213.6
青　海	365.6	207.5	30.6	42.3	25.4
宁　夏	853.5	475.4	91.3	23.1	84.1
新　疆	2986.3	1560.8	223.1	284.2	266.6

4-5 续表 单位：万平方米

地区	文化、体育和娱乐用房屋	厂房及建筑物	仓库	其他未列明的房屋建筑物
全国总计	**3904.6**	**46856.7**	**2953.1**	**9004.0**
北京	126.8	582.5	129.3	278.2
天津	31.7	292.9	16.5	140.8
河北	75.0	772.9	39.9	278.2
山西	30.4	296.0	9.7	149.3
内蒙古	15.7	93.6	3.6	92.8
辽宁	7.5	540.8	34.6	134.6
吉林	31.9	415.4	42.2	122.8
黑龙江	4.9	125.0	52.2	36.2
上海	114.5	1251.8	82.1	113.3
江苏	725.9	10319.6	670.4	965.6
浙江	553.1	10460.5	488.4	872.0
安徽	83.9	2106.6	85.9	347.8
福建	139.4	2802.1	106.5	49.7
江西	218.7	1729.0	149.2	323.1
山东	199.3	1971.3	130.1	254.2
河南	192.9	1279.0	214.7	333.9
湖北	292.5	3108.8	195.6	461.6
湖南	226.6	1573.9	109.5	540.5
广东	122.3	2109.8	95.1	621.5
广西	207.6	591.8	48.8	305.1
海南	10.5	5.9	5.1	43.2
重庆	61.7	1150.7	51.4	498.8
四川	127.0	1587.3	79.3	823.4
贵州	24.5	259.2	10.1	214.9
云南	117.1	336.1	17.3	287.2
西藏	4.2	16.1	1.1	26.4
陕西	88.7	507.9	44.8	218.6
甘肃	28.5	126.5	19.7	85.4
青海	6.2	25.4	0.5	27.6
宁夏	2.3	87.0	2.9	87.3
新疆	33.4	331.3	16.6	270.2

4-6 各地区按主要用途分的总承包建筑业企业房屋竣工价值

单位：万元

地区	总计	住宅房屋	商业及服务用房屋	办公用房屋	科研、教育和医疗用房屋
全国总计	**698834940**	**462548234**	**53736623**	**41483911**	**37023664**
北京	24576269	13347722	4334546	2470561	1104683
天津	5307779	2986392	436507	174821	513481
河北	14194022	9925892	758557	483790	1019544
山西	6689475	4516099	435619	392217	413645
内蒙古	3091266	2438176	49233	99454	192771
辽宁	7282693	5374574	373020	231590	296364
吉林	5284356	3314878	283068	417348	215457
黑龙江	2227326	1515721	107352	167906	101648
上海	17865645	8518221	2389471	1790283	1235494
江苏	146884480	106618530	5774328	6638530	5238231
浙江	90714973	54788941	8183242	5589950	4198226
安徽	21318116	14714948	1448662	892254	1017554
福建	31281287	21349752	2319427	1718893	1181618
江西	22627622	13985508	1758024	1881795	1404417
山东	33853743	23067164	2331639	1906430	2438358
河南	27121920	19143340	1674863	1667644	1566234
湖北	51662340	34084965	5827523	3218505	2235065
湖南	31156318	20119085	2318259	2095681	2366873
广东	31276994	21538448	2196509	1726248	1306521
广西	14210259	8594999	876197	1009479	1588584
海南	1249200	725633	180565	61994	152671
重庆	20318202	14186932	1509570	982825	724436
四川	39428776	28622630	3931315	1292822	1754860
贵州	8335236	4882694	839094	594394	939718
云南	13306821	8577783	1046477	813044	1455392
西藏	477367	266436	44604	64071	21379
陕西	12641697	8115265	813123	771264	1035486
甘肃	5450868	3417808	844453	204249	457884
青海	683854	330009	68715	97672	58931
宁夏	1376333	723714	169513	49276	192786
新疆	6939704	2755975	413151	1978923	595354

4-6 续表 单位：万元

地区	文化、体育和娱乐用房屋	厂房及建筑物	仓库	其他未列明的房屋建筑物
全国总计	**9231358**	**71622607**	**4806951**	**18381594**
北京	596796	1529622	274932	917407
天津	115808	502371	41922	536476
河北	103227	1190972	60354	651686
山西	88959	496421	18260	328256
内蒙古	27403	130372	5456	148400
辽宁	13763	728758	43617	221006
吉林	50096	701726	55652	246132
黑龙江	14788	186256	56700	76956
上海	626503	2659271	193215	453186
江苏	1661362	17558337	1218059	2177104
浙江	1439536	13899517	751413	1864148
安徽	144849	2546680	109062	444108
福建	309671	4144389	180081	77456
江西	335097	2540825	279092	442864
山东	693742	2792892	190265	433254
河南	271849	1959987	266405	571598
湖北	505515	4599942	223139	967685
湖南	534550	2421629	195666	1104575
广东	271670	3080302	161818	995478
广西	317500	962727	77953	782821
海南	22494	12971	8943	83930
重庆	100361	1859299	72165	882614
四川	226259	2191689	124651	1284550
贵州	46847	395950	17883	618656
云南	261352	536663	37258	578854
西藏	7505	15148	3261	54963
陕西	295061	955095	83454	572950
甘肃	58548	244120	12962	210843
青海	16482	52513	990	58543
宁夏	5194	132726	4231	98894
新疆	68574	593438	38091	496199

4-7 各地区总承包建筑业企业主要生产效益指标

地区	建筑业企业个数（个）	从事建筑业活动的平均人数（人）	按建筑业总产值计算的劳动生产率（元/人）	人均竣工产值（元/人）	人均施工面积（平方米/人）	人均竣工面积（平方米/人）
全国总计	**64673**	**53189815**	**385246**	**204618**	**254.4**	**75.6**
北京	959	1627628	590774	233379	439.7	60.4
天津	714	632302	503660	225782	199.6	35.2
河北	1833	1030049	522007	242976	340.4	87.2
山西	1502	975673	384847	137022	168.8	37.3
内蒙古	864	313439	326794	169771	172.2	58.0
辽宁	2722	822383	371440	173848	165.5	57.3
吉林	1502	414208	437378	269499	195.1	73.1
黑龙江	1221	370866	295684	169825	100.0	39.3
上海	1261	1018844	584635	299143	462.4	76.0
江苏	5676	7846975	354193	259908	315.4	96.3
浙江	4903	6198967	303147	185067	278.4	84.5
安徽	2767	1857677	386961	172607	250.2	84.7
福建	3658	3891533	273650	183379	184.0	44.7
江西	2273	1518276	430661	239317	216.0	101.1
山东	4738	3030564	360974	163481	251.3	70.0
河南	3771	2525789	400041	188422	248.2	79.0
湖北	3010	2076037	691559	415953	421.0	155.5
湖南	2061	2417242	369540	195689	243.2	81.8
广东	3358	2366063	464609	205383	309.9	76.4
广西	1150	1178639	361709	186806	221.0	71.6
海南	154	65669	493708	319719	337.9	94.4
重庆	1839	1844142	370233	176701	178.3	66.7
四川	4345	3976944	321800	142859	156.4	60.0
贵州	1018	859689	376460	146198	190.3	56.8
云南	2099	1393908	356805	146918	134.1	50.8
西藏	272	46537	375910	209195	121.7	47.8
陕西	2153	1501933	431780	148349	195.2	46.0
甘肃	1124	514194	334255	155251	194.5	51.8
青海	284	90865	450012	142541	99.7	40.2
宁夏	543	192284	276629	158417	126.5	44.4
新疆	899	590496	339590	172381	140.8	50.6

4-8 各地区总承包建筑业企业资产构成

单位：万元

地区	资产合计	#流动资产合计	#存货
全国总计	**2099447005**	**1628909493**	**308158683**
北京	251472481	157128929	16979227
天津	60538881	47392608	6374099
河北	60464823	50579416	12514191
山西	54070357	42692351	5213756
内蒙古	21056957	16836175	1865473
辽宁	50027860	42031572	5809069
吉林	23533280	18649805	2540156
黑龙江	18178301	15076571	2351239
上海	94653383	77441782	15625108
江苏	176314809	147816048	37227987
浙江	118723174	98226620	26575243
安徽	63960417	49442946	8300489
福建	57729898	47844410	9520341
江西	56669574	47340479	7308395
山东	126965714	106224658	22035898
河南	87679163	65072083	11440879
湖北	122320648	93135735	24090116
湖南	58381056	41885683	8059557
广东	151201500	114086890	19654762
广西	27622859	21982810	3427814
海南	2962818	2503009	116975
重庆	55553821	44938161	10243651
四川	114095273	89037959	19509131
贵州	50997986	41282969	7902699
云南	57100176	40499599	6349633
西藏	3503166	2596070	259490
陕西	65981482	52614544	8015734
甘肃	23493956	18245835	3978566
青海	6511193	4906848	970501
宁夏	7510217	6618271	916190
新疆	30171784	24778661	2982316

4-9 各地区总承包建筑业企业固定资产情况

单位：万元

地区	固定资产原价	固定资产折旧	#本年折旧	在建工程
全国总计	**188765153**	**84725657**	**13630079**	**22935509**
北京	7624090	4047534	659954	527313
天津	5050739	2642111	309087	251136
河北	7371264	3695336	607993	467463
山西	6026814	3069991	520375	451888
内蒙古	2333999	1077834	181743	372428
辽宁	5876178	3087310	343649	323719
吉林	2512924	1054928	142308	1426135
黑龙江	2579387	1243101	132346	116726
上海	6653646	3621867	367829	313150
江苏	19944208	8302453	1168983	1247280
浙江	12153632	5463589	775879	942961
安徽	6253765	2620779	450559	946937
福建	6077890	2441424	450358	303841
江西	4315177	1624907	326008	622915
山东	13029730	6042424	874136	774376
河南	12080230	4788763	1015265	1361575
湖北	14769958	6671384	1498742	3761383
湖南	6263539	2576778	445732	1245743
广东	9959050	4695222	549860	1063884
广西	2249935	958391	174924	288569
海南	117697	53214	14069	43514
重庆	4376419	1925438	326666	719333
四川	9095374	3841112	663019	2259546
贵州	1977643	688795	122270	943743
云南	4994251	2113056	381906	554665
西藏	314006	115405	13370	30600
陕西	7486101	3310063	728982	613931
甘肃	2819554	877762	126013	320453
青海	997658	479292	56918	76150
宁夏	718486	320409	34643	59921
新疆	2741808	1274986	166496	504230

4-10 各地区总承包建筑业企业负债及所有者权益

单位：万元

地　区	负债合计	#流动负债	#应付账款	所有者权益	#实收资本
全国总计	**1444772695**	**1281224337**	**495256104**	**654450219**	**338691285**
北　京	173249083	154434939	55137662	78223398	28715470
天　津	48601297	45459515	20154214	11937590	8939936
河　北	44328425	40880679	17048909	16136399	9667672
山　西	42138196	38918254	18084878	11932161	8091826
内蒙古	14683494	13795245	4226927	6373463	3893048
辽　宁	36595528	33198184	11789993	13431424	8553637
吉　林	15382447	13710581	5467289	8150832	4358961
黑龙江	12917791	12031333	4536053	5260510	4353729
上　海	74604578	69845813	29307711	20048805	11057226
江　苏	101292909	92824922	35060882	75021900	29325438
浙　江	73442341	69371090	24122538	45280833	23199020
安　徽	43730570	38290726	14088648	20229847	10364352
福　建	33924396	30133259	10562953	23805502	14577434
江　西	39014458	22573717	8328481	17686098	11289573
山　东	93289830	86425348	33963324	33675884	19530623
河　南	52866008	47323383	17876848	34813338	17044924
湖　北	85403912	73508584	33266676	36648010	16136915
湖　南	36495481	30216317	12358639	21885575	12109422
广　东	108690810	94117433	32238909	42510816	22111076
广　西	18487050	15692987	4975827	9137127	5663286
海　南	1864473	1613628	662773	1098345	681341
重　庆	39477373	34352654	13845358	16076448	8573677
四　川	78816555	68085276	25845672	35272583	22132455
贵　州	37427909	30914041	11659631	13570077	5311982
云　南	38423097	33021097	12653226	18675978	9984745
西　藏	1977942	1472369	517784	1537760	696548
陕　西	48152183	44467346	20151915	17829977	11769497
甘　肃	16810281	15004345	6209811	6683674	3816363
青　海	4426872	4044723	1660372	2084320	1254631
宁　夏	5315288	4993522	1927007	2205996	1524568
新　疆	22942118	20503027	7525198	7225551	3961909

4-11 各地区总承包建筑业企业实收资本

单位：万元

地区	合计	国家资本	集体资本	法人资本	个人资本	港澳台资本	外商资本
全国总计	**338707900**	**80203455**	**10127046**	**111234544**	**135746753**	**536877**	**859225**
北京	28715470	11387219	325310	13314803	3611704	28165	48270
天津	8939936	3022423	243622	4426643	1246330		918
河北	9667672	2782537	313217	2557940	4013977		
山西	8091826	2819068	204999	2555655	2512003	101	1
内蒙古	3893048	626805	94381	940059	2231390		413
辽宁	8553637	1579762	362768	3149559	3454850	2570	4127
吉林	4358961	344862	156138	1737499	2112463	8000	0
黑龙江	4353729	1214923	225936	1295778	1616455	2	636
上海	11057226	2143356	346216	6042881	2350502	95183	79089
江苏	29325438	2457057	639053	8572281	17504444	77967	74636
浙江	23199020	1067962	393069	7233055	14455778	48633	522
安徽	10364352	1685751	354888	3557008	4758508	8197	
福建	14577434	1108043	190034	3519027	9724164	26128	10038
江西	11289573	1719867	366991	2525317	6656443	191	20765
山东	19530623	4478750	1119217	6601304	7317481	3177	10695
河南	17061539	3316814	630677	4949466	8127891	31522	5171
湖北	16136915	5478373	434990	3176735	7009894	529	36395
湖南	12109422	3170331	420344	4730413	3782599	5717	19
广东	22111076	6466767	840654	7673190	6599499	8665	522302
广西	5663286	2150549	278474	1283760	1950504	0	0
海南	681341	185476	13806	202200	279860		
重庆	8573677	2191522	123191	2204543	3867987	185646	789
四川	22132455	5997283	616217	6948446	8568202	796	1512
贵州	5311982	2651176	187697	1358636	1114314	56	103
云南	9984745	4581017	269418	2172323	2933464	3923	24600
西藏	696548	180249	12192	220781	282926	300	100
陕西	11769497	2728887	566449	4613996	3856087	1310	2769
甘肃	3816363	766130	183701	1665846	1200529	100	58
青海	1254631	505627	38911	345692	364401		
宁夏	1524568	131602	64759	464611	848296		15300
新疆	3961909	1263269	109729	1195100	1393810		

4-12 各地区总承包建筑业企业收入情况

单位：万元

地区	主营业务收入	#主营业务成本	#主营业务税金及附加	其他业务收入	#其他业务利润
全国总计	**1879623338**	**1715790141**	**19292299**	**21960825**	**1566335**
北京	117081863	109541500	285954	897331	128259
天津	33231433	30821218	90620	384747	42625
河北	47422919	43890088	347163	636276	58793
山西	37262045	34509060	178670	574263	41969
内蒙古	11686627	10452348	106691	181878	9783
辽宁	28566897	25870687	259051	1217545	33421
吉林	17297932	15621413	224590	307938	14263
黑龙江	11721723	10866690	122491	77866	3877
上海	76825271	71611027	209780	377958	94126
江苏	224923167	204044960	3021035	1300231	160665
浙江	151550930	141793781	1016383	1390463	156527
安徽	61271406	56013117	554143	689227	36473
福建	89411810	81443741	1490104	908617	39012
江西	53502946	48721924	901169	831320	16229
山东	105576028	96378254	843785	1355260	83428
河南	90837212	80536573	1580472	1375373	66790
湖北	134246986	119451557	1681437	1012407	71946
湖南	79897218	72430406	1403184	491066	68285
广东	116536070	106874485	837171	1486363	177508
广西	35122247	32635208	323281	415224	20946
海南	3711493	3450555	33365	67486	406
重庆	57207176	51230231	779401	792717	59738
四川	105168396	94261928	1277097	2347684	63050
贵州	30850982	28326051	207886	656219	14448
云南	42880433	38387643	524409	463095	25578
西藏	2681339	2399548	21745	34998	882
陕西	64669623	59292027	579348	713918	31381
甘肃	16952450	15614164	163842	516550	17351
青海	4834878	4445638	29947	123736	1848
宁夏	5453503	5042030	29763	75290	10005
新疆	21240339	19832289	168322	257780	16726

4-13 各地区总承包建筑业企业费用情况

单位：万元

地区	管理费用	销售费用	财务费用	#利息收入	#利息支出
全国总计	**57184527**	**5074618**	**13901732**	**3917296**	**13034168**
北京	4357297	128496	1280778	1228459	2142629
天津	1505537	58710	387886	206508	462833
河北	1497753	80548	308737	40318	280497
山西	1501741	42676	258051	141064	332977
内蒙古	466976	19565	185450	6573	123445
辽宁	1248993	33049	331504	39402	293218
吉林	478150	22230	143947	7966	107946
黑龙江	414469	23866	56267	17271	42980
上海	3019709	117259	371531	211902	388039
江苏	5909092	726213	1483428	169975	1075737
浙江	3458256	254368	869710	104619	723571
安徽	1807043	189851	560813	63796	425296
福建	2286795	212021	367683	43200	304637
江西	1220910	198047	268492	24643	203222
山东	3110577	190862	809718	112018	637974
河南	2777951	341942	639708	164050	520011
湖北	4363467	608287	903770	166351	806699
湖南	2525008	286589	451655	160843	420440
广东	3662269	231317	989487	140015	820630
广西	973983	42562	286786	19569	266685
海南	73140	1955	8648	763	10133
重庆	1660358	242112	533333	77167	541168
四川	3442645	583048	992900	301202	752457
贵州	662621	36169	280240	53132	260351
云南	1231790	163597	403250	121193	294375
西藏	94037	5442	8971	7827	9542
陕西	1887103	158639	315768	147230	363036
甘肃	483116	52119	154595	71945	184915
青海	258896	2644	20824	2531	26481
宁夏	180065	5888	46201	3203	17031
新疆	624781	14548	181604	62561	195213

4-14 各地区总承包建筑业企业利润及税金情况

单位：万元

地　区	利润总额	#应交所得税	税金总额	主营业务税金及附加	应交增值税
全国总计	**70459094**	**15131320**	**67549863**	**19292299**	**48257564**
北　京	4553047	510263	1581862	285954	1295908
天　津	578886	120787	461366	90620	370746
河　北	1254111	368523	1458241	347163	1111078
山　西	830657	142967	938001	178670	759331
内蒙古	415023	122442	497036	106691	390345
辽　宁	791561	279446	1093856	259051	834804
吉　林	772906	265539	855902	224590	631313
黑龙江	132892	96817	492509	122491	370018
上　海	1861628	302936	1395869	209780	1186088
江　苏	9934286	2247422	10024267	3021035	7003232
浙　江	4284424	1115472	4866871	1016383	3850488
安　徽	2180407	440931	2192465	554143	1638322
福　建	3539724	1020447	4058370	1490104	2568266
江　西	2137138	465069	2101924	901169	1200755
山　东	3602438	752769	3340805	843785	2497020
河　南	4606453	842264	4440618	1580472	2860146
湖　北	6921927	1442080	5554436	1681437	3872999
湖　南	2930110	496935	3631376	1403184	2228193
广　东	4036414	939783	3577893	837171	2740722
广　西	853267	299389	1169760	323281	846479
海　南	132021	74320	196372	33365	163007
重　庆	2748826	518813	2577969	779401	1798569
四　川	4512243	895685	4431681	1277097	3154585
贵　州	1160745	222095	998087	207886	790201
云　南	2223910	418362	1802710	524409	1278301
西　藏	214290	21432	95231	21745	73486
陕　西	2037399	334416	2000985	579348	1421637
甘　肃	504169	115592	635087	163842	471245
青　海	104296	23355	171963	29947	142016
宁　夏	141294	53496	182454	29763	152691
新　疆	462602	181475	723897	168322	555576

4-15 各地区总承包建筑业企业应收工程款及企业亏损情况

地　区	应收工程款（万元）	企业个数（个）	#亏损企业个数	亏损企业的比重（%）
全国总计	**463612447**	**64673**	**8658**	**13.4**
北　京	30833413	959	258	26.9
天　津	13055838	714	148	20.7
河　北	15826388	1833	310	16.9
山　西	15484418	1502	329	21.9
内蒙古	6427252	864	189	21.9
辽　宁	13344604	2722	693	25.5
吉　林	8338008	1502	233	15.5
黑龙江	5648208	1221	283	23.2
上　海	18486786	1261	201	15.9
江　苏	50224744	5676	273	4.8
浙　江	24593475	4903	795	16.2
安　徽	16114189	2767	241	8.7
福　建	11971095	3658	291	8.0
江　西	9559760	2273	184	8.1
山　东	33758192	4738	784	16.6
河　南	18731834	3771	315	8.4
湖　北	25956780	3010	151	5.0
湖　南	12141172	2061	154	7.5
广　东	25816843	3358	505	15.0
广　西	5450885	1150	206	17.9
海　南	752092	154	29	18.8
重　庆	13946380	1839	198	10.8
四　川	22751688	4345	441	10.2
贵　州	11314433	1018	196	19.3
云　南	13786272	2099	246	11.7
西　藏	845042	272	18	6.6
陕　西	16881629	2153	301	14.0
甘　肃	6734138	1124	177	15.8
青　海	1185308	284	76	26.8
宁　夏	2960930	543	162	29.8
新　疆	10690654	899	271	30.1

4-16 各地区总承包建筑业企业主要经济效益指标

地　区	产值利润率(%)	产值利税率(%)	资本利润率(%)	资本利税率(%)	人均利润(元/人)	人均利税(元/人)	资产负债率(%)
全国总计	**3.4**	**6.7**	**20.8**	**40.8**	**13247**	**25947**	**68.8**
北　京	4.7	6.4	15.9	21.4	27974	37692	68.9
天　津	1.8	3.3	6.5	11.6	9155	16452	80.3
河　北	2.3	5.0	13.0	28.1	12175	26332	73.3
山　西	2.2	4.7	10.3	21.9	8514	18128	77.9
内蒙古	4.1	8.9	10.7	23.4	13241	29098	69.7
辽　宁	2.6	6.2	9.3	22.0	9625	22926	73.2
吉　林	4.3	9.0	17.7	37.4	18660	39323	65.4
黑龙江	1.2	5.7	3.1	14.4	3583	16863	71.1
上　海	3.1	5.5	16.8	29.5	18272	31972	78.8
江　苏	3.6	7.2	33.9	68.1	12660	25435	57.5
浙　江	2.3	4.9	18.5	39.5	6912	14763	61.9
安　徽	3.0	6.1	21.0	42.2	11737	23539	68.4
福　建	3.3	7.1	24.3	52.1	9096	19525	58.8
江　西	3.3	6.5	18.9	37.6	14076	27920	68.9
山　东	3.3	6.4	18.5	35.6	11887	22911	73.5
河　南	4.6	9.0	27.0	53.1	18238	35819	60.3
湖　北	4.8	8.7	42.9	77.3	33342	60097	69.8
湖　南	3.3	7.4	24.2	54.2	12122	27145	62.5
广　东	3.7	6.9	18.3	34.4	17060	32181	71.9
广　西	2.0	4.8	15.1	35.7	7239	17164	66.9
海　南	4.1	10.1	19.4	48.2	20104	50007	62.9
重　庆	4.0	7.8	32.1	62.1	14906	28885	71.1
四　川	3.5	7.0	20.4	40.4	11346	22489	69.1
贵　州	3.6	6.7	21.9	40.6	13502	25112	73.4
云　南	4.5	8.1	22.3	40.3	15955	28887	67.3
西　藏	12.3	17.7	30.8	44.4	46047	66511	56.5
陕　西	3.1	6.2	17.3	34.3	13565	26888	73.0
甘　肃	2.9	6.6	13.2	29.9	9805	22156	71.6
青　海	2.6	6.8	8.3	22.0	11478	30403	68.0
宁　夏	2.7	6.1	9.3	21.2	7348	16837	70.8
新　疆	2.3	5.9	11.7	30.0	7834	20093	76.0

4-17 各地区按资质等级划分的总承包建筑业企业单位数

单位：个

地区	合计	特级	一级	二级	三级及以下
全国总计	**64673**	**613**	**6751**	**20739**	**36570**
北京	959	57	265	261	376
天津	714	14	129	197	374
河北	1833	11	211	759	852
山西	1502	19	100	399	984
内蒙古	864	3	88	294	479
辽宁	2722	17	218	716	1771
吉林	1502	6	80	356	1060
黑龙江	1221	4	121	509	587
上海	1261	20	173	444	624
江苏	5676	80	668	1889	3039
浙江	4903	66	754	1214	2869
安徽	2767	26	235	782	1724
福建	3658	18	303	670	2667
江西	2273	23	237	688	1325
山东	4738	44	437	1854	2403
河南	3771	24	396	1231	2120
湖北	3010	28	362	1051	1569
湖南	2061	17	232	611	1201
广东	3358	26	377	772	2183
广西	1150	11	96	297	746
海南	154	1	18	53	82
重庆	1839	6	228	585	1020
四川	4345	31	440	1756	2118
贵州	1018	11	57	377	573
云南	2099	8	97	640	1354
西藏	272	1	3	99	169
陕西	2153	29	251	1192	681
甘肃	1124	5	60	353	706
青海	284	1	16	128	139
宁夏	543	1	21	233	288
新疆	899	5	78	329	487

4-18 各地区按资质等级划分的总承包建筑业企业从业人员

单位：人

地区	合计	特级	一级	二级	三级及以下
全国总计	**47919436**	**9820896**	**17580307**	**12006228**	**8512005**
北京	388499	145866	184480	27784	30369
天津	362878	56986	230631	40815	34446
河北	947693	143518	293295	358167	152713
山西	695608	187690	231420	160962	115536
内蒙古	246524	41201	72054	75237	58032
辽宁	592947	24317	208201	189882	170547
吉林	313048	15427	70744	114488	112389
黑龙江	240738	39455	74909	73648	52726
上海	691954	213943	269986	132855	75170
江苏	7195316	2401184	2219072	1593929	981131
浙江	6200785	1826682	2679699	1019602	674802
安徽	1852410	378981	625074	456810	391545
福建	3923907	566075	1677281	875083	805468
江西	1438799	194021	559246	368008	317524
山东	2882558	752447	1030642	702779	396690
河南	2445646	425045	831790	654764	534047
湖北	2037635	475582	683345	563524	315184
湖南	2321053	465930	770666	617676	466781
广东	2330327	255784	1168749	433099	472695
广西	1186863	287571	506899	205751	186642
海南	60197	4389	26279	16115	13414
重庆	1727220	48928	666424	553065	458803
四川	3509700	144283	1081824	1484424	799169
贵州	753425	216947	212005	162486	161987
云南	1179052	138980	332469	358782	348821
西藏	42812	42	1282	24624	16864
陕西	1350470	287697	503517	412471	146785
甘肃	475046	41935	177664	150184	105263
青海	84281	19181	14574	31244	19282
宁夏	92845	564	25714	41679	24888
新疆	349200	20245	150372	106291	72292

4-19 各地区按资质等级划分的总承包企业建筑业总产值

单位：万元

地 区	合计	特级	一级	二级	三级及以下
全国总计	**2049114330**	**596089032**	**787564154**	**394947616**	**270513528**
北 京	96156013	59218809	32195390	2312601	2429214
天 津	31846541	14503353	13437837	2331761	1573590
河 北	53769271	12266429	24991229	12104891	4406722
山 西	37548434	14028596	14181933	5319505	4018400
内蒙古	10242999	1264151	3976325	2798981	2203543
辽 宁	30546617	3405193	12637433	7699927	6804065
吉 林	18116547	1122492	6095621	5693526	5204908
黑龙江	10965913	1692168	4532333	2947771	1793642
上 海	59565193	27815619	21360081	7039546	3349947
江 苏	277934466	112723917	84863798	50411722	29935029
浙 江	187920124	58305786	81958597	28396135	19259605
安 徽	71884785	21651698	25579784	13570321	11082983
福 建	106491617	16826843	44156999	24231798	21275977
江 西	65386288	9958457	33015765	12224992	10187075
山 东	109395583	38871790	41412006	19367428	9744359
河 南	101041888	25727034	36017256	20757020	18540578
湖 北	143570237	57946943	50217868	23902224	11503202
湖 南	89326738	22526584	33062209	19440455	14297490
广 东	109929354	16376060	61957405	16800865	14795024
广 西	42632465	10849816	18602718	7138063	6041868
海 南	3242130	88698	1429904	1064460	659068
重 庆	68276211	4460531	28693236	18511801	16610643
四 川	127978052	15571546	44365130	44021463	24019913
贵 州	32363820	11381099	9997190	6142609	4842922
云 南	49735285	10089783	15566551	11839685	12239267
西 藏	1749374	1340	56589	1241289	450157
陕 西	64850411	22201790	21990885	15103709	5554028
甘 肃	17187185	2032741	8471249	3994819	2688375
青 海	4089035	1404589	911504	1070272	702671
宁 夏	5319126	95698	1971952	2230825	1020651
新 疆	20052629	1679483	9857377	5237154	3278616

4-20 各地区按资质等级划分的总承包建筑业企业签订合同额

单位：万元

地区	合计	特级	一级	二级	三级及以下
全国总计	**4565783825**	**1747223326**	**1778548336**	**637713256**	**402298908**
北京	336402593	246127576	82883038	4300376	3091604
天津	108808626	60942017	41998954	3693947	2173708
河北	121368436	30883415	64727826	19274050	6483146
山西	85630751	43076415	28758968	8067813	5727556
内蒙古	24604123	7832161	7954429	5462248	3355285
辽宁	66646883	13132003	26947586	13536230	13031063
吉林	34083681	2158774	13163182	10589331	8172394
黑龙江	22499649	4947566	10484976	4896163	2170944
上海	210960974	133821589	54870667	14354040	7914679
江苏	458997923	202364157	147432290	71146835	38054642
浙江	389523473	140077343	169530008	49322910	30593212
安徽	140339600	51246854	53340133	19840638	15911974
福建	208111944	54940586	81976691	38112627	33082041
江西	120571258	18686958	69239479	18869355	13775466
山东	218399416	87495028	83787589	31629816	15486983
河南	207420114	75835342	78589551	28950347	24044873
湖北	324197901	165897447	106190269	35547452	16562733
湖南	205746539	84878496	72827372	30164578	17876094
广东	337221015	78919824	199521226	34653367	24126599
广西	84730536	23387323	37825260	13064826	10453127
海南	8470426	565185	3845367	2932559	1127316
重庆	129633087	12625451	68566498	27983944	20457195
四川	272536110	54585335	109803376	71179207	36968193
贵州	84626532	32587353	30111497	13238886	8688796
云南	107971035	37958483	35241677	18122545	16648330
西藏	3645498	1340	165301	2682241	796615
陕西	145731307	67830336	44621765	25397349	7881857
甘肃	33816695	4110056	18366358	6618155	4722126
青海	10498179	4980179	2394928	2080339	1042733
宁夏	8540887	216092	3431691	3430548	1462556
新疆	54048634	5112644	29950387	8570535	10415069

4-21 各地区按资质等级划分的总承包建筑业企业竣工产值

单位：万元

地 区	合计	特级	一级	二级	三级及以下
全国总计	**1088358098**	**296835027**	**388128893**	**239481231**	**163912947**
北 京	37985341	22197785	12687215	1763232	1337109
天 津	14276221	4389509	7619515	1440966	826232
河 北	25027742	4478626	11284774	6564562	2699779
山 西	13368871	3674298	4522325	2903339	2268908
内 蒙 古	5321298	492561	1818584	1801234	1208919
辽 宁	14296941	924628	4859335	4398884	4114096
吉 林	11162849	521774	3694643	3386960	3559472
黑 龙 江	6298220	1283469	1647867	1996715	1370169
上 海	30477984	13661775	10115152	4267665	2433393
江 苏	203948995	76882226	62510395	40698980	23857395
浙 江	114722248	38582216	46000004	18506520	11633507
安 徽	32064868	7068876	10489998	8120224	6385770
福 建	71362734	24991889	23720436	12791695	9858715
江 西	36335001	5474539	16286113	7952921	6621428
山 东	49543884	14743750	18004059	10974168	5821907
河 南	47591303	6784383	16086501	13255852	11464568
湖 北	86353349	29964200	33869835	14745927	7773388
湖 南	47302801	11268420	14909276	11774395	9350711
广 东	48594856	5087049	26095489	8693187	8719131
广 西	22017675	5651204	8770089	4446669	3149713
海 南	2099564	121196	838213	696575	443581
重 庆	32586085	2415539	10811807	9258842	10099897
四 川	56814037	3371125	16880773	24321031	12241109
贵 州	12568445	2935579	4535032	2800913	2296922
云 南	20479062	2063428	3834993	7591444	6989197
西 藏	973530	1340	56589	583317	332285
陕 西	22280964	6794350	7061450	6134592	2290572
甘 肃	7982905	746889	3152427	2521276	1562313
青 海	1295197		353785	568220	373192
宁 夏	3046101	60431	996755	1403637	585279
新 疆	10179029	201976	4615467	3117293	2244293

4-22 各地区按资质等级划分的总承包建筑业企业房屋施工面积

单位：万平方米

地区	合计	特级	一级	二级	三级及以下
全国总计	**1352886**	**530097**	**469867**	**227302**	**125620**
北京	71567	54981	15985	508	93
天津	12618	5601	6355	490	172
河北	35065	8793	14994	8768	2510
山西	16466	9280	3713	2324	1149
内蒙古	5396	1499	1476	1481	940
辽宁	13611	1348	4133	4330	3799
吉林	8081	858	2337	2769	2116
黑龙江	3709	540	1537	904	728
上海	47113	28864	15024	2749	476
江苏	247515	121047	68539	38066	19862
浙江	172604	76751	67941	17995	9917
安徽	46482	17405	15086	8239	5751
福建	71585	16821	32919	13595	8250
江西	32789	6282	14318	6654	5535
山东	76155	29932	23826	15168	7230
河南	62698	23791	20311	11216	7380
湖北	87394	45007	21685	14422	6281
湖南	58786	21954	15767	12507	8559
广东	73322	14883	41778	10347	6315
广西	26046	9768	9659	4544	2076
海南	2219	145	1257	548	269
重庆	32880	2850	16712	7542	5776
四川	62200	7584	23873	21010	9733
贵州	16362	5744	5520	3154	1944
云南	18687	3659	6594	4358	4076
西藏	566		0	386	180
陕西	29316	12482	8221	7048	1565
甘肃	10003	1470	5086	2420	1028
青海	906	11	362	368	165
宁夏	2432	106	695	1162	468
新疆	8314	642	4163	2232	1276

4-23 各地区按资质等级划分的总承包建筑业企业房屋竣工面积

单位：万平方米

地区	合计	特级	一级	二级	三级及以下
全国总计	**402260**	**108007**	**134740**	**96501**	**63012**
北京	9830	7356	2338	122	13
天津	2223	801	1177	152	92
河北	8980	1544	2978	3315	1143
山西	3640	1311	960	821	548
内蒙古	1817	288	429	640	460
辽宁	4710	464	1397	1739	1109
吉林	3027	235	943	885	964
黑龙江	1456	44	432	473	507
上海	7745	4216	2560	833	135
江苏	75531	28621	22156	15827	8927
浙江	52375	18800	22024	7195	4357
安徽	15726	3255	4681	4659	3130
福建	17374	2782	7798	3991	2803
江西	15356	2182	5837	3837	3499
山东	21208	6329	6503	5576	2801
河南	19951	3133	6804	5495	4519
湖北	32286	11452	9569	7098	4168
湖南	19776	3710	4874	5606	5586
广东	18070	2334	9027	3838	2872
广西	8437	2035	3154	2013	1234
海南	620	43	213	249	115
重庆	12303	1018	4659	3289	3337
四川	23851	1583	6735	10198	5336
贵州	4881	1236	1578	1120	947
云南	7082	797	1364	2742	2179
西藏	223		3	142	77
陕西	6914	1994	1896	2295	729
甘肃	2665	315	1116	759	476
青海	366		140	140	86
宁夏	854	37	203	462	151
新疆	2986	90	1192	992	713

4-24 各地区按资质等级划分的总承包建筑业企业实收资本

单位：万元

地 区	合计	特级	一级	二级	三级及以下
全国总计	**338707900**	**73764985**	**106939509**	**88595741**	**69407664**
北 京	28715470	20730444	5880477	1129036	975513
天 津	8939936	2687980	2680665	2953877	617415
河 北	9667672	1513960	3782656	2841782	1529275
山 西	8091826	2762389	1885787	1740487	1703164
内 蒙 古	3893048	216975	1322554	1287092	1066426
辽 宁	8553637	1005639	2613359	2456880	2477759
吉 林	4358961	108797	1257097	1392691	1600377
黑 龙 江	4353729	497217	1443926	1618976	793611
上 海	11057226	3644665	3982044	2239882	1190635
江 苏	29325438	4085678	8787654	9402960	7049146
浙 江	23199020	3498693	9022976	5337242	5340110
安 徽	10364352	2194798	2714247	2924607	2530701
福 建	14577434	1050049	4502842	3815988	5208557
江 西	11289573	707705	4709531	3179126	2693212
山 东	19530623	3275984	6234046	5650654	4369940
河 南	17061539	2518698	5119509	4962424	4460908
湖 北	16136915	3050676	5545213	4477076	3063951
湖 南	12109422	2890502	3429236	2693120	3096564
广 东	22111076	3759969	9862144	4250917	4238047
广 西	5663286	839014	2219337	1492851	1112084
海 南	681341	30000	269457	222060	159824
重 庆	8573677	693913	3333979	2436145	2109640
四 川	22132455	3618177	7292096	7218553	4003629
贵 州	5311982	1464556	1357597	1280947	1208882
云 南	9984745	3452721	1592354	2494854	2444817
西 藏	696548	510	11649	484644	199745
陕 西	11769497	2686976	3215495	4522816	1344210
甘 肃	3816363	182100	1007496	1414968	1211799
青 海	1254631	187015	157320	659160	251137
宁 夏	1524568	28218	300691	826712	368948
新 疆	3961909	380970	1406080	1187217	987642

4-25 各地区按资质等级划分的总承包建筑业企业资产

单位：万元

地区	合计	特级	一级	二级	三级及以下
全国总计	**2099447005**	**734765631**	**754186914**	**359951962**	**250542498**
北京	251472481	190393068	51542165	4874301	4662947
天津	60538881	28873618	22365174	5760884	3539205
河北	60464823	13533580	28592624	12125700	6212920
山西	54070357	25033353	17581782	6406168	5049053
内蒙古	21056957	2043112	7621498	6158674	5233673
辽宁	50027860	7498954	19374702	12912749	10241455
吉林	23533280	1115874	7810730	7373232	7233444
黑龙江	18178301	4210559	7160213	4668825	2138704
上海	94653383	41742697	32706728	13850041	6353916
江苏	176314809	54345024	56177297	39154792	26637696
浙江	118723174	38508476	47385203	18851532	13977963
安徽	63960417	23115683	21826316	11240990	7777428
福建	57729898	8876490	21804966	13161369	13887072
江西	56669574	5022151	35319624	9041796	7286003
山东	126965714	37763527	46368482	28635704	14198001
河南	87679163	23736131	29613101	20494184	13835746
湖北	122320648	62078776	33126005	18100927	9014939
湖南	58381056	21638990	19785667	9510457	7445943
广东	151201500	29445349	82934755	17914581	20906815
广西	27622859	5221310	12426827	5020624	4954098
海南	2962818	135971	1401312	848734	576802
重庆	55553821	5953071	27797381	11768991	10034379
四川	114095273	31354997	39112175	28795975	14832127
贵州	50997986	15923132	16549436	8593663	9931756
云南	57100176	19637270	18163083	10458185	8841638
西藏	3503166	3239	221337	2643105	635485
陕西	65981482	27449764	20267970	14077927	4185820
甘肃	23493956	3265555	11231994	4726957	4269450
青海	6511193	2491878	1123776	2003245	892294
宁夏	7510217	142533	2268131	3637154	1462400
新疆	30171784	4211500	14526462	7140496	4293326

4-26 各地区按资质等级划分的总承包建筑业企业所有者权益

单位：万元

地区	合计	特级	一级	二级	三级及以下
全国总计	**654450219**	**194906305**	**197769472**	**147829280**	**113945162**
北京	78223398	65233806	10302536	1640829	1046226
天津	11937590	5265864	3461641	1880078	1330006
河北	16136399	2897902	6340150	4754532	2143815
山西	11932161	4786674	2717378	2338996	2089113
内蒙古	6373463	289262	2240677	1821362	2022162
辽宁	13431424	1836409	4317650	3823838	3453528
吉林	8150832	203091	2191042	2386620	3370079
黑龙江	5260510	445627	1663339	2139732	1011812
上海	20048805	7302964	6824615	3922742	1998483
江苏	75021900	19900597	21491005	19810701	13819598
浙江	45280833	12011350	18705061	8268446	6295976
安徽	20229847	4741166	7058230	4718900	3711551
福建	23805502	2325669	7937923	6414548	7127362
江西	17686098	1777143	7137499	4803905	3967552
山东	33675884	7707511	11377107	9672375	4918891
河南	34813338	5710209	8413023	11975493	8714613
湖北	36648010	13498433	10665932	7941472	4542173
湖南	21885575	5599269	7119174	4691966	4475166
广东	42510816	7526525	18829041	6539242	9616009
广西	9137127	1289324	3055381	2217622	2574801
海南	1098345	43887	411986	387252	255219
重庆	16076448	1375038	5858862	4609110	4233438
四川	35272583	7000498	10600021	11445299	6226765
贵州	13570077	2715846	4559125	2242681	4052425
云南	18675978	6352366	3428923	4402032	4492657
西藏	1537760	3127	37858	1179134	317641
陕西	17829977	5084401	4686077	5990704	2068796
甘肃	6683674	670950	2098176	2095473	1819076
青海	2084320	658861	298363	789039	338058
宁夏	2205996	32627	471843	1169908	531619
新疆	7225551	619912	3469836	1755252	1380552

4-27 各地区按资质等级划分的总承包建筑业企业负债

单位：万元

地区	合计	特级	一级	二级	三级及以下
全国总计	**1444772695**	**539859325**	**556151319**	**212156960**	**136605091**
北京	173249083	125159262	41239629	3233472	3616721
天津	48601297	23607754	18903533	3880806	2209204
河北	44328425	10635678	22252474	7371169	4069104
山西	42138196	20246679	14864404	4067172	2959941
内蒙古	14683494	1753850	5380821	4337312	3211511
辽宁	36595528	5662546	15057052	9088911	6787019
吉林	15382447	912783	5619687	4986612	3863365
黑龙江	12917791	3764933	5496874	2529093	1126892
上海	74604578	34439733	25882113	9927299	4355433
江苏	101292909	34444427	34686292	19344092	12818098
浙江	73442341	26497126	28680142	10583086	7681987
安徽	43730570	18374517	14768086	6522090	4065877
福建	33924396	6550821	13867043	6746821	6759711
江西	39014458	3245008	28182124	4268873	3318452
山东	93289830	30056016	34991375	18963329	9279110
河南	52866008	18025923	21200079	8519323	5120684
湖北	85403912	48580343	22192646	10159455	4471467
湖南	36495481	16039721	12666493	4818491	2970777
广东	108690810	21918824	64105714	11375340	11290933
广西	18487050	3931986	9372751	2803003	2379309
海南	1864473	92083	989326	461481	321583
重庆	39477373	4578033	21938519	7159881	5800941
四川	78816555	24354499	28512154	17344541	8605361
贵州	37427909	13207285	11990311	6350982	5879331
云南	38423097	13284904	14734160	6056153	4347880
西藏	1977942	112	183480	1471671	322680
陕西	48152183	22365364	15581893	8087782	2117144
甘肃	16810281	2594605	9133818	2631484	2450374
青海	4426872	1833018	825413	1214206	554236
宁夏	5315288	109906	1796289	2471901	937192
新疆	22942118	3591589	11056626	5381130	2912774

4-28 各地区按资质等级划分的总承包建筑业企业营业收入

单位：万元

地 区	合计	特级	一级	二级	三级及以下
全国总计	**1901584163**	**589893257**	**709227799**	**359975373**	**242487733**
北 京	117979194	78019357	33653231	3117504	3189102
天 津	33616179	14856310	14374964	2531356	1853549
河 北	48059194	10550051	23007942	10455591	4045610
山 西	37836308	14823216	13555960	5359539	4097594
内蒙古	11868505	1314254	3919473	4091940	2542838
辽 宁	29784442	3506920	12252662	6963977	7060883
吉 林	17605870	929708	6184287	5724632	4767244
黑龙江	11799589	2259293	4558660	3186777	1794859
上 海	77203229	38445452	25020466	8998084	4739228
江 苏	226223398	91961040	68797127	40923223	24542007
浙 江	152941393	45945908	66378106	24081343	16536036
安 徽	61960633	19948616	20517192	11803738	9691087
福 建	90320426	13733772	38001892	21055166	17529596
江 西	54334266	7686934	27050949	10885581	8710802
山 东	106931288	36176815	40446701	20223450	10084324
河 南	92212585	24159891	32986867	19323954	15741873
湖 北	135259393	59372399	44011839	21524238	10350917
湖 南	80388285	21937657	29816895	16369309	12264423
广 东	118022433	19806349	63418837	18791227	16006020
广 西	35537470	9364254	14427655	6269183	5476379
海 南	3778979	92479	1489351	1157105	1040044
重 庆	57999893	4558010	23970205	15342213	14129466
四 川	107516080	17199248	36770114	36033852	17512866
贵 州	31507201	10859059	10073631	6309125	4265386
云 南	43343528	9291232	14489675	9583126	9979495
西 藏	2716337	1854	138797	1822434	753253
陕 西	65383541	26706316	19396445	14435298	4845483
甘 肃	17469000	2089640	8001244	4238309	3139807
青 海	4958613	1837840	989273	1355597	775904
宁 夏	5528793	89641	1976373	2421596	1041183
新 疆	21498119	2369743	9550989	5596909	3980478

4-29 各地区按资质等级划分的总承包建筑业企业利税总额

单位：万元

地 区	合计	特级	一级	二级	三级及以下
全国总计	**138008957**	**32343306**	**44637085**	**34530479**	**26498087**
北 京	6134909	4556082	1309425	130311	139090
天 津	1040252	495371	342499	77905	124477
河 北	2712352	511143	1028157	801691	371361
山 西	1768658	602474	534065	361168	270951
内蒙古	912059	56221	257383	349590	248864
辽 宁	1885417	159014	681053	503886	541463
吉 林	1628808	40081	475191	536180	577357
黑龙江	625401	-42891	244354	244315	179623
上 海	3257496	1366983	1051741	549093	289679
江 苏	19958553	6848040	5970607	4337011	2802894
浙 江	9151295	2662859	3702586	1661236	1124614
安 徽	4372872	936606	1501484	1021428	913354
福 建	7598094	841445	2923421	2012736	1820491
江 西	4239062	521553	1616366	1093495	1007648
山 东	6943243	2020893	2391562	1653263	877526
河 南	9047072	1121174	2411755	2748556	2765587
湖 北	12476363	3972411	4084808	2816850	1602294
湖 南	6561486	1051638	2191739	1747457	1570653
广 东	7614307	937551	3838608	1500403	1337745
广 西	2023027	366657	742348	444053	469969
海 南	328393	11552	95573	110068	111201
重 庆	5326796	256878	1350142	1745774	1974002
四 川	8943925	727402	2562469	3578849	2075204
贵 州	2158832	528242	402007	661216	567367
云 南	4026620	639113	886373	1163542	1337592
西 藏	309521	920	15988	208617	83997
陕 西	4038384	956058	960711	1518116	603498
甘 肃	1139257	62464	328471	384191	364130
青 海	276259	74949	77968	70604	52739
宁 夏	323748	6016	98172	155181	64379
新 疆	1186500	54406	560059	343696	228339

4-30 各地区按资质等级划分的总承包建筑业企业利润总额

单位：万元

地　区	合计	特级	一级	二级	三级及以下
全国总计	**70459094**	**19217606**	**21509358**	**16425632**	**13306499**
北　京	4553047	3834809	618580	49882	49776
天　津	578886	380990	111169	3036	83690
河　北	1254111	316268	416731	348443	172670
山　西	830657	343240	220600	155877	110940
内蒙古	415023	16859	106745	151662	139757
辽　宁	791561	59872	282768	216675	232245
吉　林	772906	10044	190475	249450	322936
黑龙江	132892	-91731	72295	80656	71672
上　海	1861628	845755	586895	277240	151737
江　苏	9934286	3630574	2913242	2066286	1324185
浙　江	4284424	1319275	1660474	789220	515455
安　徽	2180407	487147	800924	458113	434223
福　建	3539724	363504	1365078	955994	855148
江　西	2137138	267282	804124	586518	479215
山　东	3602438	1228097	1100118	818460	455763
河　南	4606453	561233	1097677	1373734	1573809
湖　北	6921927	2283036	2142501	1570894	925496
湖　南	2930110	564768	1021492	685946	657904
广　东	4036414	524360	2200525	677559	633970
广　西	853267	158863	317759	179844	196802
海　南	132021	3048	36306	40125	52543
重　庆	2748826	154057	619819	869998	1104952
四　川	4512243	488220	1155012	1739870	1129142
贵　州	1160745	309676	190359	360130	300581
云　南	2223910	446769	548072	567017	662052
西　藏	214290	816	6231	151104	56138
陕　西	2037399	632362	438378	638050	328609
甘　肃	504169	12079	127231	177297	187562
青　海	104296	57028	15619	13573	18075
宁　夏	141294	216	54860	63997	22221
新　疆	462602	9091	287300	108983	57228

4-31 各地区按资质等级划分的总承包建筑业企业税金总额

单位：万元

地区	合计	特级	一级	二级	三级及以下
全国总计	**67549863**	**13125699**	**23127728**	**18104847**	**13191589**
北京	1581862	721273	690846	80429	89314
天津	461366	114380	231330	74868	40787
河北	1458241	194875	611427	453248	198690
山西	938001	259234	313465	205291	160011
内蒙古	497036	39362	150639	197928	109107
辽宁	1093856	99142	398285	287211	309218
吉林	855902	30037	284716	286729	254421
黑龙江	492509	48840	172059	163659	107951
上海	1395869	521228	464845	271853	137942
江苏	10024267	3217467	3057364	2270726	1478710
浙江	4866871	1343584	2042112	872016	609158
安徽	2192465	449459	700560	563315	479131
福建	4058370	477941	1558344	1056742	965343
江西	2101924	254271	812243	506977	528433
山东	3340805	792796	1291444	834803	421762
河南	4440618	559941	1314078	1374822	1191778
湖北	5554436	1689375	1942306	1245956	676798
湖南	3631376	486871	1170247	1061510	912749
广东	3577893	413191	1638083	822844	703775
广西	1169760	207794	424589	264209	273167
海南	196372	8504	59267	69943	58658
重庆	2577969	102821	730323	875776	869050
四川	4431681	239182	1407458	1838979	946063
贵州	998087	218567	211648	301086	266786
云南	1802710	192344	338301	596526	675540
西藏	95231	104	9757	57513	27858
陕西	2000985	323696	522333	880067	274889
甘肃	635087	50385	201241	206894	176568
青海	171963	17921	62348	57031	34663
宁夏	182454	5800	43312	91184	42159
新疆	723897	45315	272759	234713	171111

4-32 各地区按资质等级划分的总承包建筑业企业主营业务收入

单位：万元

地区	合计	特级	一级	二级	三级及以下
全国总计	**1879623338**	**586696543**	**702021508**	**353622457**	**237282831**
北京	117081863	77749090	33284154	3070298	2978321
天津	33231433	14769688	14279062	2431419	1751264
河北	47422919	10511400	22648543	10262459	4000516
山西	37262045	14742992	13413396	5190081	3915577
内蒙古	11686627	1311705	3888170	4032166	2454586
辽宁	28566897	3455733	12017963	6783606	6309595
吉林	17297932	922783	6141695	5584737	4648716
黑龙江	11721723	2257405	4503643	3168632	1792043
上海	76825271	38291244	24882596	8948899	4702533
江苏	224923167	91287591	68491036	40770290	24374250
浙江	151550930	45805115	65617895	23749072	16378847
安徽	61271406	19710765	20287846	11743658	9529137
福建	89411810	13728111	37731882	20666278	17285539
江西	53502946	7652486	26776443	10555208	8518809
山东	105576028	36000765	39973353	19750261	9851650
河南	90837212	23995047	32478204	18897904	15466057
湖北	134246986	59132535	43804702	21080326	10229423
湖南	79897218	21736148	29753899	16218155	12189016
广东	116536070	19711816	62802035	18482710	15539510
广西	35122247	9329774	14328854	6104064	5359556
海南	3711493	92138	1487017	1155297	977041
重庆	57207176	4521878	23544148	15211161	13929990
四川	105168396	17141869	35901076	35133411	16992041
贵州	30850982	10767169	10048494	5890970	4144349
云南	42880433	9140887	14426851	9454091	9858604
西藏	2681339	1854	138111	1812795	728579
陕西	64669623	26600815	19249694	14079101	4740013
甘肃	16952450	2056821	7737850	4147739	3010041
青海	4834878	1818445	918901	1330456	767076
宁夏	5453503	89641	1966563	2382184	1015115
新疆	21240339	2362837	9497434	5535032	3845036

4-33 各地区按资质等级划分的总承包建筑业企业管理费用

单位：万元

地区	合计	特级	一级	二级	三级及以下
全国总计	**57184527**	**15417858**	**19725439**	**12072893**	**9968337**
北京	4357297	2341290	1515144	236808	264054
天津	1505537	604527	615695	129211	156105
河北	1497753	273401	802641	280822	140890
山西	1501741	498176	599902	224464	179199
内蒙古	466976	52876	181344	129007	103749
辽宁	1248993	176661	478950	262131	331251
吉林	478150	21252	128553	163312	165033
黑龙江	414469	43492	170030	133690	67257
上海	3019709	1461683	873955	369904	314167
江苏	5909092	1397940	1896331	1475605	1139216
浙江	3458256	761612	1264362	704739	727544
安徽	1807043	586722	488434	339912	391975
福建	2286795	206562	765936	632656	681641
江西	1220910	115355	558923	261360	285272
山东	3110577	778467	1098746	768642	464723
河南	2777951	631232	928324	716734	501661
湖北	4363467	1943551	1237191	781929	400796
湖南	2525008	701346	806828	540826	476009
广东	3662269	563875	1824145	577910	696339
广西	973983	238952	381290	174201	179540
海南	73140	2693	24415	24783	21250
重庆	1660358	154605	498116	481647	525990
四川	3442645	569540	1010389	1166688	696028
贵州	662621	179374	214293	143404	125551
云南	1231790	228243	278787	360656	364105
西藏	94037	234	5502	53266	35036
陕西	1887103	628544	554845	496301	207413
甘肃	483116	52067	173799	138555	118695
青海	258896	136260	35849	51532	35255
宁夏	180065	2306	51194	79832	46734
新疆	624781	65022	261529	172369	125861

4-34 各地区按资质等级划分的总承包建筑业企业财务费用

单位：万元

地　区	合计	特级	一级	二级	三级及以下
全国总计	**13901732**	**5134303**	**5320355**	**2235284**	**1211791**
北　京	1280778	1115577	183471	2138	-20407
天　津	387886	191574	147814	46041	2456
河　北	308737	14708	212064	58144	23821
山　西	258051	159202	65786	22488	10575
内蒙古	185450	52431	44568	51002	37450
辽　宁	331504	54373	167722	70973	38436
吉　林	143947	3654	53476	57368	29449
黑龙江	56267	17960	31512	4898	1898
上　海	371531	237626	97354	11349	25201
江　苏	1483428	592137	456157	276315	158819
浙　江	869710	303627	381979	127187	56918
安　徽	560813	220280	217306	67552	55675
福　建	367683	101065	196937	36106	33575
江　西	268492	54990	135523	35394	42584
山　东	809718	217467	356702	169591	65959
河　南	639708	221168	206365	116323	95852
湖　北	903770	479124	230514	121349	72782
湖　南	451655	185183	140591	67769	58111
广　东	989487	203404	625873	93459	66752
广　西	286786	97026	144186	27960	17613
海　南	8648	350	7771	747	-219
重　庆	533333	17660	328964	118298	68412
四　川	992900	171025	354889	356238	110748
贵　州	280240	111495	114702	24793	29250
云　南	403250	112553	134537	99217	56943
西　藏	8971	8	771	6817	1375
陕　西	315768	144015	83356	65140	23257
甘　肃	154595	12145	71361	39590	31499
青　海	20824	1432	10330	6925	2137
宁　夏	46201	0	18843	22257	5100
新　疆	181604	41044	98931	31858	9770

4-35 各地区按资质等级划分的总承包建筑业企业应收工程款

单位：万元

地 区	合计	特级	一级	二级	三级及以下
全国总计	**463612447**	**125718528**	**186961885**	**90732383**	**60199651**
北 京	30833413	17089421	12075225	751717	917051
天 津	13055838	4521063	6066177	1611510	857088
河 北	15826388	2496598	7931094	3437001	1961695
山 西	15484418	6792021	4945328	2139079	1607990
内蒙古	6427252	877820	2571096	1229022	1749315
辽 宁	13344604	2140020	5159165	3340333	2705086
吉 林	8338008	491750	2897292	2850438	2098527
黑龙江	5648208	1481422	2345907	1324143	496737
上 海	18486786	8162771	6864648	1838879	1620488
江 苏	50224744	15141434	16417412	11282078	7383819
浙 江	24593475	7026070	10380289	4023440	3163676
安 徽	16114189	5274594	5815360	2863810	2160425
福 建	11971095	1140067	4126418	2544065	4160544
江 西	9559760	845650	5436022	1980898	1297189
山 东	33758192	9930524	12807082	7648774	3371812
河 南	18731834	4433534	8196064	3793738	2308498
湖 北	25956780	9921186	8753090	5074102	2208403
湖 南	12141172	3609573	4341026	2503418	1687156
广 东	25816843	3889990	14990591	3770779	3165484
广 西	5450885	815996	2692131	950527	992232
海 南	752092	4923	382548	220015	144606
重 庆	13946380	1397473	7055396	3368923	2124587
四 川	22751688	3570731	8661540	7045887	3473530
贵 州	11314433	3403235	4467647	1899370	1544181
云 南	13786272	3451183	5431145	2691185	2212759
西 藏	845042	388	61680	637133	145840
陕 西	16881629	6056286	5882823	3868747	1073773
甘 肃	6734138	758705	3198370	1459084	1317979
青 海	1185308	306938	254709	370696	252966
宁 夏	2960930	34576	730274	1669934	526145
新 疆	10690654	652587	6024337	2543659	1470072

4-36 各地区专业承包建筑业企业签订合同情况

单位：万元

地　区	签订合同额	上年结转合同额	本年新签合同额
全国总计	**312656297**	**95882079**	**216774217**
北　京	18448634	5885779	12562855
天　津	8334547	2212165	6122383
河　北	4416789	993709	3423081
山　西	5361498	1947468	3414030
内蒙古	569107	165937	403170
辽　宁	8633494	2848121	5785373
吉　林	2831479	776289	2055190
黑龙江	1544487	372338	1172149
上　海	17192239	6103733	11088506
江　苏	43460684	13242032	30218652
浙　江	26788777	6704743	20084034
安　徽	9760117	2624286	7135831
福　建	11285310	3669999	7615311
江　西	4865067	1358692	3506375
山　东	12630864	2441889	10188975
河　南	14186266	2639831	11546435
湖　北	13059192	4248267	8810925
湖　南	10322782	3073549	7249233
广　东	52724420	18410227	34314193
广　西	2474917	854581	1620336
海　南	465187	143482	321705
重　庆	7183921	2246720	4937202
四　川	15797103	7297020	8500084
贵　州	2707714	717601	1990114
云　南	4885462	1225554	3659908
西　藏	66782	17886	48896
陕　西	8468376	2348578	6119798
甘　肃	1395947	459443	936504
青　海	464192	82667	381525
宁　夏	483981	187644	296337
新　疆	1846961	581852	1265109

4-37 各地区专业承包建筑业企业承包工程完成情况

单位：万元

地区	直接从建设单位承揽工程完成的产值	自行完成施工产值	分包出去工程的产值	从建设单位以外承揽工程完成的产值
全国总计	**193043522**	**187219809**	**5823712**	**21834456**
北京	10646898	9764537	882360	3496238
天津	5617806	5145415	472391	823118
河北	3223488	3204237	19251	250343
山西	3298553	3281094	17459	141017
内蒙古	441076	437328	3748	9547
辽宁	5719101	5645088	74013	164264
吉林	2118555	2106325	12230	31949
黑龙江	1188448	1178471	9977	26285
上海	9778940	9417185	361755	2144807
江苏	26205132	26022271	182861	5590208
浙江	17084535	16735254	349281	2054147
安徽	7158472	6990435	168036	309624
福建	7224518	7087556	136963	531037
江西	3006418	2865458	140960	480346
山东	9753971	9610957	143015	391308
河南	10263745	10033531	230214	948535
湖北	8098488	7734552	363936	452736
湖南	6578065	6501725	76340	255366
广东	28385529	26919598	1465931	1777599
广西	1306977	1256521	50456	123491
海南	329821	327711	2110	6299
重庆	4963099	4769019	194081	400553
四川	8424616	8167852	256764	534364
贵州	1111615	1089887	21728	68197
云南	3396417	3356116	40301	249223
西藏	50201	49846	356	100
陕西	4810994	4718131	92863	522396
甘肃	880628	877346	3282	15019
青海	321716	312612	9104	11520
宁夏	354714	349133	5581	1653
新疆	1300987	1264622	36365	23169

4-38 各地区专业承包企业建筑业总产值和竣工产值

单位：万元

地　　区	建筑业总产值	#装饰装修产值	#在外省完成的产值	按构成分组			竣工产值
				建筑工程产值	安装工程产值	其他产值	
全国总计	**209054266**	**64453272**	**60610325**	**143821993**	**52936366**	**12295907**	**117196197**
北　　京	13260775	6006236	6542371	12129451	1046757	84568	7486261
天　　津	5968533	759445	947986	3553619	1829334	585580	3189417
河　　北	3454580	543142	782971	2108189	1004891	341500	1906540
山　　西	3422111	316072	889629	2450402	739945	231764	1704932
内 蒙 古	446876	23608	31378	190837	211213	44826	246340
辽　　宁	5809351	1451881	909533	3141940	2228420	438991	3275411
吉　　林	2138274	328856	120169	1015495	1013984	108795	1535629
黑 龙 江	1204756	226881	406865	464613	415380	324763	761657
上　　海	11561992	4830856	4510576	7774249	3553813	233930	5516227
江　　苏	31612479	13685110	12421847	25549132	5754942	308405	24614396
浙　　江	18789401	6328553	4740547	12889638	5051486	848277	9641409
安　　徽	7300059	1475350	2088023	4016763	1938018	1345278	3644076
福　　建	7618593	1852657	3079558	5651532	1833977	133085	3883049
江　　西	3345804	983755	1253697	2520972	667343	157489	1770171
山　　东	10002265	3353768	1362813	6946641	2362789	692835	5530030
河　　南	10982065	1696033	1467719	7275942	3064435	641689	6207434
湖　　北	8187288	1647615	1728966	5437439	1963269	786580	4636601
湖　　南	6757091	1163085	2580252	3534130	2428142	794819	4398670
广　　东	28697197	13784175	9935877	19711345	7341686	1644166	13137938
广　　西	1380012	146922	25943	735140	545715	99157	763927
海　　南	334010	102404	30970	79494	232751	21765	98007
重　　庆	5169572	1105516	1016074	3002368	1473791	693413	2191580
四　　川	8702215	1063141	1851327	5701078	2421044	580093	4774719
贵　　州	1158084	94908	55997	654316	341344	162423	452470
云　　南	3605339	534569	374350	1870636	1370969	363735	1972696
西　　藏	49946	4891		32184	14544	3219	29098
陕　　西	5240527	608197	1197505	3694897	1104974	440656	2010660
甘　　肃	892364	169540	71873	617852	208540	65973	506465
青　　海	324132	12814	94517	240949	68032	15150	167538
宁　　夏	350786	47219	58603	251258	96167	3361	247690
新　　疆	1287791	106076	32392	579494	608675	99623	895161

4-39 各地区专业承包建筑业企业房屋建筑面积

地 区	房 屋 施工面积 (万平方米)	#本年新开工	房 屋 竣工面积 (万平方米)	房屋竣工率 (%)
全国总计	**19109**	**9405**	**9238**	**48.4**
北 京	369	214	70	18.9
天 津	516	183	164	31.7
河 北	440	193	250	56.8
山 西	174	118	115	66.0
内蒙古	2	1	6	366.7
辽 宁	183	96	166	90.7
吉 林	230	183	115	50.0
黑龙江	73	24	14	19.2
上 海	323	139	142	43.9
江 苏	1905	884	364	19.1
浙 江	3112	1731	1835	59.0
安 徽	695	385	473	68.1
福 建	1119	479	270	24.1
江 西	573	383	279	48.8
山 东	1322	747	592	44.8
河 南	1261	672	627	49.7
湖 北	849	383	552	65.0
湖 南	565	238	377	66.7
广 东	861	236	559	64.9
广 西	89	45	43	48.5
海 南	5	5		5.0
重 庆	1305	709	560	42.9
四 川	1911	767	971	50.8
贵 州	134	52	31	23.5
云 南	275	147	264	95.8
西 藏	1	1	1	84.4
陕 西	519	286	223	42.9
甘 肃	97	51	48	49.4
青 海	10	8	7	78.4
宁 夏	13	1	6	48.2
新 疆	178	42	115	64.7

4-40 各地区按主要用途分的专业承包建筑业企业房屋竣工面积

单位：万平方米

地区	总计	住宅房屋	商业及服务用房屋	办公用房屋	科研、教育和医疗用房屋
全国总计	**9238.4**	**3408.7**	**934.4**	**470.2**	**210.5**
北京	69.8	14.0	9.3	0.3	3.9
天津	163.5	126.1	5.9	10.3	1.0
河北	249.6	124.0	68.9	1.2	6.4
山西	115.1	5.6	17.8	1.3	1.3
内蒙古	6.4				0.1
辽宁	166.2	81.5	22.4	13.1	8.2
吉林	114.8	60.9	6.0	6.5	2.5
黑龙江	14.1	3.1	0.7	1.9	0.0
上海	141.9	30.7	15.8	3.3	7.1
江苏	364.0	171.5	18.2	28.8	18.4
浙江	1834.7	62.5	123.8	30.1	14.1
安徽	473.3	121.5	61.4	43.7	6.0
福建	270.0	57.8	4.9	26.0	5.0
江西	279.5	110.5	24.9	13.8	15.1
山东	592.0	166.5	20.7	7.3	11.0
河南	626.7	173.6	43.2	38.8	4.9
湖北	551.5	241.2	166.1	12.6	5.3
湖南	376.9	189.9	47.2	19.7	15.1
广东	558.7	232.7	130.9	77.6	18.0
广西	43.2	15.5	0.1	0.9	2.0
海南	0.3	0.3			
重庆	560.4	332.3	37.2	11.4	23.5
四川	970.7	719.3	45.6	16.7	14.9
贵州	31.5	2.6	10.3	0.6	7.4
云南	263.5	134.1	25.1	15.8	11.9
西藏	0.9	0.6	0.2	0.2	
陕西	222.7	131.7	7.1	56.4	1.9
甘肃	47.8	24.8	5.6	1.6	3.9
青海	7.5	0.4	1.1	0.3	0.2
宁夏	6.3	2.0	3.6		
新疆	115.1	71.7	10.5	30.3	1.4

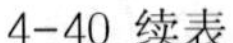

4-40 续表

单位：万平方米

地区	文化、体育和娱乐用房屋	厂房及建筑物	仓库	其他未列明的房屋建筑物
全国总计	**137.6**	**3561.3**	**63.1**	**452.6**
北京	16.5	24.4	0.9	0.5
天津		16.0		4.3
河北		42.4		6.7
山西	0.1	78.6	0.1	10.3
内蒙古	0.2	1.3		4.7
辽宁	1.4	31.8	1.1	6.7
吉林	1.1	22.0		16.0
黑龙江		7.9	0.3	0.2
上海	1.9	82.8	0.2	
江苏	12.2	108.5	3.6	2.9
浙江	56.7	1363.1	12.9	171.5
安徽	3.6	172.8	5.4	58.9
福建	8.0	164.3	3.7	0.3
江西	5.5	88.5	0.5	20.7
山东	2.3	371.1	4.0	9.1
河南	0.9	343.1	8.6	13.5
湖北	11.7	75.2	6.8	32.7
湖南	0.4	85.0	1.7	17.8
广东	2.9	87.0	2.3	7.3
广西	0.3	20.4		4.1
海南				
重庆	1.3	134.5	0.2	20.1
四川	4.2	139.9	9.6	20.5
贵州	0.1	2.5		8.0
云南	5.0	66.4	0.7	4.5
西藏				
陕西	0.6	23.4	0.3	1.3
甘肃	0.3	6.5		5.0
青海	0.2	0.2		5.0
宁夏		0.8		
新疆		1.1	0.1	

4-41 各地区按主要用途分的专业承包建筑业企业房屋竣工价值

单位：万元

地区	总计	住宅房屋	商业及服务用房屋	办公用房屋	科研、教育和医疗用房屋
全国总计	**9525002**	**3793865**	**1165168**	**475886**	**276673**
北京	83705	28768	19005	901	3832
天津	99281	59400	10140	13596	1384
河北	136795	74947	3292	2955	7860
山西	92215	27678	7032	2102	1476
内蒙古	2930				130
辽宁	104149	21612	4679	2910	17160
吉林	88004	54899	2978	8218	3327
黑龙江	14382	4928	1441	1794	6
上海	175522	63002	32880	5910	9168
江苏	492628	240670	26782	23461	20890
浙江	1626870	74157	77564	34453	14536
安徽	354785	117916	39589	40042	5418
福建	390191	149797	10424	53782	9189
江西	318581	135647	40608	17899	18462
山东	598347	212747	28997	9655	10233
河南	600811	225053	73222	21506	6472
湖北	781762	201774	361494	17328	11688
湖南	591989	325331	109834	29217	22167
广东	573295	220284	157305	71045	24187
广西	66522	33450	30	1728	2096
海南	731	731			
重庆	399816	256851	26935	10424	20145
四川	1077306	746620	75290	31954	25295
贵州	69178	5305	14670	1825	16696
云南	280018	175926	11685	6211	12029
西藏	1679	1190	200	200	
陕西	298024	211747	4367	56942	2017
甘肃	65769	24078	4577	2570	7527
青海	10459	884	1934	804	657
宁夏	8533	2520	4634		
新疆	120729	95956	13579	6457	2628

4-41 续表

单位：万元

地区	文化、体育和娱乐用房屋	厂房及建筑物	仓库	其他未列明的房屋建筑物
全国总计	**216848**	**2891945**	**60830**	**643787**
北京	15706	13429	452	1614
天津	37	8394		6330
河北		36443	20	11278
山西	50	41476	43	12359
内蒙古	239	962		1600
辽宁	817	40559	1371	15042
吉林	645	8886	5	9045
黑龙江		5058	778	377
上海	3871	60303	387	
江苏	25874	146371	4962	3618
浙江	90646	1043280	7139	285096
安徽	1250	119228	4025	27317
福建	14587	149675	2307	429
江西	10436	80882	929	13718
山东	7956	292537	3282	32941
河南	1238	251600	5835	15884
湖北	22248	92608	11031	63592
湖南	1100	70429	3286	30625
广东	3076	79809	1741	15848
广西	644	24564		4010
海南				
重庆	414	64766	186	20096
四川	8040	163344	10319	16444
贵州	119	6063		24500
云南	5645	54347	2193	11982
西藏			89	
陕西	939	19816	389	1807
甘肃	640	13184	13	13181
青海	630	495		5056
宁夏		1379		
新疆		2059	50	

4-42 各地区专业承包建筑业企业主要生产效益指标

地区	建筑业企业个数(个)	从事建筑业活动的平均人数(人)	按建筑业总产值计算的劳动生产率(元/人)	人均竣工产值(元/人)	人均施工面积(平方米/人)	人均竣工面积(平方米/人)
全国总计	**31871**	**6278876**	**332949**	**186652**	**30.4**	**14.7**
北京	1687	357054	371394	209667	10.3	2.0
天津	1111	333463	178986	95645	15.5	4.9
河北	713	81906	421774	232772	53.7	30.5
山西	1190	114760	298197	148565	15.2	10.0
内蒙古	160	13182	339004	186876	1.3	4.8
辽宁	2644	188375	308393	173877	9.7	8.8
吉林	833	63312	337736	242549	36.3	18.1
黑龙江	492	39086	308232	194867	18.8	3.6
上海	1258	209794	551112	262935	15.4	6.8
江苏	3634	1004696	314647	244993	19.0	3.6
浙江	1876	501228	374867	192356	62.1	36.6
安徽	1083	237632	307200	153350	29.2	19.9
福建	1224	275118	276921	141141	40.7	9.8
江西	383	289691	115496	61105	19.8	9.7
山东	2120	262582	380920	210602	50.3	22.5
河南	2494	324875	338040	191071	38.8	19.3
湖北	1230	164649	497257	281605	51.6	33.5
湖南	530	204453	330496	215143	27.7	18.4
广东	2462	667189	430121	196915	12.9	8.4
广西	255	38461	358808	198624	23.2	11.2
海南	46	7712	433104	127084	6.4	0.3
重庆	962	241410	214141	90782	54.1	23.2
四川	1094	297179	292827	160668	64.3	32.7
贵州	194	42987	269403	105257	31.2	7.3
云南	764	123846	291115	159286	22.2	21.3
西藏	18	1664	300154	174865	6.6	5.6
陕西	537	106271	493129	189201	48.9	21.0
甘肃	329	25841	345329	195993	37.4	18.5
青海	105	9506	340976	176245	10.0	7.9
宁夏	152	12343	284198	200672	10.7	5.1
新疆	291	38611	333530	231841	46.1	29.8

4-43 各地区专业承包建筑业企业资产构成

单位：万元

地 区	资产合计	#流动资产合计	#存货
全国总计	**240577581**	**197752231**	**31228675**
北 京	20733961	17720462	2238049
天 津	10707575	7111591	1088229
河 北	4938079	3930093	722316
山 西	5403120	4692100	539392
内蒙古	1134834	685031	96434
辽 宁	10023919	8429014	1182761
吉 林	3182422	2559748	276100
黑龙江	2437157	2012779	234406
上 海	14438510	12759742	2405882
江 苏	31004232	25369820	3970198
浙 江	18468305	14746084	3251616
安 徽	6802648	5285698	764285
福 建	6507296	5369364	812714
江 西	2515515	1864474	358811
山 东	12100347	9802152	1783747
河 南	10320351	8169222	1036790
湖 北	8005929	6683792	1309414
湖 南	4553011	3783292	477137
广 东	36330845	31477012	5059095
广 西	1414210	1246954	164526
海 南	423749	360215	37502
重 庆	5210000	4572244	853576
四 川	8651607	6770652	1003459
贵 州	1699832	1471210	177969
云 南	3762828	2954369	378965
西 藏	62947	49107	2739
陕 西	5522322	4441978	656044
甘 肃	1493181	1258107	130677
青 海	402723	314223	28214
宁 夏	552928	416132	56034
新 疆	1773201	1445572	131596

4-44 各地区专业承包建筑业企业固定资产情况

单位：万元

地　区	固定资产原价	固定资产折旧	#本年折旧	在建工程
全国总计	**27510839**	**12694266**	**2001727**	**2766814**
北　京	1430899	734783	92950	89050
天　津	1772127	983314	98217	316582
河　北	590615	298567	40924	84725
山　西	684220	347657	41111	61259
内蒙古	168408	74097	9163	10553
辽　宁	1480866	845674	99451	86417
吉　林	435059	209712	28779	43287
黑龙江	260695	118919	15319	11685
上　海	1319644	620582	74845	53680
江　苏	3770533	1586447	265698	201226
浙　江	2437602	1165294	165857	170591
安　徽	901364	398074	60086	80930
福　建	914730	390612	70841	47854
江　西	369713	132365	31077	27255
山　东	1974237	754099	137571	115955
河　南	1509251	607699	166293	166188
湖　北	967971	447666	93227	100798
湖　南	649984	293028	45655	33486
广　东	1853927	844932	108627	220034
广　西	164647	97799	11973	65240
海　南	37066	18964	2680	2334
重　庆	425451	205598	29953	42145
四　川	1001951	506206	81538	164740
贵　州	115121	44279	7437	12642
云　南	584386	303905	63008	42721
西　藏	8890	2397	283	526
陕　西	936765	303381	108149	463627
甘　肃	183884	80092	12015	19228
青　海	54496	30306	6226	1167
宁　夏	131596	61019	8425	22915
新　疆	374742	186803	24350	7976

4-45 各地区专业承包建筑业企业负债及所有者权益

单位：万元

地区	负债合计	#流动负债	#应付账款	所有者权益	#实收资本
全国总计	**147408261**	**136353159**	**56221373**	**93168453**	**52140445**
北京	14695393	14154295	6257314	6038568	4073614
天津	5345275	5068274	2429817	5362300	3168219
河北	2920829	2682368	1042623	2017250	1149617
山西	3284506	3106405	1531880	2118614	1483289
内蒙古	520881	464982	239951	613952	199762
辽宁	5520823	4902187	1762367	4501097	2985480
吉林	1573605	1460948	495558	1608816	919493
黑龙江	1479972	1128452	323056	957190	635140
上海	10004551	8837530	4533681	4434468	2357848
江苏	17446629	16636398	7677527	13557603	6192599
浙江	11334211	10834233	4510192	7134094	3589514
安徽	3985831	3550050	1442602	2816817	1412089
福建	3147876	2953053	885878	3359421	2224160
江西	1356519	1112322	329022	1158996	677983
山东	7734358	7107538	2611606	4365990	2662973
河南	4949490	4610363	1823860	5370731	3618354
湖北	4832760	4638801	1866902	3173767	1769771
湖南	2854684	2630263	1100425	1698327	1041246
广东	24135869	21885742	7709899	12195069	5285386
广西	925712	873091	324820	488557	362492
海南	248130	242357	132608	175620	104565
重庆	3511725	3186211	1280770	1698275	958762
四川	5844999	5200782	2166664	2806607	1753356
贵州	1289598	1126280	533571	410235	265312
云南	2258937	2137886	735134	1503891	970327
西藏	32536	30814	16217	30411	23474
陕西	3596213	3362191	1358424	1926109	1094862
甘肃	862871	809390	288075	630310	425104
青海	252832	221055	124234	149891	119087
宁夏	302482	288233	130541	250445	181894
新疆	1158167	1110664	556159	615034	434673

4-46 各地区专业承包建筑业企业实收资本

单位：万元

地区	合计	国家资本	集体资本	法人资本	个人资本	港澳台资本	外商资本
全国总计	**52141288**	**3708880**	**1833586**	**17655300**	**28170454**	**498966**	**274103**
北京	4073614	257382	23851	1521829	2141314	80234	49004
天津	3168219	380411	32813	538348	2199589	6624	10434
河北	1149617	77359	33534	379621	655138	3565	400
山西	1483289	164156	35970	540079	742683		400
内蒙古	199762	16238	19030	69617	94877		
辽宁	2985480	136658	78614	859321	1668064	225659	17164
吉林	919493	37077	45289	297787	538410	930	
黑龙江	635140	44519	36985	185571	366165	996	904
上海	2357848	231241	31692	961661	1048959	56627	27668
江苏	6192599	348336	102854	2169512	3394233	39659	138007
浙江	3589514	102484	166807	1235047	2070949	11109	3118
安徽	1412089	172626	93213	433921	710176	72	2081
福建	2224160	86885	87869	665985	1372831	10510	80
江西	677983	43189	58243	229559	334791	12151	51
山东	2662973	101173	196486	975463	1382816	710	6325
河南	3619197	92507	98669	1347551	2078493	300	1678
湖北	1769771	262724	65658	454134	972609	4381	10266
湖南	1041246	114265	52280	253520	620755	425	
广东	5285386	211815	124332	2305080	2598347	43121	2691
广西	362492	42733	22210	166783	130747	10	10
海南	104565	8500	3760	42668	49638		
重庆	958762	76899	40545	311211	529089	209	810
四川	1753356	242980	234981	493998	779796	614	986
贵州	265312	70839	22659	51869	118946	500	500
云南	970327	133077	30302	338156	468793		
西藏	23474	644	103	16645	6082		
陕西	1094862	113628	12738	430790	536085	300	1322
甘肃	425104	44076	21942	177438	181518		130
青海	119087	4328	19452	44268	50964		75
宁夏	181894	29177	100	25907	126710		
新疆	434673	60955	40607	131961	200890	260	

4-47 各地区专业承包建筑业企业收入情况

单位：万元

地区	主营业务收入	#主营业务成本	#主营业务税金及附加	其他业务收入	#其他业务利润
全国总计	**213764972**	**186682184**	**1969297**	**4567907**	**284064**
北京	16264532	14373620	59103	307252	44621
天津	6970245	6313936	31763	214520	15467
河北	3473174	3103889	25586	35822	5584
山西	3398408	2953679	18941	112960	7495
内蒙古	516252	411883	3848	29910	1627
辽宁	6185004	5159494	47902	292957	7623
吉林	2319883	1960492	27475	56684	298
黑龙江	1453486	1163577	11936	8238	1291
上海	13404843	11983583	45387	237287	17692
江苏	31240281	27020552	336491	323308	40586
浙江	17399684	15555408	80760	457266	37982
安徽	7005526	5985780	74306	55473	6458
福建	6843936	5887361	83539	166479	9535
江西	3305488	2875754	86468	59087	3782
山东	10557531	9332450	87385	292795	6190
河南	10403037	8641351	256375	326423	11647
湖北	8251722	7073861	96121	62513	5811
湖南	6460798	5749161	83987	104995	410
广东	30668986	26709309	151137	670876	26509
广西	1627469	1488102	102705	52811	3207
海南	341408	302856	2640	14138	1219
重庆	5355583	4770900	40990	184080	7433
四川	7493745	6593199	86671	289660	5501
贵州	1290456	1126900	5409	13766	2329
云南	3308783	2809286	34781	99764	4694
西藏	53101	48623	424	1237	
陕西	5001291	4487430	59428	22832	3149
甘肃	993611	852340	8541	20706	505
青海	348319	313231	1936	10749	180
宁夏	384235	335179	2400	8200	2205
新疆	1444159	1298999	14864	35122	3032

4-48 各地区专业承包建筑业企业费用情况

单位：万元

地　区	管理费用	销售费用	财务费用	#利息收入	#利息支出
全国总计	**12650307**	**2255628**	**1292034**	**152068**	**906315**
北　京	1137115	318613	75462	23454	89602
天　津	481114	53443	10655	2356	5650
河　北	184872	23010	16184	4336	14242
山　西	263148	32641	11384	3296	8631
内蒙古	70502	15015	1961	125	571
辽　宁	635038	63840	49766	1632	27510
吉　林	197123	16110	14727	514	6918
黑龙江	121942	16205	15670	386	1423
上　海	865730	122701	45258	10941	32613
江　苏	1664114	359483	167017	23709	118009
浙　江	922502	129107	119027	9824	100771
安　徽	414686	142902	28650	5494	19856
福　建	443014	73481	34219	2290	28510
江　西	163214	26680	12230	298	7781
山　东	587639	106817	73215	1438	37199
河　南	564661	104987	68252	5618	30793
湖　北	402181	86222	49300	20119	26113
湖　南	327021	56663	21367	1940	9151
广　东	1710187	283844	320337	19372	245432
广　西	101390	11484	5572	950	3401
海　南	19386	1296	1550	-50	1099
重　庆	275359	30773	24685	1029	21707
四　川	373918	70445	42579	4587	26166
贵　州	65416	6036	10246	936	2479
云　南	243111	44554	35791	2871	14678
西　藏	3900	136	67	-2	1
陕　西	196117	34315	18435	2951	12862
甘　肃	71912	12704	7534	767	4688
青　海	23790	3120	844	16	58
宁　夏	33884	1741	2150	226	1613
新　疆	86319	7262	7900	646	6792

4-49 各地区专业承包建筑业企业利润及税金情况

单位：万元

地区	利润总额	#应交所得税	税金总额	主营业务税金及附加	应交增值税
全国总计	**9289139**	**1871144**	**7478647**	**1969297**	**5509351**
北京	334638	85415	402158	59103	343055
天津	282383	36068	178967	31763	147204
河北	139303	34912	113255	25586	87668
山西	130392	29992	95761	18941	76820
内蒙古	14070	5182	17555	3848	13707
辽宁	298279	58779	206389	47902	158487
吉林	110498	31574	96867	27475	69392
黑龙江	101080	15696	47144	11936	35208
上海	404614	82591	349329	45387	303942
江苏	1683452	324471	1200231	336491	863739
浙江	659426	139488	450509	80760	369748
安徽	368341	59261	293679	74306	219372
福建	325021	79217	272161	83539	188623
江西	142858	28553	178990	86468	92522
山东	427766	84245	342987	87385	255602
河南	753738	138270	611025	256375	354650
湖北	417133	102829	382841	96121	286720
湖南	245833	42972	268948	83987	184962
广东	1373459	284144	847959	151137	696822
广西	38032	10463	154921	102705	52216
海南	17515	6192	14459	2640	11819
重庆	205469	40915	185608	40990	144618
四川	328995	51197	257021	86671	170350
贵州	57765	9571	34103	5409	28694
云南	150705	29075	140922	34781	106141
西藏	2200	277	1735	424	1311
陕西	169754	32725	206077	59428	146649
甘肃	47328	9277	44162	8541	35621
青海	5191	745	10742	1936	8806
宁夏	11665	3499	15085	2400	12686
新疆	42238	13551	57061	14864	42198

4-50 各地区专业承包建筑业企业应收工程款及企业亏损情况

地 区	应收工程款（万元）	企业个数（个）	#亏损企业个数	亏损企业的比重（%）
全国总计	**75741907**	**31871**	**5704**	**17.9**
北 京	6161930	1687	500	29.6
天 津	2995829	1111	263	23.7
河 北	1426388	713	127	17.8
山 西	1753203	1190	275	23.1
内蒙古	295106	160	38	23.8
辽 宁	3103635	2644	716	27.1
吉 林	1139262	833	139	16.7
黑龙江	678530	492	153	31.1
上 海	4435193	1258	266	21.1
江 苏	11147922	3634	271	7.5
浙 江	5485537	1876	298	15.9
安 徽	1880083	1083	104	9.6
福 建	1900807	1224	140	11.4
江 西	588060	383	63	16.5
山 东	3822190	2120	316	14.9
河 南	3103584	2494	377	15.1
湖 北	2552951	1230	151	12.3
湖 南	1596249	530	58	10.9
广 东	11706944	2462	467	19.0
广 西	441454	255	49	19.2
海 南	144126	46	6	13.0
重 庆	1856987	962	175	18.2
四 川	2569960	1094	169	15.5
贵 州	729510	194	39	20.1
云 南	1079790	764	194	25.4
西 藏	20210	18	2	11.1
陕 西	1665018	537	103	19.2
甘 肃	438320	329	78	23.7
青 海	154546	105	33	31.4
宁 夏	197762	152	49	32.2
新 疆	670821	291	85	29.2

4-51 各地区专业承包建筑业企业主要经济效益指标

地　区	产值利润率(%)	产值利税率(%)	资本利润率(%)	资本利税率(%)	人均利润(元/人)	人均利税(元/人)	资产负债率(%)
全国总计	**4.4**	**8.0**	**17.8**	**32.2**	**14794**	**26705**	**61.3**
北　京	2.5	5.6	8.2	18.1	9372	20635	70.9
天　津	4.7	7.7	8.9	14.6	8468	13835	49.9
河　北	4.0	7.3	12.1	22.0	17008	30835	59.2
山　西	3.8	6.6	8.8	15.3	11362	19707	60.8
内蒙古	3.2	7.1	7.0	15.8	10673	23990	45.9
辽　宁	5.1	8.7	10.0	16.9	15834	26791	55.1
吉　林	5.2	9.7	12.0	22.6	17453	32753	49.5
黑龙江	8.4	12.3	15.9	23.3	25861	37922	60.7
上　海	3.5	6.5	17.2	32.0	19286	35937	69.3
江　苏	5.3	9.1	27.2	46.6	16756	28702	56.3
浙　江	3.5	5.9	18.4	30.9	13156	22144	61.4
安　徽	5.1	9.1	26.1	46.9	15500	27859	58.6
福　建	4.3	7.8	14.6	26.9	11814	21706	48.4
江　西	4.3	9.6	21.1	47.5	4931	11110	53.9
山　东	4.3	7.7	16.1	28.9	16291	29353	63.9
河　南	6.9	12.4	20.8	37.7	23201	42009	48.0
湖　北	5.1	9.8	23.6	45.2	25335	48587	60.4
湖　南	3.6	7.6	23.6	49.4	12024	25178	62.7
广　东	4.8	7.7	26.0	42.0	20586	33295	66.4
广　西	2.8	14.0	10.5	53.2	9888	50168	65.5
海　南	5.2	9.6	16.8	30.6	22712	41461	58.6
重　庆	4.0	7.6	21.4	40.8	8511	16200	67.4
四　川	3.8	6.7	18.8	33.4	11071	19719	67.6
贵　州	5.0	7.9	21.8	34.6	13438	21371	75.9
云　南	4.2	8.1	15.5	30.1	12169	23548	60.0
西　藏	4.4	7.9	9.4	16.8	13223	23647	51.7
陕　西	3.2	7.2	15.5	34.3	15974	35365	65.1
甘　肃	5.3	10.3	11.1	21.5	18315	35405	57.8
青　海	1.6	4.9	4.4	13.4	5460	16761	62.8
宁　夏	3.3	7.6	6.4	14.7	9450	21672	54.7
新　疆	3.3	7.7	9.7	22.8	10939	25718	65.3

4-52 各地区按资质等级划分的专业承包建筑业企业单位数

单位：个

地　区	合计	一级	二级	三级及以下
全国总计	**31871**	**4963**	**12361**	**14547**
北　京	1687	490	849	348
天　津	1111	176	418	517
河　北	713	114	242	357
山　西	1190	90	438	662
内蒙古	160	20	61	79
辽　宁	2644	270	719	1655
吉　林	833	73	251	509
黑龙江	492	80	245	167
上　海	1258	247	587	424
江　苏	3634	531	1190	1913
浙　江	1876	398	699	779
安　徽	1083	139	442	502
福　建	1224	185	639	400
江　西	383	57	160	166
山　东	2120	267	853	1000
河　南	2494	364	1114	1016
湖　北	1230	213	466	551
湖　南	530	90	156	284
广　东	2462	451	917	1094
广　西	255	40	78	137
海　南	46	17	16	13
重　庆	962	147	307	508
四　川	1094	137	539	418
贵　州	194	20	79	95
云　南	764	97	301	366
西　藏	18		11	7
陕　西	537	168	224	145
甘　肃	329	32	154	143
青　海	105	2	43	60
宁　夏	152	19	83	50
新　疆	291	29	80	182

4-53 各地区按资质等级划分的专业承包建筑业企业从业人员

单位：人

地区	合计	一级	二级	三级及以下
全国总计	**5132906**	**2042579**	**1413431**	**1676896**
北京	149433	86696	44949	17788
天津	270473	36667	39684	194122
河北	75631	25928	22922	26781
山西	90762	24711	29518	36533
内蒙古	12709	1890	5138	5681
辽宁	166325	41468	44276	80581
吉林	58081	8773	19754	29554
黑龙江	34198	9591	17752	6855
上海	161225	82384	48309	30532
江苏	759660	327099	188302	244259
浙江	455653	252835	114508	88310
安徽	229980	85950	84791	59239
福建	276386	119013	86739	70634
江西	64288	19591	27301	17396
山东	251329	88191	82929	80209
河南	303696	122014	96637	85045
湖北	159244	59800	44903	54541
湖南	188400	53911	64228	70261
广东	582011	350411	108762	122838
广西	36378	12400	10299	13679
海南	7853	3879	3325	649
重庆	239812	43692	34673	161447
四川	253035	78533	101242	73260
贵州	40972	12266	11541	17165
云南	101759	32746	30298	38715
西藏	1567		1168	399
陕西	94680	47135	27691	19854
甘肃	25231	5114	8983	11134
青海	7969	618	2852	4499
宁夏	8579	2610	3077	2892
新疆	25587	6663	6880	12044

4-54 各地区按资质等级划分的专业承包企业建筑业总产值

单位：万元

地区	合计	一级	二级	三级及以下
全国总计	**209054266**	**113924199**	**48191964**	**46938102**
北京	13260775	10239806	2270427	750543
天津	5968533	2510097	1068388	2390048
河北	3454580	1585113	939919	929548
山西	3422111	1231228	1053523	1137360
内蒙古	446876	75355	187770	183751
辽宁	5809351	2348509	1389131	2071711
吉林	2138274	487169	739871	911233
黑龙江	1204756	478431	502268	224057
上海	11561992	7701075	2504090	1356826
江苏	31612479	19105430	6090939	6416110
浙江	18789401	11774768	3671503	3343130
安徽	7300059	3244508	2277597	1777955
福建	7618593	3488519	2209371	1920703
江西	3345804	1797883	911784	636137
山东	10002265	4666589	2911280	2424396
河南	10982065	4719725	3257032	3005308
湖北	8187288	4666217	2017748	1503324
湖南	6757091	2669312	1725876	2361903
广东	28697197	19591290	4299563	4806344
广西	1380012	447789	437851	494372
海南	334010	141579	138556	53875
重庆	5169572	1478195	1138868	2552508
四川	8702215	3517481	3015874	2168860
贵州	1158084	311459	508915	337710
云南	3605339	1470166	882575	1252598
西藏	49946		36486	13459
陕西	5240527	3167680	1235540	837307
甘肃	892364	285367	286056	320942
青海	324132	110618	81257	132256
宁夏	350786	141339	79590	129857
新疆	1287791	471501	322317	493973

4-55 各地区按资质等级划分的专业承包建筑业企业签订合同额

单位：万元

地　区	合计	一级	二级	三级及以下
全国总计	**312656297**	**185812941**	**65474686**	**61368669**
北　京	18448634	14602418	2804505	1041711
天　津	8334547	4315642	1473511	2545395
河　北	4416789	2117604	1231481	1067704
山　西	5361498	2614446	1468711	1278341
内蒙古	569107	97880	241903	229324
辽　宁	8633494	4477351	1778744	2377400
吉　林	2831479	664783	922637	1244059
黑龙江	1544487	609669	648125	286694
上　海	17192239	12122116	3264212	1805911
江　苏	43460684	28980695	7065220	7414770
浙　江	26788777	16712775	5357524	4718478
安　徽	9760117	4296162	3048005	2415951
福　建	11285310	5230331	3243432	2811548
江　西	4865067	2241234	1744058	879776
山　东	12630864	5775917	3635935	3219012
河　南	14186266	6937665	3848475	3400126
湖　北	13059192	8703873	2557709	1797610
湖　南	10322782	4474860	2438290	3409632
广　东	52724420	38546619	6709634	7468167
广　西	2474917	897202	780086	797630
海　南	465187	193275	187901	84012
重　庆	7183921	2120941	1616948	3446032
四　川	15797103	8772804	4392208	2632091
贵　州	2707714	824805	1198414	684495
云　南	4885462	2003855	1105707	1775899
西　藏	66782		52281	14502
陕　西	8468376	5943912	1452548	1071917
甘　肃	1395947	388595	518920	488432
青　海	464192	198152	96458	169582
宁　夏	483981	201594	117612	164775
新　疆	1846961	745771	473495	627696

4-56 各地区按资质等级划分的专业承包建筑业企业竣工产值

单位：万元

地区	合计	一级	二级	三级及以下
全国总计	**117196197**	**62055810**	**27937325**	**27203061**
北京	7486261	5666865	1317351	502045
天津	3189417	1376228	531641	1281549
河北	1906540	788396	576902	541241
山西	1704932	482670	482615	739648
内蒙古	246340	52050	93410	100880
辽宁	3275411	1219372	902873	1153165
吉林	1535629	407182	476998	651449
黑龙江	761657	202928	381942	176787
上海	5516227	3233687	1473877	808664
江苏	24614396	15255099	4586656	4772641
浙江	9641409	5607862	2022325	2011221
安徽	3644076	1358557	1362556	922963
福建	3883049	1696516	1113010	1073523
江西	1770171	823435	537191	409545
山东	5530030	2327679	1691210	1511141
河南	6207434	2919218	1721365	1566851
湖北	4636601	2527751	1137441	971408
湖南	4398670	1678194	1130747	1589730
广东	13137938	8689278	2104006	2344654
广西	763927	268325	231747	263855
海南	98007	67328	20764	9915
重庆	2191580	742269	588596	860715
四川	4774719	1700576	1828057	1246087
贵州	452470	91627	198836	162007
云南	1972696	714503	489719	768474
西藏	29098		21642	7456
陕西	2010660	1437437	375271	197952
甘肃	506465	126056	208352	172056
青海	167538	89937	30953	46648
宁夏	247690	113895	57833	75963
新疆	895161	390892	241440	262829

4-57 各地区按资质等级划分的专业承包建筑业企业房屋施工面积

单位：万平方米

地区	合计	一级	二级	三级及以下
全国总计	**19109**	**6234**	**5798**	**7078**
北京	369	339	30	0
天津	516	22	112	382
河北	440	93	300	47
山西	174	24	97	53
内蒙古	2		0	1
辽宁	183	32	26	125
吉林	230	21	55	154
黑龙江	73	6	58	10
上海	323	159	157	7
江苏	1905	239	335	1330
浙江	3112	2220	599	293
安徽	695	185	292	219
福建	1119	468	164	488
江西	573	39	382	152
山东	1322	320	433	569
河南	1261	352	501	408
湖北	849	363	170	316
湖南	565	233	122	210
广东	861	211	466	184
广西	89	38	22	29
海南	5	5		
重庆	1305	342	269	694
四川	1911	158	670	1083
贵州	134	42	91	1
云南	275	64	126	85
西藏	1		1	
陕西	519	191	233	95
甘肃	97		69	28
青海	10		9	1
宁夏	13	1	3	9
新疆	178	67	8	103

4-58 各地区按资质等级划分的专业承包建筑业企业房屋竣工面积

单位：万平方米

地区	合计	一级	二级	三级及以下
全国总计	**9238**	**3491**	**3088**	**2660**
北京	70	54	16	
天津	164	22	54	88
河北	250	92	135	23
山西	115	6	61	48
内蒙古	6		5	1
辽宁	166	21	103	43
吉林	115		19	96
黑龙江	14	6	2	7
上海	142	74	59	8
江苏	364	71	82	211
浙江	1835	1212	434	189
安徽	473	156	174	143
福建	270	127	58	85
江西	280	2	166	112
山东	592	177	229	186
河南	627	173	237	217
湖北	552	217	136	199
湖南	377	139	78	160
广东	559	240	203	116
广西	43	11	12	20
海南	0	0		
重庆	560	128	139	293
四川	971	336	373	262
贵州	32	12	19	1
云南	264	43	155	65
西藏	1		1	
陕西	223	102	92	29
甘肃	48		32	16
青海	8		7	1
宁夏	6	4	2	0
新疆	115	67	5	43

4-59 各地区按资质等级划分的专业承包建筑业企业实收资本

单位：万元

地区	合计	一级	二级	三级及以下
全国总计	**52141288**	**20057634**	**15748820**	**16334834**
北京	4073614	2512573	1096297	464745
天津	3168219	1104650	499415	1564154
河北	1149617	372610	345381	431626
山西	1483289	259975	489484	733831
内蒙古	199762	38828	80627	80307
辽宁	2985480	806810	723364	1455306
吉林	919493	146638	310577	462278
黑龙江	635140	145160	310918	179063
上海	2357848	1136491	752989	468369
江苏	6192599	2483411	1788782	1920407
浙江	3589514	1913553	836482	839479
安徽	1412089	469937	505670	436482
福建	2224160	717070	870904	636186
江西	677983	181983	321621	174378
山东	2662973	662154	1022672	978147
河南	3619197	1468053	1275362	875783
湖北	1769771	689068	613982	466721
湖南	1041246	289219	296889	455138
广东	5285386	2725298	1133652	1426436
广西	362492	91269	125019	146204
海南	104565	45909	47026	11631
重庆	958762	277391	339730	341641
四川	1753356	466722	696449	590185
贵州	265312	43038	119536	102739
云南	970327	241857	339841	388630
西藏	23474		21474	2000
陕西	1094862	553105	337724	204034
甘肃	425104	84384	184689	156031
青海	119087	4317	45380	69390
宁夏	181894	60351	70246	51296
新疆	434673	65812	146643	222219

4-60 各地区按资质等级划分的专业承包建筑业企业资产

单位：万元

地 区	合计	一级	二级	三级及以下
全国总计	**240577581**	**125469166**	**59540847**	**55567569**
北 京	20733961	15290866	4113986	1329110
天 津	10707575	5321370	1781747	3604458
河 北	4938079	2170870	1403819	1363390
山 西	5403120	1645445	1761291	1996385
内蒙古	1134834	384696	394889	355248
辽 宁	10023919	3983667	2293315	3746937
吉 林	3182422	752864	1020648	1408909
黑龙江	2437157	575791	1099929	761437
上 海	14438510	8895621	3763122	1779768
江 苏	31004232	17795146	6329601	6879484
浙 江	18468305	11956593	3263133	3248579
安 徽	6802648	2813633	2276733	1712282
福 建	6507296	2698870	2049444	1758983
江 西	2515515	792135	1123364	600016
山 东	12100347	4331771	3976063	3792513
河 南	10320351	4917050	3239026	2164275
湖 北	8005929	4684583	1957109	1364238
湖 南	4553011	1673603	1465058	1414350
广 东	36330845	22459478	6578301	7293067
广 西	1414210	411329	465682	537199
海 南	423749	128103	155582	140064
重 庆	5210000	1383411	1870747	1955842
四 川	8651607	3806726	2900886	1943994
贵 州	1699832	464894	601932	633007
云 南	3762828	1327612	1018722	1416494
西 藏	62947		40598	22350
陕 西	5522322	3611863	1231653	678805
甘 肃	1493181	466299	513750	513132
青 海	402723	44843	151860	206020
宁 夏	552928	194841	192650	165438
新 疆	1773201	485193	506209	781799

4-61 各地区按资质等级划分的专业承包建筑业企业所有者权益

单位：万元

地区	合计	一级	二级	三级及以下
全国总计	**93168453**	**43710761**	**24616276**	**24841416**
北京	6038568	4273077	1166154	599337
天津	5362300	2811085	679832	1871383
河北	2017250	613523	744501	659227
山西	2118614	526661	599814	992140
内蒙古	613952	286186	145843	181923
辽宁	4501097	1529711	1147560	1823827
吉林	1608816	350858	517395	740564
黑龙江	957190	207798	494872	254520
上海	4434468	2190617	1361680	882170
江苏	13557603	7047940	3091705	3417957
浙江	7134094	4479882	1273877	1380335
安徽	2816817	1014094	1058035	744688
福建	3359421	1267908	1176255	915258
江西	1158996	347673	555886	255437
山东	4365990	1329505	1523939	1512546
河南	5370731	2400556	1760572	1209604
湖北	3173767	1461661	1007774	704332
湖南	1698327	483900	516872	697555
广东	12195069	7616440	2075004	2503626
广西	488557	132787	163017	192752
海南	175620	60138	86269	29213
重庆	1698275	431707	665448	601120
四川	2806607	781750	1133449	891408
贵州	410235	58730	168885	182620
云南	1503891	478180	426281	599430
西藏	30411		23781	6631
陕西	1926109	1167262	454034	304813
甘肃	630310	127559	262795	239956
青海	149891	13337	51366	85188
宁夏	250445	81846	99180	69420
新疆	615034	138393	184202	292438

4-62 各地区按资质等级划分的专业承包建筑业企业负债

单位：万元

地区	合计	一级	二级	三级及以下
全国总计	**147408261**	**81758405**	**34922915**	**30726942**
北京	14695393	11017788	2947833	729773
天津	5345275	2510285	1101915	1733075
河北	2920829	1557348	659318	704163
山西	3284506	1118784	1161477	1004245
内蒙古	520881	98511	249046	173325
辽宁	5520823	2453956	1143756	1923111
吉林	1573605	402007	503253	668346
黑龙江	1479972	367993	605062	506917
上海	10004551	6705004	2401442	898106
江苏	17446629	10747206	3237896	3461527
浙江	11334211	7476711	1989256	1868245
安徽	3985831	1799539	1218697	967594
福建	3147876	1430962	873188	843726
江西	1356519	444462	567478	344579
山东	7734358	3002267	2452124	2279967
河南	4949490	2516494	1478694	954302
湖北	4832760	3222922	949380	660458
湖南	2854684	1189703	948186	716795
广东	24135869	14843038	4503352	4789479
广西	925712	278542	302664	344506
海南	248130	67966	69313	110851
重庆	3511725	951704	1205299	1354722
四川	5844999	3024976	1767437	1052586
贵州	1289598	406164	433047	450386
云南	2258937	849432	592441	817064
西藏	32536		16817	15719
陕西	3596213	2444601	777620	373992
甘肃	862871	338741	250955	273176
青海	252832	31505	100495	120831
宁夏	302482	112995	93470	96018
新疆	1158167	346800	322006	489360

4-63 各地区按资质等级划分的专业承包建筑业企业营业收入

单位：万元

地区	合计	一级	二级	三级及以下
全国总计	**218332879**	**116236773**	**52141476**	**49954630**
北京	16571783	12216987	3306770	1048026
天津	7184765	2712653	1549580	2922532
河北	3508996	1660123	981585	867289
山西	3511368	1177985	1111442	1221940
内蒙古	546162	79897	232001	234264
辽宁	6477961	2479527	1616806	2381628
吉林	2376566	529059	946771	900737
黑龙江	1461723	563441	584925	313358
上海	13642129	8652793	3272596	1716740
江苏	31563589	18286124	5992717	7284749
浙江	17856950	10905320	3628937	3322693
安徽	7060999	2961990	2304474	1794535
福建	7010415	2944518	2182841	1883056
江西	3364575	1842394	900000	622182
山东	10850325	4825231	3214876	2810218
河南	10729460	4766761	3316192	2646507
湖北	8314234	4763785	2056805	1493644
湖南	6565793	2535326	1771460	2259007
广东	31339862	20687251	4913964	5738647
广西	1680280	514640	570405	595234
海南	355546	151165	136487	67895
重庆	5539663	1592615	1327786	2619262
四川	7783405	3403511	2708841	1671052
贵州	1304222	370306	461374	472542
云南	3408547	1342278	871318	1194951
西藏	54338		43349	10990
陕西	5024123	3245040	1179352	599731
甘肃	1014317	287181	346948	380188
青海	359068	108455	112714	137898
宁夏	392434	151321	101436	139678
新疆	1479281	479098	396727	603456

4-64 各地区按资质等级划分的专业承包建筑业企业利税总额

单位：万元

地区	合计	一级	二级	三级及以下
全国总计	**16767786**	**8264755**	**4292835**	**4210196**
北京	736796	559467	123752	53576
天津	461350	261749	65629	133972
河北	252558	103175	72280	77103
山西	226152	70688	64767	90696
内蒙古	31624	6670	3606	21348
辽宁	504668	193001	130585	181082
吉林	207365	37232	82373	87761
黑龙江	148224	174577	44874	-71228
上海	753943	454116	185533	114295
江苏	2883682	1593349	565614	724720
浙江	1109935	633527	243798	232610
安徽	662019	254956	219423	187641
福建	597183	280219	166375	150589
江西	321848	154661	89949	77238
山东	770753	304823	252227	213703
河南	1364763	511332	462262	391169
湖北	799974	355503	281899	162572
湖南	514782	155921	143739	215122
广东	2221418	1378876	401968	440574
广西	192953	122101	36067	34785
海南	31975	12636	10739	8600
重庆	391077	80829	121640	188607
四川	586015	160748	244071	181197
贵州	91868	17738	33910	40220
云南	291627	92735	73642	125250
西藏	3935		2589	1346
陕西	375831	208260	106803	60768
甘肃	91489	29146	27562	34781
青海	15933	3529	6438	5966
宁夏	26750	9611	5006	12133
新疆	99299	43582	23714	32003

4-65 各地区按资质等级划分的专业承包建筑业企业利润总额

单位：万元

地　区	合计	一级	二级	三级及以下
全国总计	**9289139**	**4799078**	**2312533**	**2177527**
北　京	334638	282661	31357	20619
天　津	282383	207350	32930	42103
河　北	139303	55928	38539	44837
山　西	130392	47198	29627	53566
内蒙古	14070	3050	-2206	13226
辽　宁	298279	119942	78791	99546
吉　林	110498	19906	36473	54119
黑龙江	101080	159170	23845	-81935
上　海	404614	229858	112966	61790
江　苏	1683452	1005651	294874	382927
浙　江	659426	385860	143301	130266
安　徽	368341	137724	121312	109304
福　建	325021	152400	89843	82779
江　西	142858	53101	52272	37486
山　东	427766	175660	139041	113065
河　南	753738	317719	242081	193938
湖　北	417133	152639	173528	90966
湖　南	245833	76706	78522	90605
广　东	1373459	859751	253653	260055
广　西	38032	10711	13792	13529
海　南	17515	6738	6197	4581
重　庆	205469	38783	74599	92087
四　川	328995	93067	135716	100212
贵　州	57765	6811	24393	26562
云　南	150705	56724	24881	69100
西　藏	2200		1040	1160
陕　西	169754	103309	36896	29549
甘　肃	47328	16065	12729	18534
青　海	5191	604	2633	1954
宁　夏	11665	3240	1825	6600
新　疆	42238	20752	7084	14401

4-66 各地区按资质等级划分的专业承包建筑业企业税金总额

单位：万元

地区	合计	一级	二级	三级及以下
全国总计	**7478647**	**3465677**	**1980301**	**2032669**
北京	402158	276806	92395	32957
天津	178967	54399	32699	91869
河北	113255	47247	33741	32266
山西	95761	23490	35140	37130
内蒙古	17555	3620	5812	8122
辽宁	206389	73059	51794	81536
吉林	96867	17325	45900	33642
黑龙江	47144	15407	21029	10707
上海	349329	224257	72567	52505
江苏	1200231	587698	270740	341793
浙江	450509	247667	100497	102344
安徽	293679	117232	98110	78337
福建	272161	127819	76532	67810
江西	178990	101560	37677	39753
山东	342987	129163	113186	100638
河南	611025	193613	220180	197231
湖北	382841	202864	108370	71607
湖南	268948	79215	65216	124517
广东	847959	519125	148315	180519
广西	154921	111389	22275	21256
海南	14459	5897	4543	4019
重庆	185608	42046	47042	96520
四川	257021	67681	108355	80985
贵州	34103	10927	9517	13658
云南	140922	36011	48761	56150
西藏	1735		1549	186
陕西	206077	104951	69908	31219
甘肃	44162	13081	14834	16247
青海	10742	2925	3805	4012
宁夏	15085	6372	3181	5533
新疆	57061	22830	16630	17602

4-67 各地区按资质等级划分的专业承包建筑业企业主营业务收入

单位：万元

地　区	合计	一级	二级	三级及以下
全国总计	**213764972**	**114436024**	**50682569**	**48646379**
北　京	16264532	12031159	3226903	1006469
天　津	6970245	2649457	1495582	2825206
河　北	3473174	1647667	969370	856137
山　西	3398408	1138755	1081565	1178089
内蒙古	516252	79714	215870	220669
辽　宁	6185004	2438326	1549641	2197037
吉　林	2319883	525998	910894	882991
黑龙江	1453486	562773	578895	311818
上　海	13404843	8600124	3113664	1691054
江　苏	31240281	18113912	5942022	7184348
浙　江	17399684	10605642	3585986	3208056
安　徽	7005526	2942938	2282479	1780109
福　建	6843936	2887351	2096931	1859654
江　西	3305488	1819520	867182	618786
山　东	10557531	4789116	3051094	2717320
河　南	10403037	4591855	3220566	2590616
湖　北	8251722	4748694	2046566	1456462
湖　南	6460798	2529309	1702105	2229385
广　东	30668986	20451944	4685499	5531542
广　西	1627469	511191	538561	577716
海　南	341408	140942	134062	66404
重　庆	5355583	1507668	1295692	2552224
四　川	7493745	3189738	2656143	1647864
贵　州	1290456	369832	455508	465116
云　南	3308783	1314371	841624	1152788
西　藏	53101		42349	10752
陕　西	5001291	3233459	1171455	596377
甘　肃	993611	281780	335535	376296
青　海	348319	106116	110069	132134
宁　夏	384235	150155	94573	139507
新　疆	1444159	476518	384186	583454

4-68 各地区按资质等级划分的专业承包建筑业企业管理费用

单位：万元

地区	合计	一级	二级	三级及以下
全国总计	**12650307**	**5475602**	**3577700**	**3597005**
北京	1137115	688000	326216	122899
天津	481114	198459	113082	169573
河北	184872	75626	54809	54437
山西	263148	75359	87418	100371
内蒙古	70502	6461	34627	29414
辽宁	635038	196838	151120	287081
吉林	197123	39876	83302	73946
黑龙江	121942	32263	51280	38399
上海	865730	434026	260072	171633
江苏	1664114	842600	367308	454206
浙江	922502	465269	212384	244850
安徽	414686	134999	164167	115520
福建	443014	167405	158413	117197
江西	163214	70816	53949	38449
山东	587639	187929	195763	203948
河南	564661	199950	186543	178169
湖北	402181	199997	114703	87481
湖南	327021	102490	110733	113798
广东	1710187	879333	357300	473555
广西	101390	19818	36450	45122
海南	19386	7646	6845	4895
重庆	275359	77673	83963	113723
四川	373918	140225	151050	82643
贵州	65416	10143	20681	34592
云南	243111	60542	67161	115408
西藏	3900		3304	596
陕西	196117	106337	58218	31563
甘肃	71912	20751	22003	29158
青海	23790	3423	6083	14284
宁夏	33884	11406	12547	9930
新疆	86319	19943	26209	40167

4-69 各地区按资质等级划分的专业承包建筑业企业财务费用

单位：万元

地区	合计	一级	二级	三级及以下
全国总计	**1292034**	**750314**	**303662**	**238057**
北京	75462	59035	13458	2969
天津	10655	4057	2884	3713
河北	16184	7615	2103	6465
山西	11384	3604	2914	4866
内蒙古	1961	147	1583	231
辽宁	49766	26781	8635	14350
吉林	14727	1982	5965	6780
黑龙江	15670	12537	3102	31
上海	45258	20348	23652	1259
江苏	167017	91718	45739	29561
浙江	119027	80770	24360	13898
安徽	28650	7489	12668	8493
福建	34219	18395	10061	5764
江西	12230	4371	5547	2312
山东	73215	35229	19626	18360
河南	68252	23373	25709	19169
湖北	49300	35066	6981	7253
湖南	21367	14453	462	6452
广东	320337	249439	33140	37758
广西	5572	1833	1336	2403
海南	1550	1033	461	57
重庆	24685	8274	13669	2743
四川	42579	18536	16731	7312
贵州	10246	3456	6382	408
云南	35791	6671	5628	23493
西藏	67		15	52
陕西	18435	8642	5279	4513
甘肃	7534	3566	2345	1623
青海	844	455	291	98
宁夏	2150	94	692	1364
新疆	7900	1347	2246	4307

4-70 各地区按资质等级划分的专业承包建筑业企业应收工程款

单位：万元

地区	合计	一级	二级	三级及以下
全国总计	**75741907**	**42704110**	**17076929**	**15960868**
北京	6161930	4876630	946072	339228
天津	2995829	1205267	646128	1144434
河北	1426388	710639	324224	391526
山西	1753203	461827	619359	672017
内蒙古	295106	51068	131575	112463
辽宁	3103635	1332224	745387	1026025
吉林	1139262	312168	362386	464708
黑龙江	678530	229833	324321	124377
上海	4435193	2924600	994004	516589
江苏	11147922	6789896	1998830	2359196
浙江	5485537	3888989	810473	786075
安徽	1880083	779128	639672	461283
福建	1900807	916287	525114	459407
江西	588060	243685	229939	114437
山东	3822190	1567014	1092731	1162445
河南	3103584	1530523	967757	605304
湖北	2552951	1499219	663967	389766
湖南	1596249	540604	581134	474512
广东	11706944	8509273	1358386	1839285
广西	441454	141626	144589	155239
海南	144126	38182	61991	43954
重庆	1856987	561556	649256	646175
四川	2569960	1412687	829899	327374
贵州	729510	227316	288588	213606
云南	1079790	464505	296670	318615
西藏	20210		14274	5936
陕西	1665018	1136277	339161	189580
甘肃	438320	126489	137039	174791
青海	154546	9315	43049	102182
宁夏	197762	75914	62838	59010
新疆	670821	141373	248117	281331

4-71 各地区劳务分包建筑业企业生产经营情况

单位：万元

地区	建筑业总产值	营业收入	主营业务税金及附加	利润总额
全国总计	**38717551**	**41081254**	**302107**	**518793**
北京	3114365	3109985	17893	11416
天津	994350	998909	6681	13750
河北	463241	574627	5796	14567
山西	1437387	1658373	7241	12272
内蒙古	62429	62411	585	1315
辽宁	312248	440972	2125	2157
吉林	132266	137477	551	568
黑龙江	40102	43602	551	864
上海	4163381	4218785	17255	26184
江苏	1032544	1146881	14972	37743
浙江	9134120	9810232	49924	36951
安徽	1483628	1482022	16689	42555
福建	5305357	5424373	35835	54723
江西	116587	151808	3219	8354
山东	740154	737033	7065	13101
河南	2261603	2432495	28022	102795
湖北	783139	1342570	15215	32455
湖南	1386418	1381137	26925	35857
广东	3368321	3459207	15123	23397
广西	30492	31154	139	194
海南				
重庆	195630	185081	2952	2690
四川	842144	849371	18275	20926
贵州	184238	232897	1304	5769
云南	482337	508293	2930	6116
西藏				
陕西	152985	152923	2345	10338
甘肃	71284	72080	543	51
青海	18382	28903	115	-132
宁夏	95	95	3	7
新疆	408325	407559	1834	1810

4-72 各地区劳务分包建筑业企业个数和人员情况

地区	企业个数(个)	从事主营业务活动的从业人员平均人数(人)	从业人员期末人数(人)	#工程技术人员	#现场施工工人
全国总计	**5299**	**3091342**	**3082779**	**173048**	**2261402**
北京	124	264153	219488	20181	198627
天津	253	53830	51656	1760	31701
河北	115	24785	23807	2821	19038
山西	139	43359	45968	2874	42473
内蒙古	47	8904	9170	746	6208
辽宁	97	15229	15241	481	13268
吉林	35	1567	1627	743	759
黑龙江	35	5442	1110	160	637
上海	271	239662	246043	8785	215126
江苏	345	78191	72521	6089	52073
浙江	377	756315	845997	32866	495564
安徽	266	136231	137516	7205	115085
福建	468	725319	684804	24482	548016
江西	32	3980	3858	441	3314
山东	192	33436	35365	3783	20114
河南	1100	136903	138269	13582	101072
湖北	268	62687	63192	5591	47890
湖南	331	92798	95911	11974	69949
广东	316	220313	216765	14636	148594
广西	3	6482	6356	4	6350
海南					
重庆	45	11466	11393	1060	5461
四川	203	62693	63439	7185	46697
贵州	45	4200	3991	268	2977
云南	72	60532	49841	2503	42473
西藏					
陕西	32	11400	10955	1575	4863
甘肃	24	3151	3267	118	2650
青海	17	2764	558	162	335
宁夏	1	12	5	1	
新疆	46	25538	24666	972	20088

五、各行业建筑业企业

5-1 各行业建筑业企业签订合同情况

单位：万元

行业	签订合同额	上年结转合同额	本年新签合同额
总计	**4878440121**	**2199156043**	**2679284078**
房屋建筑业	2949031423	1286817511	1662213912
土木工程建筑业	1572557674	800144168	772413506
铁路、道路、隧道和桥梁工程建筑	1094640453	575426605	519213849
水利和水运工程建筑	215600178	114828078	100772100
海洋工程建筑	142518	37922	104596
工矿工程建筑	62843488	27019086	35824402
架线和管道工程建筑	86012191	31364938	54647252
建筑安装业	198626998	66731847	131895151
建筑装饰、装修和其他建筑业	158224027	45462517	112761510

5-2 各行业建筑业企业承包工程完成情况

单位：万元

行业	直接从建设单位承揽工程完成的产值	自行完成施工产值	分包出去工程的产值	从建设单位以外承揽工程完成的产值
总计	**2221617355**	**2150276015**	**71341340**	**107892581**
房屋建筑业	1394182444	1364451489	29730955	46718224
土木工程建筑业	615189652	581820851	33368800	40515093
铁路、道路、隧道和桥梁工程建筑	418528836	397496362	21032474	28679324
水利和内河港口工程建筑	74254829	69541836	4712993	4492953
海洋工程建	97981	95274	2707	9771
工矿工程建筑	27155110	25961842	1193267	1137437
架线和管道工程建筑	45845541	41701602	4143939	2026404
建筑安装业	111355381	105909113	5446267	11381853
建筑装饰和其他建筑业	100889878	98094561	2795317	9277410

5-3 各行业建筑业总产值和竣工产值

单位：万元

行业	建筑业总产值	#装饰装修产值	#在外省完成的产值
总计	**2258168595**	**125042477**	**762580654**
房屋建筑业	1411169713	55836890	435814221
土木工程建筑业	622335944	4688480	256751116
铁路、道路、隧道和桥梁工程建筑	426175686	3225243	187645821
水利和水运工程建筑	74034789	341525	26375513
海洋工程建筑	105045		16730
工矿工程建筑	27099280	168641	14330269
架线和管道工程建筑	43728006	219860	10637360
建筑安装业	117290967	2445119	35518295
建筑装饰、装修和其他建筑业	107371971	62071988	34497023

5-3 续表

单位：万元

行业	按构成分组			竣工产值
	建筑工程产值	安装工程产值	其他产值	
总计	**1989889498**	**192672123**	**75606975**	**1205554295**
房屋建筑业	1305301624	66478835	39389255	829842012
土木工程建筑业	548914570	49345159	24076216	250001784
铁路、道路、隧道和桥梁工程建筑	405182470	7255703	13737513	144055236
水利和水运工程建筑	69947577	1904534	2182678	43984432
海洋工程建筑	81177	7261	16608	55006
工矿工程建筑	17279640	7754662	2064977	11597298
架线和管道工程建筑	18989327	22767386	1971293	26198222
建筑安装业	45451431	66134291	5705245	63850417
建筑装饰、装修和其他建筑业	90221874	10713838	6436259	61860082

5-4 各行业建筑业企业房屋建筑面积

行　　业	房　屋 施工面积 (万平方米)	#本　年 新开工	房　屋 竣工面积 (万平方米)	房屋竣工率 (%)
总　　计	**1371995**	**539761**	**411498**	**30.0**
房屋建筑业	1287557	504732	384347	29.9
土木工程建筑业	62065	24676	18625	30.0
铁路、道路、隧道和桥梁工程建筑	35549	13901	11760	33.1
水利和水运工程建筑	7891	3308	1633	20.7
海洋工程建筑				
工矿工程建筑	3843	1167	765	19.9
架线和管道工程建筑	807	432	423	52.4
建筑安装业	16321	7305	6002	36.8
建筑装饰、装修和其他建筑业	6051	3049	2524	41.7

5-5 按主要用途分的各行业建筑业企业房屋竣工面积

单位：万平方米

行　　业	合计	住宅房屋	商业及 服务用房屋	办公用 房　屋	科研、教育 和医疗用房屋
总　　计	**411498**	**276790**	**28407**	**20955**	**18414**
房屋建筑业	384347	261824	26351	19184	17135
土木工程建筑业	18625	10326	1382	1326	961
铁路、道路、隧道和桥梁工程建筑	11760	6061	891	1092	637
水利和水运工程建筑	1633	899	151	78	102
海洋工程建筑					
工矿工程建筑	765	282	30	10	55
架线和管道工程建筑	423	192	3	4	62
建筑安装业	6002	3257	387	239	198
建筑装饰、装修和其他建筑业	2524	1383	286	205	120

5-5 续表

单位：万平方米

行业	文化、体育和娱乐用房屋	厂房及建筑物	仓库	其他未列明的房屋建筑物
总计	**4042**	**50418**	**3016**	**9457**
房屋建筑业	3749	44781	2792	8531
土木工程建筑业	239	3638	156	596
铁路、道路、隧道和桥梁工程建筑	179	2459	86	355
水利和水运工程建筑	5	301	45	51
海洋工程建筑				
工矿工程建筑		346	8	35
架线和管道工程建筑	1	137	3	21
建筑安装业	42	1571	62	246
建筑装饰、装修和其他建筑业	13	427	6	83

5-6 按主要用途分的各行业建筑业企业房屋竣工价值

单位：万元

行业	合计	住宅房屋	商业及服务用房屋	办公用房屋	科研、教育和医疗用房屋
总计	**708359943**	**466342099**	**54901791**	**41959797**	**37300337**
房屋建筑业	668320467	444741063	51440409	38888652	35102158
土木工程建筑业	29012264	15394469	2452398	2554216	1818547
铁路、道路、隧道和桥梁工程建筑	18653574	9479225	1591266	2134275	1209293
水利和内河港口工程建筑	2914850	1582304	173650	195370	213633
海洋工程建筑					
工矿工程建筑	1177667	429064	51355	17660	110730
架线和管道工程建筑	797619	353368	6784	7723	127400
建筑安装业	7947275	4516809	639551	318298	259086
建筑装饰和其他建筑业	3079937	1689759	369433	198631	120545

5-6 续表

单位：万元

行　　业	文化、体育和娱乐用房屋	厂房及建筑物	仓　库	其他未列明的房屋建筑物
总　　计	**9448206**	**74514552**	**4867781**	**19025380**
房屋建筑业	8906449	67458699	4468723	17314313
土木工程建筑业	440185	4886945	328725	1136779
铁路、道路、隧道和桥梁工程建筑	321800	2996254	157171	764289
水利和内河港口工程建筑	7033	547022	136216	59622
海洋工程建筑				
工矿工程建筑	3519	516383	12202	36755
架线和管道工程建筑	1419	246363	4872	49690
建筑安装业	81280	1642132	64070	426049
建筑装饰和其他建筑业	20293	526775	6262	148239

5-7　各行业建筑业企业主要生产效益指标

行　　业	建筑业企业个数（个）	从事建筑业活动的平均人数（人）	按建筑业总产值计算的劳动生产率（元/人）	人均竣工产值（元/人）	人均施工面积（平方米/人）	人均竣工面积（平方米/人）
总　　计	**96544**	**59468691**	**379724**	**202721**	**230.7**	**69.2**
房屋建筑业	43899	40234020	350740	206254	320.0	95.5
土木工程建筑业	24219	13020148	477979	192011	47.7	14.3
铁路、道路、隧道和桥梁工程建筑	13537	8562853	497703	168233	41.5	13.7
水利和水运工程建筑	2929	1539338	480952	285736	51.3	10.6
海洋工程建筑	17	1502	699368	366217		
工矿工程建筑	862	665006	407504	174394	57.8	11.5
架线和管道工程建筑	3034	1054008	414874	248558	7.7	4.0
建筑安装业	12990	2961142	396100	215628	55.1	20.3
建筑装饰、装修和其他建筑业	15436	3253381	330032	190141	18.6	7.8

5-8 各行业建筑业企业资产构成

单位：万元

行　　业	资产合计	#流动资产合　　计	
			#存货
总　　计	**2340024586**	**1826661724**	**339387358**
房屋建筑业	1159054432	939696277	192850813
土木工程建筑业	927663603	673580020	111058760
铁路、道路、隧道和桥梁工程建筑	578422181	428246068	65619512
水利和水运工程建筑	139180817	91327029	18950950
海洋工程建筑	642706	380138	116545
工矿工程建筑	43275294	33777562	4745681
架线和管道工程建筑	59271381	49635264	10096472
建筑安装业	137867829	115045320	20868782
建筑装饰、装修和其他建筑业	115438723	98340107	14609002

5-9 各行业建筑业企业固定资产情况

单位：万元

行　　业	固定资产原　　价	固定资产折　　旧		在建工程
			#本年折旧	
总　　计	**216275992**	**97419923**	**15631806**	**25702323**
房屋建筑业	90749423	36379205	6362095	11460099
土木工程建筑业	99990624	49571973	7437435	11636162
铁路、道路、隧道和桥梁工程建筑	59705527	30218591	4980678	5125082
水利和水运工程建筑	18184666	8020617	991099	3632221
海洋工程建筑	228525	87275	5919	15818
工矿工程建筑	5784864	3065041	366953	371002
架线和管道工程建筑	8357943	4661657	600062	403541
建筑安装业	14885907	6777048	1060725	1197799
建筑装饰、装修和其他建筑业	10650037	4691697	771550	1408263

5-10 各行业建筑业企业负债及所有者权益

单位：万元

行业	负债合计	#流动负债	#应付账款	所有者权益	#实收资本
总计	**1592180956**	**1417577496**	**551477477**	**747618672**	**390831729**
房屋建筑业	777470288	688439283	262740995	381344453	197901963
土木工程建筑业	652359643	578155906	226692084	275331195	141750278
铁路、道路、隧道和桥梁工程建筑	415604056	366707052	147227863	162845820	91811129
水利和水运工程建筑	97352343	84237060	30928138	41828473	19340737
海洋工程建筑	548377	517433	138907	94328	110468
工矿工程建筑	31973027	29788832	12559840	11302268	6122620
架线和管道工程建筑	40608411	38052698	15353800	18662510	9999103
建筑安装业	89843219	84623966	34899803	48012439	27152713
建筑装饰、装修和其他建筑业	72507807	66358340	27144596	42930585	24026776

5-11 各行业建筑业企业实收资本

单位：万元

行业	合计	国家资本	集体资本	法人资本	个人资本	港澳台资本	外商资本
总计	**390849188**	**83912334**	**11960632**	**128889844**	**163917207**	**1035843**	**1133328**
房屋建筑业	197907152	31412898	6664703	62854431	96032373	231954	710792
土木工程建筑业	141761704	47778754	3386378	48418101	41800088	239365	139018
铁路、道路、隧道和桥梁工程建筑	91811129	31225751	1330931	32282174	26935149	17143	19982
水利和内河港口工程建筑	19340737	7623337	273807	7065075	4368002	3411	7106
海洋工程建筑	110468			81502	28966		
工矿工程建筑	6134046	2413885	64604	2381296	1240436	882	32944
架线和管道工程建筑	9999103	2945043	1335785	2867308	2795980	23569	31419
建筑安装业	27152713	3328133	1575254	8938181	12981533	201969	127644
建筑装饰和其他建筑业	24027619	1392550	334297	8679131	13103213	362554	155874

5-12 各行业建筑业企业收入情况

单位：万元

行业	主营业务收入	#主营业务成本	#主营业务税金及附加	其他业务收入	#其他业务利润
总计	**2093388310**	**1902472326**	**21261596**	**26528731**	**1850399**
房屋建筑业	1232751374	1128735271	14925946	14197259	767154
土木工程建筑业	628835305	569704503	4442161	7696482	744996
铁路、道路、隧道和桥梁工程建筑	413356685	377501163	2806758	4232509	382380
水利和水运工程建筑	80265065	71872384	676994	1041519	149849
海洋工程建筑	704751	687023	619	538	26
工矿工程建筑	28514771	25910077	147845	635238	59976
架线和管道工程建筑	48331663	42328429	389388	1044704	101975
建筑安装业	122002339	107439181	946778	2936166	207358
建筑装饰、装修和其他建筑业	109799293	96593371	946711	1698824	130891

5-13 各行业建筑业企业费用情况

单位：万元

行业	管理费用	销售费用	财务费用	#利息收入	#利息支出
总计	**69834834**	**7330246**	**15193766**	**4069364**	**13940483**
房屋建筑业	30626939	3403612	8648005	1572137	7011957
土木工程建筑业	26306839	1838276	5318131	2251622	5946543
铁路、道路、隧道和桥梁工程建筑	14797725	918545	3433068	1567065	3700657
水利和水运工程建筑	3835515	277560	794189	396782	1048872
海洋工程建筑	18523	467	3909	665	1775
工矿工程建筑	1470256	69013	270781	93263	285955
架线和管道工程建筑	3375559	273053	63408	71608	142856
建筑安装业	7110019	975379	478286	175853	429027
建筑装饰、装修和其他建筑业	5791037	1112979	749344	69753	552956

5-14 各行业建筑业企业利润及税金情况

单位：万元

行业	利润总额	#应交所得税	税金总额	主营业务税金及附加	应交增值税
总计	**79748233**	**17002464**	**75028510**	**21261596**	**53766914**
房屋建筑业	46371814	10557021	49309155	14925946	34383209
土木工程建筑业	24015131	4454587	17917445	4442161	13475284
铁路、道路、隧道和桥梁工程建筑	14376530	2676599	10784722	2806758	7977964
水利和水运工程建筑	3650645	673414	2784422	676994	2107428
海洋工程建筑	-3629	1393	3008	619	2390
工矿工程建筑	587156	160462	926622	147845	778777
架线和管道工程建筑	2044595	507030	1653259	389388	1263872
建筑安装业	4974708	1070860	4086553	946778	3139774
建筑装饰、装修和其他建筑业	4386580	919997	3715358	946711	2768647

5-15 各行业总承包和专业承包企业应收工程款及企业亏损情况

行业	应收工程款（万元）	企业个数（个）	#亏损企业个数	亏损企业的比重（%）
总计	**539354353**	**96544**	**14362**	**14.9**
房屋建筑业	282247239	43899	5649	12.9
土木工程建筑业	180566498	24219	3574	14.8
铁路、道路、隧道和桥梁工程建筑	110239676	13537	1933	14.3
水利和水运工程建筑	22924246	2929	383	13.1
海洋工程建筑	93581	17	6	35.3
工矿工程建筑	13079117	862	150	17.4
架线和管道工程建筑	14822146	3034	456	15
建筑安装业	37788141	12990	2269	17.5
建筑装饰、装修和其他建筑业	38752475	15436	2870	18.6

5-16 各行业总承包和专业承包企业主要经济效益指标

行　业	产值利润率(%)	产值利税率(%)	资本利润率(%)	资本利税率(%)	人均利润(元/人)	人均利税(元/人)	资产负债率(%)
总　计	**3.5**	**6.9**	**20.4**	**39.6**	**13410**	**26027**	**68.0**
房屋建筑业	3.3	6.8	23.4	48.4	11526	23781	67.1
土木工程建筑业	3.9	6.7	16.9	29.6	18445	32206	70.3
铁路、道路、隧道和桥梁工程建筑	3.4	5.9	15.7	27.4	16789	29384	71.9
水利和水运工程建筑	4.9	8.7	18.9	33.3	23716	41804	70.0
海洋工程建筑	-3.5	-0.6	-3.3	-0.6	-24160	-4130	85.3
工矿工程建筑	2.2	5.6	9.6	24.7	8829	22763	73.9
架线和管道工程建筑	4.7	8.5	20.5	37	19398	35084	68.5
建筑安装业	4.2	7.7	18.3	33.4	16800	30601	65.2
建筑装饰、装修和其他建筑业	4.1	7.6	18.3	33.7	13483	24903	62.8